KB190269

하나님이
덤으로 주신 삶

특별히 _____ 님께
이 소중한 책을 드립니다.

하나님이
덤으로 주신 삶

김명환 지음

나침반

영생을 선물로 받은 기쁨을...

"예수께서 대답하여 이르시되 진실로 진실로 네게 이르노니 사람이 거듭나지 아니하면 하나님의 나라를 볼 수 없느니라"(요 3:3).

이 세상의 기쁨 중에서 믿음을 통해 주님으로 부터 영원한 생명을 선물로 받은 기쁨보다 더 큰기쁨이 있을가….

"나는 선택받은 백성이다. 나는 하나님의 아들이 되었다. 오늘부터 천국은 나의 것이다. 예수 그리스도의 보혈의 은혜로 나의 죄 문제는 해결되었다…"

아, 아, 인생으로 태어나서 이와같은 하늘의 기쁨과 구원을 경험하지 못하고 세상을 떠난다면 얼마나 억울 하겠는가….

지난날 죽음의 문턱까지 갔던 내가 극적으로 주님을 영접하고 30년 가까이 신앙생활을 하면서 한량없이 넘치게 받은 주님의 은혜와 기쁨을 독자들과 함께 나누고자 필을 들었다.

하지만 나의 수평상 제한으로 하여 부족한 부분이 적지 않으리라고 생각하면서 독자들의 양해를 구한다.

이 지면을 빌어 이 책이 씌여질 수 있도록 기도로 지원해준 나의 아내 김명자 권사와 우리 딸들 김순복, 김은주(매화), 김려화와 사돈

권일순 목사님과 또 자료 일부를 공급해준 이순임 목사님에게 감사를 드린다.

그리고 원고지에 씌여진 글들을 정성드려 타자해주신 이새롬님과 특별히 이 책이 빛을 볼 수 있도록 큰 배려를 해주신 나침반출판사 김용호 대표님과 직원들에게 깊은 감사를 드린다.

끝으로 이 책을 읽는 독자들에게 주님의 하해와 같은 은총이 임하기를 삼가 기도한다.

덤의 삶을 감사하며

김명환

목차

1. 죽음과 구원의 기회

 "후회란 돌이킬 수 없는 슬픔이다."
누군가 이렇게 말했다.
슬픔 중에도 죽음에 관한 슬픔보다 더 큰 슬픔이 있을까?

우리 마을에 교회가 세워지기 전의 일이었다.

어느 날 동네 노인들이 모여서 잡담하며 저녁시간을 보내다가 화제가 죽음의 문제로 넘어갔다고 한다. 세월이 갈수록 기력이 쇠해가는 그분들에게 있어서 언제 닥칠지 모르는 질병의 위협과 죽음의 공포는 최대의 관심사가 아닐 수 없었을 것이다. 그래서 깊은 밤중까지 심각하게 논의한 끝에 채택한 것이 이른바 "안락사"였다. 죽는 방법도 수면제가 아니라 자신들의 터전 밭에 손수 재배한 아편으로 정했는데 한심한 일은 그 뒤에 줄줄이 터졌다. 그날 참석인 6명중 단 한분만 빠지고 나머지 5명은 각기 다른 시간대에 치사량의 마약을 복용하고 생을 마감한 것이다.

세계적인 물의를 빚고 있는 자살행위는 염세주의의 극단적인 "도피행각"으로 질책을 받고 있다. 자살하면 그 순간에 이 세상에서 깨끗이 사라진다고 생각하지만 그것은 무지에서 온 오해일 뿐이다. 왜냐하면 인간은 스스로 자신의 육체는 죽일 수 있을지언정 영혼은 죽일 수 없기 때문이다.

자살은 말 그대로 자기살인 행위로서 하나님 앞에선 도저히 용서받을 수 없는 큰 죄가 된다. 왜냐하면 하나님 앞에서 무릎 꿇고 회개할 수 있는 기회, 즉 예수님을 믿고 구원받을 수 있는 기회를 스스로 박탈했기 때문이다.

하나님의 아들 예수 그리스도의 십자가 구원에 대한 최저한도의 상식만 있었더라면 우리 마을의 그 다섯 분 노인들이 돌이킬 수 없는 스스로 빚은 참화를 피하고 그 후에 세워진 교회를 통하여 복음을 듣고 예수님을 믿어 구원받을 수 있는 기회가 있었으리라는 안타까움을 금할 수 없다.

그런데 그 다섯 분 노인보다 더 한심한 인간이 있었는데 그 사람이 바로 예수 믿기 전의 나였다. 고인들이 된 그분들은 전부가 70세, 80세 이상 되신 분들이지만 나는 39세의 나이였고 젊은 아내와 13세 이하의 어린 딸 셋을 두고 자살의 문턱까지 갔던 사람이니 말이다. 속담에 "강물의 석자얼음이 하루아침에 어는 것이 아니다"라는 말이 있다. 누군들 고난의 가시덤불 길을 겪지 않았으랴마는 뒤돌아보면 나의 남은 인생길엔 원치 않는 행불행이 너무도 살벌하게 뿌려져 있었다.

나는 어릴 때 아버지의 얼굴을 모르고 살 정도로 아버지는 장기간 내몽고 근하림업국 공직처에 가서 계셨기에 외동아들인 나는 어머니와 단둘이 살았다. 그래서 어머니는 나에게 있어서 행복의 요람이었고 하나님과 같은 존재였다. 그런데 이 귀중한 어머니가 11세 된 나를 버려두고 폐결핵 병으로 세상을 떠나셨다. 실로 어린 나에겐 천재지변의 타격이 아닐 수 없었다.

그리고 1966년 중국의 전례 없는 문화 대혁명으로 말미암아 모든 학생들이 된서리를 맞고 학교공부도 중도에 그만두게 되었다. 그 후 운명의 여신이 무지개 같은 미소를 잠깐 보여주어서 오상과 목단강에 있는 몇몇 청년들이 당시 흑룡강 일보사(현 흑룡강 신문) 홍xx의 추천으로 북경 민족학원에 갈 기회가 주어졌는데 나도 그 중 한명으로 선발되었다.

그런데 정식으로 입학수속을 할 무렵 아버지가 중풍에 걸려 포기할 수밖에 없게 되었다. 또한 그 당시 청년들이라면 누구나 선망했던 이른바 "철밥통"이라고 불렸던 국가 정식직원(공무원) 자리가 나에겐 자연스레 이루어 질 수 있는 여건이 있었다. 아버지와 새로 맞은 새 어머니 두 분 다 공직에 있었기에 당시에 과례대로 내가 승계할 수 있는 권리가 있었던 것이다. 하지만 그마저도 심술궂은 운명의 장난으로 하여 한낮 물거품이 되고 말았다.

그 후 친어머니 병원 약값 때문에 아버지는 때 이르게 퇴직하여 밀린 빚을 갚았지만 아버지와 어머니, 그리고 나까지 순번으로 중독성 장티푸스와 황달성 간염, 폐결핵 등 병으로 병원에 입원 치료하는 악운이 겹쳐진 탓에 새어머니마저 부득이 퇴직하고 퇴직금으로 빚을 갚을 수밖에 없었던 것이다. 그리고 당시 내몽고에다 적을 두고 있던 아버지의 호적을 연길시에다 옮겨 붙일 상황이 못 되어서 우리가족은 살기 좋은 길림성 연길시를 떠나 나의 사촌누나가 살고 있는 흑룡강성 오상현 흥성향 신흥3대 김해룬(마을)으로 오게 되었다.
그러나 비운의 굴레는 계속해서 우리가정을 따라 다니며 괴롭혔다. 우리가 이주해온 동네가 해마다 농사작황이 시원찮아서 신흥 13개 생산대 중 제일 빈곤한 층에 속했다하여 가을에 분홍할 때엔 장부결산을 숫자로 알려줄 뿐 현금은 구경조차 할 수 없었다. 게다가 양식도 노동력 당 분배는 적게 하고 인구 당 평균 분배가 위주가되다 보니 아이들이 많은 집은 쌀이 남아돌아 그것을 팔아서 생활소비로 쓸 수 있었지만 우리같이 대인만 있는 집은 먹을 식료도 부족했다. 그래도 다행이었던 것은 나의 새어머니가 머리 깎는 이발 기술이 있어서 적극 활약하셨기에 어려운 형편에 적잖게 보탬이 되었었다.

생활의 온갖 세파 속에서도 세월은 흘러 나도 어느 곁에 중년의 나이가 되었다. 일평생을 선량하고 올곧게 살아오신 부모님의 평소의 가르침대로 나도 참되고 정직하게 사는 것을 생활의 신조로 삼아왔다. 그런데 언제부터인가 나의 삶이 서서히 궤도를 벗어나고 있었다. 그리고 목전에 와서는 스스로도 부인할 수 없는 정상 참작이 어려운 사람으로 변해버렸다. 갑자기 악한 어둠의 영의 최면에라도 걸린 듯이 이 세상 삶이 염증이 나도록 싫어졌다. 언젠가는 누구나 한번은 반드시 떠나야만 하는 이 세상인데 빨리 가면 어떻고 늦게 가면 어떻단 말인가? 꼭 늙어서 정해진 시기에 가란 법은 없지 않은가?

게다가 이미 만성병이 된 신경과민으로부터 온 완고성 불면증과 매일매일 술로 지탱하고 있는 알코올중독증은 정말이지 날 질리게 하고 있었다. 이런 것을 가리켜 자살유혹이라고 일컫는 지는 분명히 알 수 없지만 난 더 이상 견디기 어려웠다. 그저 경상도 말처럼 헤까닥하고 숨이 끊어져서 이 세상의 모든 고통 고민을 깨끗이 잊고 싶었다. 그래서 한번은 치사량이 될 만한 수면제를 모아서 입안에 털어 넣고 이불을 쓰고 누웠건만 무슨 영문인지 삼일동안 밤낮 잠만 실컷 자고 깨어났다. 수면제를 자살도구로 사용한다고 새로운 특허로 제조된 약인지는 모르겠지만 나는 멀쩡하게 자리를 털고 일어난 것이다.

그러다가 1988년 2월21일 새벽2시에 나는 비장한 결단을 하게 되었다. 하여 당시 37세 된 아내와 13세, 11세, 4세(아들 보려다가 늦게 낳은 딸)된 세 딸을 뒤로하고 나는 거실 마루 밑에 예비해둔 농약 "허도장"(돌피잡이 왕으로 불리우는 독성이 강한 약)을 찾기에 이르렀다. 그런데 어둠속을 더듬다가 부주의로 2kg짜리 둔중한 농약병이 콘크리트 바닥에 자빠지면서 탕 하는 요란한 소리를 내고야 말았다. 그때 잠이 들어 꿈나라를 헤매던 아내가 놀라 깨면서 "누구야?" 하고 소리쳤고 전등불이 켜졌다.

"어, 나야"

나는 황급히 대답하면서 자빠진 농약병을 세워 놓았다.

"당신 거기서 뭐하는 거예요?"

미닫이가 드르륵 열리며 아내의 질문이 귀 따갑게 다가왔다.

"아, 아무것도 아니요."

이 돌연적인 사태에 어안이 벙벙해진 나는 거의 무의식적으로 신발을 벗고 구들에 올라와 앉았다. 그런데 바로 그 순간 이왕 이렇게 된 것 마지막으로 예수나 한 번 믿어볼까? 하는 기적 같은 발상이 번개같이 머리를 스치고 지나갔다. 그야말로 물에 빠진 사람이 지푸라기라도 잡는 격이라 아니할 수 없었다. 사실 지난날 나는 없는 하나님을 믿는다고 예수 믿는 사람들을 비웃었지만 예수에 대해서는 전혀 아는 것이 없는 백지상태에 있었다.

그 어떤 사람도 나에게 예수에 대하여 말해 준 적이 없으니 그럴 수밖에 없었다. 다만 8-9세 된 어린 시절 엄마와 함께 길림성 연길현 로두구진(현 용정시구역)교회에 한 번 나간 일이 있었을 뿐이었다.

지금도 기억에 남는 것은 50명쯤 되는, 대부분 나이 많은 여성들로 구성된 성도들이 잔칫집 같은 즐거운 기분으로 노래(찬송)부르고 춤추고 하던 것과 나이가 50세쯤 된 장년 남자가 강단에서 설교하던 모습. 맨 나중에 작은 광주리를 든 중년 여인 두 분이 헌금을 걷었는데 엄마가 나에게 동전을 주며 넣으라고 해서 넣던 일이 마치도 엊그제 일과같이 기억에 남아 있었다. 그리고 예수쟁이들이 술을 마시지 않는다는 것을 알고 있었다. 내가 예수교회에 대하여 알고 있는 것은 이것이 전부였다. 그래서 내가 예수 믿겠다는 것은 교회 나가서 술을 끊어보자는 것이지 그 이상도 그 이하도 아니었다. 알코올중독에 걸린 내가 술을 끊을 수 있는 다른 방법을 찾을 수 없었던 것이다. 그리하여 나의 생각을 아내에게 이야기 했더니 아내는 쌍수를 들고 오케이 했다. 그리고 내가 예수를 믿고 술만 끊으면 덩실덩실 춤을 추겠노라며 기뻐했다.

2. 위장 신앙

새벽 늦게 잠이 다시 들었다가 깨어나 보니 오전 9시가 다 되어가고 있었다. 아내와 아이들은 어디를 갔는지 없었고 집안은 사뭇 조용했다. 그런데 사람에겐 분명 육감이라는 것이 있는 것인지 아니면 내가 잠결에 무슨 소리를 들은 것인지 알 수는 없으나 여하간 미닫이를 열어보고 싶은 충동이 올라왔다. 그래서 미닫이문을 열었더니 과연 웬 젊은 여자가 아이를 업은 채 이쪽을 반쯤 등지고 서있는 것이 아닌가? 찬찬히 보니 우리 신흥대대 허주임네 며느리였다.

그녀는 우리부부와 7-8년 정도 나이차가 나기 때문에 평소에 왕래나 접촉할 일이 거의 없었다. 들리는 소문에 의하면 그녀가 말수가 무척 적고 입이 무겁고 살림살이를 알뜰하게 잘한다는 정도로 알고 있을 뿐이었다. 과연 그녀는 소문과 같이 시종 그런 자세로 고개를 다소곳이 숙이고 있을 뿐 입술한번 벙긋하지 않았다.

'이상도하다. 이 여자가 왜 저기에 저러고 서있지?'

잠시 생각을 굴리던 나에게 문득 깨달음이 왔다. 그녀가 예수를 믿는다는 사실과 또 나의 아내가 부탁하고 보내서 왔다는 데로 생각이 미쳤던 것이다. 그제야 나는 그에게 자리를 권하여 앉게 하고 단도직입적으로 말문을 열었다.

"이렇게 와줘서 감사하오. 내가 한 가지 의문되는 것이 있는데 물어봐도 되겠소?"

"네. 그렇게 하세요."

"예수 믿는 사람들이 술을 금지하는 것으로 알고 있는데 나도 교회 나가면 술을 끊을 수 있겠소?"

그녀는 일순간 당혹스러운 표정을 짓더니 잠깐 침묵하고 나서 침착하게 대답했다.

"하나님께 기도하면 소원대로 될 수 있을 거예요. 그리고 또…"

"계속 말해보오."

"순복이(나의 큰딸) 아버지가 신문사와 방송국에 투고를 많이 하신다고 동네 분들이 얘기들 하시던데 예수 믿고 하나님께 기도하면 원고 쓰는 일이 더 잘 될 거예요."

"그것도 고마운 일이구먼 아무튼 감사하오. 시원한 대답도 들었으니 이젠 교회 가는 일만 남았는데 언제부터 나가면 좋겠소?"

"오늘 저녁부터 나오세요. 저녁 7시에 신흥5대 이성근 씨네 집으로 오시면 주일 저녁예배에 참석할 수 있어요."

그녀는 말을 마치자 깍듯이 인사하고 떠나갔다.

어두운 저녁황혼은 빨리도 찾아왔다. 나는 아내가 차려준 저녁밥을 국에다 말아서 후딱 먹고 밖으로 나왔다. 볏짚을 땐 연기가 집집마다 굴뚝에서 하늘로 솟구치고 있었다. 처음으로 교회로 가는 길이라 다소 불안과 주저심이 없는 것이 아니었지만 나는 개의치 않기로 하였다. 이미 마음으로 작정한 일이고 약속까지 하였는데 체면 따위 생각을 하며 우물쭈물 할 수는 없다고 자신의 마음을 다잡았다.

나는 마을 동쪽에 있는 우리 둘째딸 또래인 연옥이네 집으로 향해 발걸음을 옮겼다. 연옥이 할머니도 기독교 신자라는 것을 알고 있었기 때문에 함께 가려는 생각에서였다. 연옥이네 집에 들어서자 방안으로부터 찬송가 소리가 들려왔다.

불길 같은 주 성령 간구하는 우리게
지금 강림하셔서 영광 보여 주소서
성령이여 임하사 우리영의 소원을
만족하게 하소서 기다리는 우리게
불로 불로 충만하게 하소서

연옥이와 그의 할머니가 합창하고 있는 모습이 부엌과 방사이의 작은 창문을 통해 보였다. 나는 무엇에 홀리기라도 한 듯이 그 자리에 걸음을 뚝 멈춘 채 귀를 기울었다. 찬송가는 2절, 3절로 계속 이어지고 있었다.

주의제단 불 위에 우리 몸과 영혼과
우리가진 모든 것 지금 바치옵니다.
성령이여 임하사 우리영의 소원을
만족하게 하소서 기다리는 우리게
불로 불로 충만하게 하소서

난생 처음 듣는 찬송가 가사와 심금을 울리는 애절한 곡은 이상 야릇한 감동으로 나의 마음에 닿아왔다.
'아, 과연 예수 믿는다는 것이 무얼까? 찬송가는 왜 저렇게 애틋한 정감을 담고 있을까?'

속에서 올라오는 의문은 풀 수 없었지만 찬송가에서 뿜어져 나온 신선한 여운은 그야말로 신비가 아닐 수 없었다.

이윽고 연옥이와 그의 할머니 그리고 나까지 셋이서 우리 김해툰(동)과는 현성 가는 큰길을 사이 둔 신흥5대 백가툰 마을에 가정교회를 차린(일명 처소교회) 이성근 씨 집으로 찾아갔다.

방안에는 이미 7-8명 사람들이 모여 있었는데 모두가 무릎을 꿇고 눈을 감은 채 소리를 내지 않고 조용히 기도를 하고 있었다. 어느 서양영화에서 본 천주교 신자들이, 위엄 있게 거창한 교회당 안에서 가슴에 십자가 성호를 그으며 기도하는 정경을 연상하게 하는 모습들이었다.

나는 제일 뒤에 빈자리를 찾아 앉은 후 흥미 있게 앞쪽을 관망했다. 젊은 사람이라곤 눈을 씻고 봐도 허주임 며느리 한사람밖에 없었고 대부분 신자들은 50대부터 6-70대에 이르는 노년층 이었다. 집주인 이성근 씨는 50대 초반의 나이지만 중병 환자라 허리에 베개를 깔고 간신히 벽에 기대고 있었다.

솔직히 집안 분위기는 별로 밝지 못했다. 하지만 시간이 흐를수록 이들의 기도하는 모습과 표정들이 너무도 진지하다는 것을 나는 발견하게 되었다. 뒤이어 시작된 찬송도 모두다 흥에 겨워 박수를 치며 열창을 했는데 구김살이라고는 찾아볼 수 없었고 그야말로 동심에 가까운 맑고 순수한 모습들이었다.

나는 저도 몰래 이분들에 대한 존경심이 올라왔다. 나는 하나님이 있는지 없는지 모른다. 그리고 예수가 누구며 왜 그를 믿어야

하는지도 모른다. 그러나 "정성이 지극하면 돌 위에도 꽃이 핀다"는 속담도 있듯이 비록 연세는 좀 많을지라도 이렇게 경건하고 뜨거운 분들이라면 기꺼이 서로 믿고 서로 의지 할 수 있으리라고 생각되었다. 그리고 앞으로 같이 있는 시간이 얼마나 될지 모르겠지만 돈독한 우정을 나누게 되리라는 예감까지 들었다.

이윽고 신흥 6대에서 오셨다는 건장하고 다부진 체격을 가진 50대 초반의 중년분이 성경책을 들고 신자들 앞에 나와 섰다. 설교시간이 시작된 것이었다. 그분은 너부죽한 얼굴에 사람 좋은 환한 웃음을 지으면서 재미있는 예화를 들어가며 열심히 성경을 해석해 나갔다. 유감스러운 것은 내가 왕초보 엉망이다 보니 무슨 뜻인지 도통 알아들을 수 없었다는 것이다. 그래도 괜찮았다. 오늘저녁 첫인사차 믿음직스러운 분들을 만났다는 이 즐거운 기분만으로도 교회로 온 보람을 느꼈다.

어느덧 예배가 끝나자 모두들 신을 찾아 신고 밖으로 나왔다. 훈훈한 집안에 있다가 갑자기 나오니 싸늘한 밤공기가 얼굴과 머리를 맑고 시원하게 하였다. 그때 설교하던 분이 나에게 다가왔다.

"어떻소? 김 형제. 첫날 저녁이라 의문 나는 점이 많겠는데 물어볼게 있으면 어려워말고 물어보오."

내가 의아한 눈으로 그를 쳐다보자 그는 바로 나의 뜻을 알아채고 설명했다.

"호칭 때문에 그러는구면? 우리 예수 믿는 성도들은 믿는 그 시간부터 하나님 아버지의 자녀가 되기 때문에 남녀노소를 불문하고 남자들은 형제분이라고 부르고 여성들은 자매님이라고 부른다오.

어떻소? 가족 같은 기분이 들지 않소? 허허 참, 우리 통성명하지 난 김동춘이라고 하오. 나이는 쉰셋이구"

"아. 네, 전 김명환이라고 부릅니다. 서른 아홉 이구요. 앞으로 좀 잘 부탁드립니다."

"그런 거야 뭐 피차일반이지. 내가 한걸음 좀 먼저 믿었다 뿐이지 아무튼 앞으로 신앙생활을 잘해 보기오."

"네, 감사합니다."

그가 내미는 두툼하나 손을 덥석 잡기는 하였지만 나의 속은 아련하게 저려왔다. 술 끊기 위해 교회에 들어온 나의 행보가 교회 신자들에게 미안을 끼치는 일이 생기지 않도록 만약 하나님이 계신다면 하나님 앞에 빌고 싶은 마음뿐이었다.

3. 오상현 첫 사경회

탕 탕 탕!

이제 새날이 막 밝기 시작한 새벽인데 누가 와서 우리 집 출입문을 두드리고 있었다. 그리고 아내를 찾는 여자 목소리가 들려왔다. 그제야 잠이 깬 아내가 급히 옷을 입고 나가더니 허주임 네 며느리와 같이 들어오는 것 같았다. 그들은 부엌 칸에서 한참 뭐라고 말하더니 이윽고 그녀는 가고 아내가 웃으며 들어왔다.

"여보, 오늘 오후부터 신건 4대에서 예수 믿는 사람들이 집회를 한대요."

"무슨 집회를 하는데?"

"은혜를 받는다고 하던데요?"

"은혜라는 게 뭔데?"

"글쎄요 나도 처음 듣는 말이라 모르긴 하지만 뭐 성경학습 하는 게 아닐까요? 볼펜과 필기 책을 준비해서 챙기라고 하니 말이에요. 그런데 참 여보, 내가 지난밤 이상한 꿈을 꿨어요."

"무슨 꿈을 꿨는데?"

"아 글쎄 새하얀 옷을 말쑥하게 입은 사람들이 큰 집안에 꽉 찼지 뭐예요. 이런 소식을 들으려고 꾼 꿈같아요."

"그건 또 무슨 말이오?"

"나도 엊그제 들은 얘긴데 예수 믿는 사람들에겐 천사가 한명씩 따라 다닌대요. 그러니까 내가 꿈에 본 하얀 옷을 입은 사람들이 천사들일 것이고 또 오늘 집회를 한다니까 사람들이 많이 올 것이니 당연히 천사들도 많이 모이게 될 것이 아니고 뭐예요?"

나는 아내의 꿈 해석이 황당했지만 피식 웃고 말았다. 오전 9시쯤 되자 허주임네 며느리와 교회 아주머니 두 분이 쌀과 채소를 담은 주머니들을 어깨에 메고 우리 집에 왔다. 이번집회에 가게 될 성도들의 2-3일 동안 먹을 양식과 감자, 무, 배추, 양파 등 채소들을 걷어왔단다. 우리 집에 갖고 온 것은 운반할 적임자가 나밖에 없기 때문인 것 같았다. 그 외도 콩기름, 간장, 파, 마늘, 소금, 고춧가루 등 양념들은 자매님들이 갖고 간다고 했다.

아내가 다림질해 놓은 나들이옷을 갈아입고 떠날 준비를 하자 아내는 나의 가방에다 세면도구, 필기장, 볼펜, 궐련 한 갑과 담배 쌈지, 라이터 등을 챙겨 넣고 돈10원을 내놓는 것이었다. 헌금을 바쳐야 복을 받는다고 신자 아주머니들이 가르쳐 주더라는 것이었다. 그 외에 빠진 것이 있다면 성경책이었다. 하지만 그 당시는 성경이 너무 귀하여 구할 방법이 없었다. 기존 신자 반수이상이 성경을 못 갖고 있는 형편이니 더 말해서 뭘 하랴....

신건대대 4대는 우리 마을에서 2km남짓하기에 나는 짐을 자전거에 싣고 오전 일찍 도착할 수 있었다. 교회는 50대 후반의 배상국 씨가 자신의 집 넉전을 한전은 부엌으로 쓰고 석전은 어간 벽을 쳐서 통방으로 만들어 차려 놓은 것이었다. 집안은 꽤 넓었다. 강대상은 낡은 책상에다 붉은 천을 씌워놓고 대용품으로 임시변통 하고 있었다. 벽 정면에는 나무로 만든 십자가가 걸려있었다. 그 외에 별다른 수식이 없었지만 집안은 정갈하고 산뜻해 보였다.

벌써 꽤 많은 사람들이 와서 들락날락하고 있었는데 그들의 표정은 대부분 밝아보였다. 구들엔 나이가 듬직한 분들이 삼삼오오로 모여 무슨 얘기들을 열심히 나누고 있었다. 안면 있는 사람들이 간혹 보여서 짤막하게 인사를 나누기도 하였지만 대부분은 초면부지 낯모를 사람들이었다. 부엌도 널찍하게 자리 잡고 있었는데 아주머니들 6-7명이 채소를 다듬고 쌀을 씻는 등 점심 식사준비에 한창 분주한 모습들이었다.

"아이고, 김 형제. 쌀과 채소를 싣고 오느라고 수고가 많았소."

김동춘 씨가 갑자기 어디 숨어 있다가 불쑥 나타난 사람처럼 내 앞에 오더니 나와 악수하면서 치하했다. 그제야 나는 자전거를 밖에 세워둔 채 집 구경을 하느라고 깜빡했던 쌀과 채소들을 김동춘 씨와 함께 부엌으로 날라 들여왔다.

"참 한 가지 주의 줄게 있는데."

이렇게 운을 뗀 김동춘 씨가 나를 집 뒤로 데리고 가더니 담배를 피우고 싶으면 사람이 없는 곳에 가서 잠깐 피우고 오라고 당부하였다. 그리고 기독교 신자는 앞으로 담배를 끊어야 전도할 때 필요하다고 설득과 강조를 섞어서 이야기 하였다. 골초인 나에게서 니코틴 냄새가 났던 것 같았다. 솔직히 반갑지 않은 훈계였으나 나를 도와주려는 심정의 발로였기에 수긍하지 않을 수 없었다.

이윽고 점심 식사시간이 되었다. 밖에 있던 사람들과 기도실에서 기도하던 사람들까지 다 모이니 줄잡아도 100명은 실히 되는 것 같았다. 그래서 남자들과 연세 많은 할머니들은 온 동네 다니며 빌려온 크고 작은 상에 얼추 둘러앉았지만 여자들은 방구석과 부엌 바닥에다 비닐을 깔고 앉을 수밖에 없었다. 밥과 반찬이 다 들어오자 상지시에서 왔다는 한 중년남자가 웅글진 목소리로 정중하게 식사기도를 한 후 식사가 시작되었다. 나는 그때 처음으로 교회에서 성도들과 함께 식사를 하면서 교회음식이 맛있다는 것을 알게 되었다. 반찬에 별다른 메뉴가 들어간 것도 아닌데 입에 넣으면 감칠맛이 났다. 밥을 한 공기 반이나 먹었는데도 숟가락을 놓기가 아쉬울 정도였으니 말이다.

이어서 자리정돈이 시작되었다. 오후 집회시간이 가까워오고 있었던 것이다. 반 정도의 질서가 잡히면서 찬송이 시작되었다. 사람이 많으니 찬송소리가 집안을 쩌렁쩌렁 울렸고 추운 날씨건만 집안의 공기는 포근한 기운으로 감돌았다. 마치 찬송소리가 열기를 몰고 오기라도 한 듯 사람들의 얼굴마다 붉은 홍조로 어려지고 있었다.

집주인 배상국 씨가 앞에 나오더니 이번 집회를 주도하고 인도할 두 사람을 소개하였다. 처녀와 총각이었는데 총각은 상지시 어지향에서 온 이영구 집사(현재 길림성 훈춘시에 목회하고 있음)였고 처녀는 해림시에서 온 xxx집사였다(세월이 오래되어 이름이 기억이 안 난다).

독자들의 이해를 돕기 위해 당시 상황을 간단히 짚고 넘어가겠다. 중국 공산당 11기 3중전회 후 등소평의 역사적인 대외개방 정책은 중국 땅에 가뭄의 단비와 같이 경제 부국의 대문을 열어놓았다. 대외개방 정책은 종교계에도 참신한 과도기를 맞게 하였다. 장기간 침체상태에 있던 기독교도 부활의 새 아침을 맞게 되었으며 가정교회가 온 사방에 우후죽순처럼 일어섰다. 당시 오상시만 해도 300여명의 조선족 성도수가 여러 향진의 가정교회에 분포되어 있었다. 하지만 조직구성이 전혀 안된 자연 발생적 원시상태에 있었다. 하기에 이번 사경회가 앞으로 반드시 갖추어야할 조직 체계와 통합을 위한 전초작업이라고 해도 과언이 아닐 것이었다.

이영구 집사가 강단에 나와 서는 시간이 되었다. 이영구 집사는 성경에 대한 투철한 이해와 성령님의 능력을 겸비한 기독교 조선족 청년인재라고 알려진 인물이었다. 보통 키에 호리호리한 체격, 단정한 외모도 인상적이었지만 특히 그의 크지 않은 두 눈에서는 예지의 빛이 형형히 쏟아져 나오는 듯하였다.

요한복음 3장 16절 말씀을 전 성도가 한 목소리로 우렁차게 합독했다.

"하나님이 세상을 이처럼 사랑하사 독생자를 주셨으니 이는 저를 믿는 자마다 멸망치 않고 영생을 얻게 하려 하심이니라."

이어서 이영구 집사의 설교가 시작되었다.
"여러분들과 만나게 되어서 참으로 반갑습니다. 저는 부족하지만 오직 성령님의 능력을 힘입어 여러분과 함께 은혜의 시간을 풍성하게 나누려고 합니다. 여러분, 만약 하나님께서 계획하신 독생자 아들 예수님의 십자가와 부활사건이 없었다면 이 지구 땅덩어리 위에는 어둠과 절망밖에 없었을 것입니다. 그러나 2천 년 전 하나님의 아들이신 예수님께서 동정녀 마리아의 몸을 빌려 이 땅에 오셔서 온 인류의 구원을 위하여 갈보리 십자가에서 피 흘리시고 생명을 바치셨습니다. 그리고 삼일 만에 부활하심으로 말미암아 오늘 본문 말씀같이 그 분을 믿는 자마다 멸망치 않고 영생을 얻는 이 상상할 수도 없이 엄청난 복을 저와 여러분이 받게 된 것입니다…"
이때 어느 자매님이 가져온 물 컵을 이영구 집사가 받아서 강대상에 놓고 잠깐 설교 원고를 보고 있는 사이에도 성도들은 목마른 사람들처럼 시선을 강대상으로 집중하고 있었고 집안에는 숨소리 하나 들리지 않을 만큼 고요한 정적이 깃들고 있었다.

•

그런데 참 이상한 일이었다. 처음 기독교에 입문할 때만 해도 술만 끊으면 그것으로 만사형통일 것이라고 생각했는데 나도 의식치 못하는 사이에 예상치 않은 고민이 나를 찾아 온 것이었다.
지금 이시간도 그렇다. 이곳에 모인 기독교인들과 나는 물위에 뜬 기름처럼 전혀 융화를 이루지 못하고 있었다. 이영구 집사의 설교가 그들에겐 진주, 보석같이 귀중할지 모르지만 나에겐 허황하기 그지없는 별나라 이야기같이 들릴 뿐이었다. 이곳에 모인 사람들이나 나나 동일한 사유기관을 가진 동일한 사람들임에는 틀림없는데

'왜 나는 마치도 닭 무리 속에 끼어있는 오리새끼 같은가?'

'나는 왜 이들과 정체성을 이룰 수 없는가?'

'이들이 믿는 종교가 허황된 것인가 아니면 나에게 문제가 있는 것인가?'

나는 처음으로 자신의 굳어있는 종교관에 대하여 질문을 던지게 되었다.

이런 나의 정서와는 전혀 상관없이 이영구 집사의 설교는 점점 더 격양된 어조로 쏟아져 나왔고 신자들의 우렁찬 아멘 소리는 도가니를 달구는 불처럼 점점 더 세차게 지펴지고 있었다.

4. 영생이라니 웬 말이냐

하루해도 지나가고 어둠의 장막이 서서히 대지를 덮고 있었다. 사람이 많다보니 무척 분주스러워 보이는 저녁식사도 끝나고 센티멘털해 있던 나의 신경은 조금은 누그러져 있는 것 같았다. 한참동안의 휴식으로 오후시간의 긴장을 어느 정도 푼 뒤 저녁집회가 다시 시작되었다. 어느 젊은 여성 성도가 나와서 유창하고 씩씩하게 대표기도를 한 뒤 이영구 집사가 다시금 단정한 모습으로 강단에 섰다. 그리고 데살로니가전서 4장 16-17장 말씀을 봉독했다.

"주께서 호령과 천사장의 소리와 하나님의 나팔로 친히 하늘로 쫓아 강림 하시리니 그리스도 안에서 죽은 자들이 먼저 일어나고 그 후에 우리 살아남은 자도 저희와 함께 구름 속으로 끌어 올려 공중에서 주를 영접하게 하시리니 그리하여 우리가 항상 주와 함께 있으리라."

"여러분 오늘 저녁에는 예수님의 재림에 관하여 은혜를 나누고자 합니다. 제가 오후 시간에 말씀 드렸지만 예수님은 하나님이시면서도 천하디 천한 사람의 모습으로 오셔서 십자가를 지시고 희생의 제물이 되심으로 인류의 죄 문제를 대속하시고 해결 하셨습니다. 그러나 두 번째로 오실 때에는 만왕의 왕의 신분으로 오늘 본문 말씀같이 공중 재림 하시게 됩니다.

여러분, 성경 전도서 3장 말씀같이 이 세상의 모든 것은 때가 있습니다. 지금 우리는 이 세상에서 고난과 풍파 많은 삶을 살고 있지만 주님이 재림 하실 때에는 우리는 공중으로 끌어 올려져서 주님을 만나게 되고 주님과 영원히 함께 살게 됩니다. 여러분, 우리들의 최종적 소망은 슬픔도 없고 고통이나 죽음도 없고 오직 하나님의 사랑과 기쁨과 행복이 넘치는 천국에서 주님과 함께 영원히 사는 것입니다. 하지만 여러분 중에 아직도 예수님에 대하여 확신을 못 갖고 계신 분이 있다면 이 시간 성령님의 능력이 임하셔서 예수님을 주님으로 영접하고 영생구원의 은혜를 받게 되시기를 예수님 이름으로 축원합니다. 축원합니다…"

바로 그때 나에게서 이상한 현상이 일어나고 있었다.

나의 영혼 속 깊은 밑바닥에서 도저히 나의 힘으로 저항할 수 없는 이상야릇한 충격이 올라왔고 금방 눈물이 쏟아질 것 같은 기쁨의 속삭임이 나의 심령 속으로 파고들고 있었다.

'그래, 사실이다. 이 모든 것이 다 사실이다. 예수님은 꼭 재림하여 오실 것이다. 예수님의 십자가와 부활뿐만 아니라 성경 전체가 거짓이 없는 실제로 있었던 사실을 적은 하나님의 책이다. 예수님을 믿으면 반드시 영생구원의 은혜를 받는다. 아아, 이 좋은 예수님을 왜 나는 빨리 안 믿고 오늘에 와서야 믿게 된단 말인가? 후회 막급하구나. 오늘부터 나도 하나님의 아들이다. 예수님은 나의 주님이시다…'

나의 이런 마음 상태를 성령님의 역사로 일어난 거듭남이라고 명명한다는 것을 나는 썩 오랜 시간이 지난 후에야 알았다.

인간의 짧은 소견과 전능하신 하나님의 역사는 그야말로 천양지차였다. 하나님 앞에선 너무도 죄송스럽고 부끄러운 이야기지만 만약, "우리 속에서 착한 일을 시작하신"(빌1:6) 성령님의 은혜를 받은 중생의 체험이 없었더라면 나는 결코 예수님을 믿는 신앙을 갖지 못했을 것이다. 왜냐하면 나는 하나님의 실존에 대하여 상상도 해본 적이 없는 무신론자였기 때문이다.

저녁 잠자리는 신건4대 본 동네에다 다 수용할 수 없는 상황이여서 나를 포함한 6-7명은 신건3대 박정하 형제네 집에 가서 자게되었다. 낮에 은혜를 받느라고 모두들 피곤했는지 잠자리에 누운지 얼마 안 되었는데도 여기저기서 코고는 소리가 들려왔다.

하지만 나의 정신 상태는 동화속의 어린아이와 같이 열광적인 흥분 속에 쌓여 있었다. 나는 속에서 미칠 듯이 터져 올라오는 기쁨을 도저히 억제할 수 없었다.

"영생, 영생이라니. 세상에 이렇게 기가 막히게 좋은 일도 다 있었단 말인가? 이런 기쁜 소식도 못 듣고 죽은 사람은 얼마나 억울하겠느냐."

나는 손등을 꼬집어보았다. 아픈 걸보니 분명 꿈은 아니었다. 사람이 한 번 태어났다가 죽으면 그것으로 영원히 소멸되어 없어지는 것으로 알았는데 영생이라니 어화둥둥 닐리리야 좋고 좋고 좋을시구 이 세상에 이것보다 더 기쁜 일이 어디 있단 말인가 우우와 하하하, 우우와 하하하 이 김명환이 영생의 복을 받았다. 이 김명환이 영생의 복을 받았다. 나는 인생으로 태어나서 최고의 기쁨을 희열의 도가니 속에서 만끽하고 있었다.

아침에 잠에서 깨어나 보니 같이 온 형제들은 새벽기도를 다 하고 박정하 형제가 불을 지펴 덥혀놓은 따뜻한 물에다 세수를 하고 칫솔질을 하고 있었다. 내가 제일 늦잠을 잔 것이었다. 나는 급히 일어나 이불을 개서 얹어놓고 구석 쪽에 가서 무릎을 꿇었다. 나도 이젠 예수 믿는 성도가 됐는데 남들처럼 새벽기도는 못해도 아침기도라도 해야 될 것 같아서였다. 그런데 도대체 무슨 기도를 어떻게 해야 하는지 종잡을 수 없었고 막막하기만 했다. 그때 문득 어젯밤 이영구 집사가 설교할 때, 예수 믿는 성도들은 매일매일 하나님 앞에서 회개 기도를 해야 한다고 말하던 것이 생각났다. 그래 바로 그거다. 나 같은 초신자는 회개부터 하는 것이 순서일 것 같았다.

그런데 무슨 회개부터 할까?

이때 나를 키워준 이순자 어머니 모습이 떠올랐다.

내 나이 11살에 친어머니가 폐결핵으로 세상을 뜬 후 우리 집에 오신 나의 새 어머니는 나를 친아들 같이 생각하며 키워줬다. 어린 내가 폐결핵에 걸려 연길시 결핵 병원에 입원 했을 때 자신은 영양실조에 걸릴 정도로 대강 끼니를 때우면서도 나에겐 온갖 영양품을 다 구해다 줬다. 특별히 잊을 수 없는 것은 아이태다. 건강 회복에 효과가 좋다면서 연길 시병원 산부인과에 있는 안면 있는 사람을 통해 30여개나 구입 해다가 나에게 복용시킨 것이다. 그때는 공용수도를 쓰던 시기라 엄동설한 추운 겨울에도 공원다리 밑 작은 냇가에 가서 손을 호호 불며 참대가지로 아이태를 찢으며 씻어다가 나에게 가져오는 등 온갖 정성을 다하여 나를 살려주신 나의 생명의 은인이셨다. 그런데 이 불초자식은 어머니에게 호강한번 못해드리고 본의 아니게 어머니 속을 상하게 한 적도 적지 않았다. 애달프게도 그 어머니는 이미 이 세상 사람이 아니었다. 아아, 그 어머니가 아직까지 살아계셔서 예수님을 믿고 구원 받을 수만 있었더라면 얼마나 좋았을까?

"하나님 아버지 죄송합니다. 제가 이순자 어머니를 잘 모시지 못했습니다. 하나님 아버지 제가 너무 부족하고 우둔해서 어머니 속을 상하게 한때도 많았습니다."

그런데 놀라운 일이 일어났다. 기도는 겨우 운을 떼는 정도밖에 안되었는데 갑자기 속에서 설움이 왈칵 치밀어 올라오면서 눈물이 왕창 쏟아지기 시작한 것이다. 헉헉 흐느끼며 쏟아진 눈물은 삽시간에 장판구들에 흥건하게 고였다.

'오늘도 집회에 참석해야 하는데 눈두덩이 벌겋게 부을 정도가 되면 성도들 보기가 얼마나 민망스러운가...'

갑자기 이런 생각이 든 나는 울음을 그치려고 애를 썼지만 수도꼭지를 열어놓은 듯 계속 쏟아지는 눈물을 통제할 수가 없었다. 하는 수없이 두 손가락으로 양쪽 눈물 구멍을 막았더니 그제야 눈물은 더 나오지 못했다.

그 후에 내가 어느 노 자매님께 이 이야기를 했더니 그분은 혀를 끌끌 차면서 애석해 하는 것이었다.

"형제분도 그럴 땐 눈물이 나오는 대로 다 쏟고 울면서 철저하게 회개해야 속이 확 풀리고 은혜를 많이 받는 거라우. 그런 회개는 성령님의 감동으로 오는 거라우. 어떤 사람은 예수를 오래 믿었어도 그런 회개를 못해 봤다는 거유. 그런 일이 어떻게 인위적으로 되겠수."

이 일은 나에게 시사 하는 바가 많았다. 성령님이 아무것도 모르는 나 같은 사람의 회개 기도에까지 함께 하셨다는 사실은 나에게 또 하나의 놀라운 은혜가 아닐 수 없었다.

5. 간증의 시간

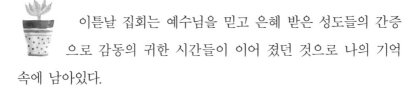 이튿날 집회는 예수님을 믿고 은혜 받은 성도들의 간증으로 감동의 귀한 시간들이 이어 졌던 것으로 나의 기억속에 남아있다.

오전 첫 시간에는 길림성시 해림에서 온 처녀 집사가 간증을 하였다. 그녀는 해림시 일대에서 누구보다 먼저 믿은 초창기 신앙인 중 한사람이 되다보니 그때 까지만 해도 기독교 예수님에 대한 부정적인 편견을 갖고 있던 사람들의 심한 반발을 받았다고 한다.

특히 무신론에 젖어있던 그녀의 부모, 형제들은 기독교 신앙을 받아들인 그녀를 돌려 세우려고 온갖 수단 방법과 박해와 핍박을 다 동원했다.

하지만 그녀는 어떠한 역경 속에서도 굴하지 않고 새벽기도, 금식기도, 철야기도, 작정기도로 하나님께 간절히 매달렸고 오직 하나님만 의지하며 이겨나갔다. 그리고 동역자들과 함께 사람들의 손가락질과 멸시 천대와 온갖 조소를 다 받아 가면서도 꿋꿋하게 해림시의 수많은 동네와 향진에 다니며 복음을 전했다.

"눈물을 흘리며 씨를 뿌리는 자는 기쁨으로 거두리로다."(시126:5)

이 말씀과 같이 그들이 뿌린 복음의 씨는 결코 헛되지 않았다.

하나 둘 처음에는 미약하게 세워지기 시작하던 처소 교회가 세월의 흐름 속에서 마침내 해림시 전역에 우후죽순처럼 수많은 교회가 세워지는 놀라운 결실을 거두게 된 것이다.

그리고 그렇게 완고하던 그녀의 부모와 형제들도 하나님께서 그들의 돌 같은 마음을 다 녹여주셔서 한 사람 두 사람 회개하기 시작하더니 지금은 온 가족 전부가 다 예수님을 믿는 임마누엘 가정이 되었다고 한다.

두 번째로 나온 자매는 오상시 농구창 사택에 거주하는 젊은 아주머니 성도였다. 그녀는 폐결핵 환자로서 절망적인 상태에 있었다고 한다. 결핵균의 침식으로 양쪽폐가 다 망가져 있었기에 병원에서 사형선고를 내린 거나 다름이 없었기 때문이었다.

그런데 그 후 그녀는 우연히 상지시의 김말순 집사를 만나서 전도를 받고 예수님을 영접하였다. 그리고 김 집사네 집에 가서 며칠 동안 기도를 받고 말로 이루 다 형언할 수 없는 성령체험의 은혜를 받았다고 한다.

그녀가 오상시 집으로 돌아오게 될 때 김 집사는 하나님이 병을 고쳐 주셨다는 것을 확신하고 감사기도를 많이 할 것과 또 몸이 너무 약하니까 영양 보충을 많이 하라는 당부를 했단다.

그 후 그녀는 시부모가 호란시 결핵 병원에 가서 입원하라고 준 돈으로 남편에게 돼지 한 마리를 사다가 잡아달라고 부탁했다. 그녀는 김 집사의 가르침대로 매일 하나님께 감사기도를 하면서 돼지 고기로 영양 보충을 한 것이었다.

한 달 후 병석에서 일어난 그녀는 그동안 밀려있던 옷들과 이불 빨래까지 공용 수돗가에 가져다 깨끗이 씻은 후 앞마당 빨래 줄에 다 빈자리 없이 널어놓았다. 그러자 그 골목의 여인들이 희한한 구경거리가 생겼다며 모두 나와서 자기들의 눈으로 직접 확인하고 나서 혀들을 끌끌 찼다.

"원 세상에 별일도 다 있네. 오늘 내일 죽는다던 저 여자가 무슨 힘이 나서 저렇게 빨래 망치로 빨래를 다 했누? 하나님이 과연 있기는 있는가 보군 그래."

그런데 참말로 놀라운 일은 그 뒤에 생겼다. 그들 부부가 호란시

결핵 병원에 가서 사진을 찍어 보았더니 병균에게 침식당했던 양쪽 폐가 거미줄같이 얼기설기 재생하면서 많이 회복 되었는데 이제 약을 쓰면서 요양을 잘하면 완전 치료가 가능하다는 결론이 났다는 것이다. 사진 검판을 가리키며 설명하던 의사는 난생 처음 보는 기적 같은 일이라고 의아해 하면서도 여하간 회생하게 된 것을 두 손을 잡고 치하해 주었다한다.

자매님은 성도들의 뜨거운 감동의 박수 속에서 허리를 굽혀 답례하고 제자리로 돌아갔다.

저녁 식사가 끝난 후 부엌 칸에서 떠드는 소리가 나기에 들어가 봤더니 연수현에서 왔다는 이성근형제가 손짓 발짓 해가면서 몇몇 청년들 앞에서 일장 연설을 하고 있었다.

"뭐? 담배 끊기가 어렵다고? 안 피우면 되는 거지 어렵긴 뭐가 어려워 내가 담배 끊던 이야기를 해줄까? 무척 우스운 이야길세. 전번에 말이야 상지 김 집사님과 마주앉아서 교회문제를 회보하고 있는데 이 얄미운 담뱃갑이 자꾸 위로 솟구쳐 올라오는 것 같더란 말일세. 그래서 김 집사님 눈치를 봐가면서 이놈아 좀 얌전하게 가만있어라 응? 하며 쓸어 내렸네. 그런데 웬걸? 조금 있더니 요놈이 기를 쓰고 바락바락 올라오는 것만 같았네. 그러기를 수차례 하다가 김 집사님의 이야기가 가까스로 일단락을 맺자 나는 급히 밖에 나와서 그 놈 담배를 꺼내서 구둣발로 막 짓밟아 버리고 말았네."

"하하하… 호호호…"

듣고 있던 남녀 모두가 요절할 것 같은 웃음보를 터뜨렸다. 나도 같이 따라서 웃긴 했지만 기분만은 별로였다. 이 형제가 나를 겨냥

해서 한 말은 아니겠지만 나도 이젠 성도가 되었는데 담배를 못 끊고 있다는 가책으로 찔림을 받은 것이었다. 잠시 이마를 찌푸리고 있던 나는 그 자리에서 결단을 내렸다.

"그렇다. 나도 이젠 하나님의 아들이 됐는데 예수를 제대로 믿어 보자. 언젠가는 끊어야 할 담배라면 더 질질 끌 것 없이 아예 이참에 끊어 버리고 말자."

나는 즉시 마을 옆에 있는 논판으로 가서 절반도 못 피운 궐련갑과 담배쌈지, 라이터까지 논에다 있는 힘껏 던져 버렸다.

6. 불면증 치유

 2박3일째 되는 날 오전에 집회가 끝나고 모두들 뜨거운 인사를 나눈 뒤 귀로에 들어섰다.

그런데 내가 집에 돌아와 보니 뜻밖에도 좋은 소식이 기다리고 있었다. 성경책이 생긴 것이다. 백가툰 처소 아주머니가 내가 성경을 보고 싶어 한다는 얘기를 듣고 특별히 배려하여 가져온 것이었다. 나는 뛸 듯이 기뻤다. 믿음이 없을 때에도 성경이 도대체 무슨 내용을 담고 있는지 무척 궁금했었고 또 이젠 나도 명실 공히 성도가 된 터이라 성경이 필수적으로 수요 됨은 더 말할 것이 없다. 낡은 성경이면 뭐 어떠랴? 가져다 준 것 만 해도 고마운 일이고 이젠 성경을 마음대로 읽을 수 있게 되었으니 얼마나 다행스러운 일인가? 그 당시 한글로 된 성경은 유일하게 남경에서 찍은 것 밖에 없었는데 두꺼운 종이에 내리 글로 된 것으로 무게는 일반책의 두

배 정도나 되어서 투박해 보였다. 하지만 나에겐 세상에 없는 보배보다 더 귀중했다.

나는 즉시 성경을 펼쳤다.

"창세기"

이야기는 내가 이제껏 읽어본 적이 없는 천지창조, 인간의 타락 등 흥미진진한 이야기들이 전개되고 있었다. 그런데 이건 또 웬일인가? 불과 몇 페이지 분량밖에 못 읽었는데 잠이 쏟아져오니 말이다. 나는 천성적으로 책이라 하면 오죽을 못 쓸 정도로 좋아하는 사람이다(아마도 내가 어릴 때 어머니가 재미있는 그림책을 많이 사주어서 생긴 관습인 것 같다). 때문에 재미있는 좋은 책이 생겼다 하면 끼니를 거르고 밤을 새는 한이 있다 하더라도 마지막 페이지까지 다 읽고서야 마음을 놓는다. 그렇기 때문에 오늘과 같은 경우 그렇게 보고 싶었던 성경을 읽기 시작했다면 오던 잠도 달아나야 하는 것이 정상일 텐데 아이러니 하게도 그와 반대로 잠이 오다니 도대체 웬 영문인가? 하지만 나는 버틸 수 있는데 까지 지탱하면서 가까스로 성경을 몇 페이지 더 읽었다.

나에겐 나 개인에게 해당되는 불문율이 있다. 그것은 신경으로 생긴 완고성 불면증 때문에 가급적이면 낮잠을 피해야 것이었다. 일단 낮에 15분만 잤다하면 그날 밤에 뜬눈으로 밤을 새워야 할 것을 각오해야 했다. 지난 이야기지만 부득이한 경우로 낮잠을 좀 잤던 날 밤엔 한숨도 못 잤고 새벽에 아내가 쌀에 이물질을 제거하려고 키질하는 소리까지 듣다가 얼핏 잠이 들었는데 불과 얼마 안 되어서 아침밥을 다 지은 아내가 깨우면 나는 충혈이 된 눈을 뜨고 일어나지 않을 수 없었다. 겉보기엔 멀쩡했지만 사람을 혹사시키는 것이 불면증이었다.

그런데 지금 쏟아지고 있는 잠은 예사 잠이 아니었다.

눈앞에 보이는 모든 것이 귀찮았고 빨리 눕고만 싶었다. 시계를 쳐다보니 오후 2시가 거의 되어가고 있었다. 더 이상 지탱할 수 없게 된 나는 아랫목에 베개와 포대기를 갖춰놓고 아내에게 저녁밥은 먹지 않겠으니 깨우지 말라고 당부까지 한 후, 옷 입은 채로 쓰러지다시피 누웠다. 그리고 잠시 후엔 업어 가도 모를 정도로 깊은 잠에 곯아떨어지고 말았다.

얼마나 잤는지 잠에서 깨어나 눈을 뜨고 벽시계를 보니 시침이 밤 9시를 가리키고 있었다. 7시간동안이나 내리 자다니. 나같이 불면증 있는 사람은 단잠이 들기 어렵고 깨기가 일수였다. 이 7시간은 나에게 모처럼 찾아온 만족스러운 잠이 아닐 수 없었다. 나는 아내가 차려준 저녁밥을 먹은 후 성경책과 책장 안에서 소설책 몇 권을 꺼내 챙겨놓고 밤샘할 준비를 하였다. 그런데 전혀 예상치도 못했던 기적 같은 일이 또 일어날 줄이야 누가 알았으랴? 성경책을 불과 10페이지도 읽지 못했는데 글자가 아물아물 해지면서 눈이 스르르 감겨왔고 마치 강력 마취제를 맞은 듯 다시금 깊은 잠의 골짜기에 떨어지고 말았으니 말이다.

이튿날 아침에 일어나 보니 유리창이 환하였고 밖에 나와 보니 아침 해가 반쯤 공중에 떠올라 생글생글 웃고 있었다.

'이크! 세상에 어찌 나에게 이런 이변이 다 생긴단 말인가!'

나의 불면증은 약 4-5년 전부터 내가 잡지사, 신문, 방송 문예

프로에 원고를 쓰면서부터 시작되었다.

지방마다 사정이 조금씩 다르긴 하지만 대체로 1981-1983년 사이에 중국에서 장기간 경영해 오던 집체작농 제도가 폐지되고 호도거리 개인농사가 시작되는 대 변핵이 일어났다. 토지는 인구별로 평균 분배되었고 집체재산으로 등록되어 있던 집, 가축, 기계, 운수차량 등을 값을 매긴 후 제비뽑는 형식으로 개인들의 소유로 이전시켰다.

이렇게 집체의 틀에서 해방된 농민들에겐 여유시간이 많아지게 되었다. 하여 나는 학창시절부터 품고 있던 문학의 꿈을 현실로 이루어 보려고 창작의 필을 잡게 되었다. 그런데 이런저런 번잡한 일이 자주 생기는 낮 시간보다 정신집중이 잘 되는 조용한 밤 시간을 주로 이용하다보니 뜻밖에도 골치 아픈 불면증에 걸리는 상황이 발생했디. 그래서 잠을 자기위해 달갑지도 않은 술을 자주 마셔야 했고 그런 시간이 길어지다 보니 알코올중독증까지 생긴 것이었다.

하나님의 치유의 역사는 놀랍게 나에게 임했다.

이튿날도 사흗날도 똑같은 일이 반복하여 일어났던 것이다. 약을 쓰지 않고 나의 불면증이 이렇게 기적적으로 고침 받게 될 줄을 내가 어찌 꿈인들 상상할 수가 있었겠는가.

나는 하나님 앞에 철저히 깨지고 말았다. 나는 오직 하나님 앞에 무릎을 꿇고 감사, 감사 또 감사의 기도를 드릴 수 있을 뿐이었다. 그리고 나는 깨달았다. 이토록 나를 사랑해 주시는 하나님께 나의 일생을 바치는 것만이 내가 해야 할 일이라는 것을.

7. 분에 넘치는 소명

그러던 어느 날 백가툰 처소 교회를 우리 집으로 옮겨 오는 일이 생겼다. 집주인인 형제가 병원에 입원하다 보니 여러모로 불편하여 그 집에서 교회를 더 유지하기가 어려운 상황이 되었던 것이다. 그날이 마침 수요일이여서 저녁 삼일 예배를 드리게 되었다. 자매님 둘이 백가툰 처소 집 벽에 걸었던 예수님 초상사진들과

"항상 기뻐하라 쉬지 말고 기도하라 범사에 감사하라"고 쓴 성경 말씀 족자를 가져다가 우리 집 벽에 걸었고 방석까지 가져다 우리 집 장판방에 깔았다. 그러고 나니 우리 집이 정말로 교회가 됐다는 실감이 들었다. 사람의 마음이란 참 묘했다. 오늘 저녁부터 우리 집에서 예배를 드린다고 생각하니 나의 기분이 공중으로 붕 뜬것같이 그렇게 기쁠 수가 없었다. 예배시간 한 시간 전인데도 성도들이 꾸역꾸역 모여들기 시작했다. 백가툰 까지 가지 않고 이제부터는 우리 김해툰 제 마을에서 예배를 드린다고 하니 성도들도 신이 나 했고 좋아서 야단들이었다. 김동춘 선배님도 오셨다.

그런데 뜻밖의 사태가 벌어졌다. 아내가 나들이 등산복을 꺼내서 입더니 슬그머니 나가는 것이 아닌가(아내는 아직까지 주님을 영접하지 않고 있었다) 나는 바로 쫓아 나가서 어디로 가느냐고 물었더니 조카네 집으로 놀러간다는 것이었다. 그래서 내가 "여보 이젠 우리 집에다 교회를 차렸는데 당신도 응당히 예수님을 믿어야 되는 게 아닌가"하고 의논적으로 말을 꺼냈다. 그런데 자기는 예수를 안 믿겠다

고 퉁명스럽게 대답하는 것이었다.

　나는 화가 올라오는 것을 누르며 왜 안 믿으려 하느냐고 따졌다. 그러자 아내는 나를 흘겨보면서 "내가 뭣이 부족해서 예수 믿겠는가?"하고 반발하는 것이 아닌가? 나는 어이없어 말이 안 나왔다. 속담에 「등잔 밑이 어둡다」고 한방을 쓰고 사는 아내가 이렇게 나올 줄이야 어찌 상상이나 했겠는가?

　교회 성도들 중에 빈곤한 노약자들과 병자들과 지력이 차한 사람들이 있는 것은 사실이지만 오늘 저녁 이 상황 속에서 어찌 그런 한심한 소리를 거리낌 없이 내뱉을 수 있단 말인가?

　바로 이때 집안에서 누군가 나를 찾는 소리가 두어 번 들리더니 뒤이어 찬송소리가 터져 나오기 시작하였다. 더 이상 왈가왈부 하고 있을 시간이 없었다. 그래서 나는 아내에게 단호하고 정중한 어조로 말했다.

　"내가 굳이 이런 방법까지 쓸 생각은 안했는데 이젠 어쩔 수 없소. 당신은 믿기 싫던 좋던 간에 믿어야 하오. 이건 남편으로서의 명령이요. 자 빨리 들어가자구, 더 지체하다간 망신 당할 수도 있으니까."

　나는 다짜고짜 아내의 손목을 잡아끌고 집안으로 들어왔다. 집안에서는 찬송이 한창이었다. 나는 연변에서 출판한 교회용 찬송가 한권을 찾아서 아내의 손에 쥐어주었다. 그래도 밖에서 뻗대던 때와는 달리 자매님들 속에 말썽 없이 찬송가를 펼치는 아내를 보고 나는 겨우 안도의 숨을 내쉴 수 있었다.

　이어서 예배시간이 시작되었다. 허주임네 며느리 류용순 자매의 유창한 대표기도가 있은 뒤 김동춘 선배님과 우리 성도들이 에베소서 1장 15절부터 23절에 이르는 말씀을 교독으로 봉독했다. 그리고 김 선배님이 「예수님의 몸 된 교회」라는 제목으로 은혜가 넘치는 설교를 하셨다. 뒤이어 합심기도 하는 시간을 가졌다.

"우리 김해툰 처소 교회가 언제나 주님이 함께 하시는 성령 충만한 교회로, 부흥의 불길이 일어나는 교회가 되게 해달라고, 그리고 세상에서 소금과 빛의 역할을 할 수 있는 참된 주님의 교회가 되게 해달라고…".

간절히 간절히 합심으로 간구하였다.

어느 틈엔가 예배가 끝났지만 성도들은 집으로 돌아갈 생각을 잊은 듯 밤 깊도록 이야기꽃을 피웠다. 화제가 기도에 관한 이야기로 넘어가자 노자매님들이 처소를 지키는 주인들은 새벽기도를 꼭 해야 한다고 강조하는 것이었다. 그래서 나는 책보는 습관 때문에 초저녁잠은 적고 새벽잠이 많아서 곤란할 것 같다고 고백하지 않을 수 없었다. 그러자 노자매님 한분이 하나님께 기도하면 하나님이 깨워 주신다고 하면서 이렇게 기도해 보라고 하면서 가르쳐 주셨다.

"하나님 아버지 감사합니다. 제가 하나님께 새벽기도를 드릴 수 있도록 새벽 4시에 저를 깨워 주시옵소서. 예수님 이름으로 기도 드립니다."

성도들이 집으로 돌아간 후 나는 노자매님 가르쳐 준대로 기도한 후 잠자리에 누웠다. 그런데 새벽이 되자 이상한 일이 생겼다. 비몽사몽 같은 몽롱한 의식이 나를 지배하고 있었는데 바로 그때

벽시계가 "땡, 땡, 땡, 땡"하고 정확히 4개를 때리는 것이었다. 이제 껏 있어본 적이 없는 일이고 이는 분명 내가 기도한대로 하나님이 응답하셔서 나를 깨워 주시는 것임을 나는 직감적으로 알아 차렸다. 하지만 추운 새벽인데다 잠을 더 자고 싶은 욕망 때문에 나는 도저히 일어날 수가 없었다. 하여 다시 잠이 들고 말았다. 그런데 연속 3일 동안 똑같은 일이 반복되어 일어났다. 내가 기도하고 누우면 하나님께서는 벽시계를 통하여 새벽 4시만 되면 깨워 주셨다. 그러나 나는 잠에 감겨서 일어날 수가 없었다.

사흘째 되는 날 나에게 기도를 가르쳐준 노자매님이 마침 무슨 일이 있어서 우리 집에 왔기에 나는 그동안 있었던 일들을 알려드리고 도움을 요청하게 되었다. 그러자 노자매님은 또 이렇게 가르쳐 주셨다.

사탄은 성도들이 하나님께 기도하는 것을 싫어한다. 특히 새벽기도는 사탄이 갖은 방법을 다해 저애한다. 형제분의 경우는 형제분의 약점을 잘 알고 있는 사탄이 와서 더 자라 좀 더 자라하고 부추긴다는 것이었다. 때문에 '나를 새벽에 일어나지 못하게 하는 마귀야 내가 예수 그리스도의 이름으로 명하노니 나에게서 묶임을 놓고 떠나갈지어다'하고 연속 세 번 마귀를 물리치는 기도를 한 후 잠자리에 들라는 것이었다. 하여 그날 밤엔 노자매님이 가르쳐준 대로 마귀를 물리치는 기도를 한 후 취침하였다. 나흘째 새벽이었다. 나는 갑자기 소변보가 터져 나갈 듯이 소변이 마려워서 하는 수 없이 자리에서 일어나 나가서 소변을 보고 들어왔다. 그런데 바로 그 순간에 벽시계가 또 정확하게 종을 네 번치는 것이 아닌가?

나는 그제야 솜옷을 껴입은 후 하나님 앞에 무릎을 꿇고 첫 새벽기도를 드리게 되었다.

"하나님 아버지 감사합니다. 주님께서 저같이 부족한 인생을 사랑하여 주셔서 새벽마다 깨워 주셨사오나 저는 너무 게을러서 새벽 기도를 못 드리다가 오늘에야 무릎을 꿇었습니다. 주님 죄송합니다. 용서하여 주시옵소서. 저를 향한 주님의 뜻을 저에게 알려 주시옵소서 순종 하겠습니다. 오늘도 우리 성도들과 연약한 저를 주님의 강한 손으로 붙잡아 주시옵소서….'

그 후부터 우리 부부는 하나님께 새벽 기도를 드릴 수 있게 되었다. 그러던 어느 날 설교자라는 무거운 책임이 나에게 떨어질 줄이야 어찌 상상이나 할 수 있었겠는가! 그렇게 된 발단은 김동춘 선배가 신흥6대 장림툰에다 교회를 세우면서 생겼다. 김 선배가 이쪽까지 돌볼 수 없게 되어 우리 교회도 설교자를 세우고 자립해야 했던 것이다. 그렇다면 마땅히 류용순 자매나 노자매님들 속에서 설교자가 나와야 정한 이치일 텐데 뜻밖에도 이제 겨우 걸음마를 하기 시작한 나를 선출한 것이다.

설교자는 하나님의 말씀을 성도들에게 해석하여 가르치는 선생의 직분이기에 성경말씀에 대한 이해가 깊고 신앙 경험도 풍부해야 하며 구제의 은사도 구비해야 할 것이다. 그런데 아무것도 모르는 나 같은 기독교 초년병 신출내기에게 가당키나 한 일이란 말인가? 나는 거듭 철회를 요구했다. 그러나 성도들의 태도는 요지부동이었다. 나중에 노자매님들은 내가 성경지식을 배우고 설교를 할 수 있게 될 때까지 성경 본문을 봉독해도 괜찮으니 직책만은 맡아

달라고 나를 설득했다. 나는 그만 할 말을 잃고 말았다. 그리고 첫 새벽 기도 때 하나님의 뜻에 순종하겠다고 서원 기도한 생각이 났다.

이 일을 도대체 어떻게 하면 좋단 말인가? 과연 하나님의 뜻이란 말인가? 나는 일단 이 현실을 받아들이고 나의 난처한 사정을 하나님께 아뢰어 보기로 마음먹을 수밖에 없었다. 하지만 직책은 수행해야 했다. 그 후 나는 신약 성경을 위주로 하면서 시편, 잠언, 전도서, 아가서 등 이해하기 쉬운 말씀들을 선택하여 예배시간마다 봉독했다. 그리고 우리는 하루도 빠짐없이 예배 시간마다 우리교회 부흥을 위해 하나님께 합심 기도를 드렸고 새벽기도와 평상시 기도할 때도 계속 하나님께 간절히 간구하였다. 드디어 하나님께서 응답이 왔고 한명 두 명씩 세 생명들이 등록하기 시작하였다. 하루는 자매님들과 함께 심방을 다녀오다가 길옆에 있는 예전에 동네 회의실 집 자리에 살고 있는 여자가 믿을 것 같은 예감이 왔다. 그래서 류용순 자매에게 들어가 보라고 했더니 우리가 잠시 기다리고 서 있는 사이에 정말 데리고 나오는 것이 아닌가, 그가 훗날 열정적인 주님의 일꾼이 된 신동순 자매였다.

며칠 후 신동순 자매의 요청으로 당시 간경화 복수로 앓고 있던 그의 남편 안상술을 전도하러 갔다. 안상술은 키가 184cm되는 장신의 체격이었는데 나와는 소학교와 중학교 동창이었다. 우리가 예수님에 대하여 열정적으로 소개하여도 처음에는 냉담하고 부정적인 반응을 보이던 그가 2-3일 쫓아다니며 퍼붓는 전도 공세 앞에서 차츰 마음 문이 열리기 시작하였고 드디어 교회에 등록하기에 이르렀다. 후에 그는 하나님의 은혜로 병도 깨끗이 치유 받고 주님의 종으로 쓰임까지 받았다. 그리고 성도들도 열심히 전도하여 새 신자들을 교회로 인도하여 왔다. 더욱이 기쁜 일은 처음엔 예수님을 안 믿겠다고 뻗대던 아내가 믿음생활을 잘 지킬 뿐만 아니라 우리 본 동네에 있는 조카며느리 두 명을 전도하여 신자가 되게 하였다는 사실이다. 그리고 후에는 조카네 자녀들까지 줄줄이 교회로 나왔다. 그리하여 불과 한 달도 안 되는 사이에 처음엔 몇 명밖에 안되던 성도다 20명 가까이 부흥되는 역사가 일어났다.

8. 술 시험

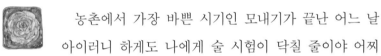 농촌에서 가장 바쁜 시기인 모내기가 끝난 어느 날 아이러니 하게도 나에게 술 시험이 닥칠 줄이야 어찌 상상이나 할 수 있었겠는가? 사탄마귀는 언제나 성도들의 가장 취약한 부분을 중점적으로 공격한다고 한다. 게다가 나는 술 중독 때문에 술을 끊는 방패막이로 교회에 들어왔다가 성령 하나님의 놀라운 역사로 구원을 받았다. 이런 나를 달가워 할 리 없는 마귀가 호시탐탐 기회를 노리고 있었던 것일까?

그날 발단은 설교책 때문에 외출하면서 시작되었다. 지난 3개월 가까이 되는 기간 예배 때마다 성경봉독도하고 내 나름대로 해석도 해 봤으나 효과가 신통치 못했고 나에게 곤혹을 가져다주었다. 그때 당시 먼저 믿은 여러 교회 처소장들은 한국에서 어렵게 들여

온(그때까지도 한중수교가 이루어지지 않고 있었음) 큰 교회 목사님들의 설교집이나 순복음 교회의 「구역성경 공부」같은 책을 얻게 되면 서로 빌려가면서 필사해 보배같이 사용하고 있었다. 나도 그런 기회를 찾고 있던 중이였는데 어느 날 오상시 흥광3대 모모 자매님에게 그런 필사본이 있다는 정보를 입수하게 되었다. 그래서 채 마무리 짓지 못한 농약 치는 일을 아내에게 맡긴 뒤 자전거를 타고 길을 떠나게 되었다.

그런데 그날따라 이상한 일은 아침부터 술 생각이 나의 목젖까지 자극하며 일어난 것이다. 예수님을 영접하고 신앙에 정착한 후 처음 있는 일이었다. 하지만 별로 심각하게는 생각지 않았다. 예전엔 매일같이 마시던 술이라 이럴 때도 있겠지 하고 말이다.

흥광3대는 기차 길 옆에 자리 잡고 있었고 우리 동네와는 4km 정도 사이에 있었기 때문에 그곳에 도착하여 집을 찾느라고 좀 지체되긴 했지만 오전 일찍이 목적을 달성할 수 있었다. 「고린도전서」 필사본을 드디어 손에 쥐게 되니 나는 기쁨을 금할 수 없었다. 이제 집에 가서 이 필사본을 나의 필기 책에 베낀 후 임자에게 다시 돌려주어야 했지만 그런 건 걱정할 일이 아니었다.

나는 아내가 부탁한일도 있고 하여 철길너머 오상시로 가서 볼 일을 마친 후 점심밥도 못 먹은 채 귀로에 들어섰다. 그런데 아직 철길을 넘지 못했을 때였다. 자전거 타기가 힘들어서 살펴보니 뒷바퀴에 공기가 반쯤 빠져 있는 것이 아닌가? 그래서 자전거 수리공을 찾아가 공기 펌프로 공기를 채워 넣게 되었다.

바로 그때 주춤하고 있던 술 충동이 다시 나에게 공격을 퍼부을 줄이야 어찌 예상했겠는가? 예수님을 믿고 나서 술하고는 절연이라고 생각했는데 그게 아닌 것 같았다. 예사롭지 않게 아침부터 올라오던 술 욕구가 나의 인내력 한계까지 삽시간에 치닫고 있었다. 나의 속사람과 이성은 입에다 술을 붙이면 안 된다고 엄숙하게 경고하고 있었으나 육신의 술 정욕은 '더도 말고 딱 두양만 들이부어라'고 견디기 어렵게 부추기고 있었다. 이럴 때 하나님께 기도의 간구를 올려야 했건만 술 시험을 당하려고 그랬었는지는 몰라도 정신이 온통 술이라는 이 괴물의 정욕에게 붙잡혀 있다 보니 기도는 생각지도 못하고 있었다.

나는 어쩔 수 없이 첫 번째 소매점에 들어가게 되었다. 그런데 한 량짜리(한 근의 십분의 일) 술기구가 없기 때문에 두량은 팔 수 없다고 거절했다. 다시 두 번째 소매점에 들어갔더니 그곳도 마찬가지 상황이었다. 이제 큰 길 건너편에 소매점 하나가 남아있다. 만약 이번에도 안 팔면 집으로 간다고 생각하며 길을 건너서 들어갔는데 웬걸, 그곳에는 한량짜리 술기구가 있었고 내 주문대로 술 두량을 공기에 따라 주었다. 나는 마른 명태 한 마리를 사서 안주삼아 잠깐 사이에 술 두량을 다 마셔버렸다. 애초엔 두량만 마시고 집으로 가기로 작정했었는데 그것은 천진하기 그지없는 나의 오산이었다. 수개월간 끊고 있던 술이 위속으로 들어가자 미친 듯한 술 욕구가 나를 정신 차릴 수 없게 만들었고 한조각이나마 남아있던 마음 속 의지도 공중으로 날아가 버렸다. 연이어 두량, 두량씩 두 번 마신 것 까지는 생각나는데 그 다음에 필름이 완전히 끊어지고 말았다. 듣건대 그 후에 차를 몰고 볼일이 있어서 오상에 왔던 신흥2대 장

씨가 술에 곤죽이 되어있는 나를 발견하고 차에 싣고 우리 집까지 데려왔단다. 그날 밤 12시경에 목이 타는 듯 말라서 술에서 깨어난 나는 후회 막급했다. 교회와 하나님 얼굴에 먹칠을 해놨으니 이 일을 도대체 어떻게 한단 말인가? 초저녁에 김동춘 선배와 신건4대 배상국 형제가 연락받고 와서 기도해주고 갔단다. 속이 쓰리고 몸을 가눌 수 없도록 힘이 다 빠져 있었지만 나는 가까스로 자리에서 일어나 하나님 앞에 무릎을 꿇고 회개 기도를 드리지 않을 수 없었다. 나는 너무도 죄송스러운 마음으로 자신의 연약한 의지와 의지를 상실하고 무능하게 지은 죄를 하나님께 고백하고 이번 시험을 이길 수 있는 힘과 지혜를 달라고 간구하였다.

그러다가 어느 결엔가 자신도 의식치 못한 채 다시 잠이 들었다. 꿈에 가슴에 붉은 띠를 비스듬히 횡으로 띤 위엄 있고 온화한 모습을 갖추신 거룩하신 분이 나를 찾아오셨다. 분명 주님이시건만 꿈속에서 나는 주님을 알아보지 못하고 있었다. 그분은 나의 어깨에 손을 얹고 이렇게 조용히 말씀하셨다.

"나는 아버지 명을 받들고 이 중국 땅에 있는 수많은 내 백성들을 구하러 왔단다."

누구실까? 꼭 어디서 뵌 모습 같은데 이렇게 거듭 궁리하다가 문득 머릿속이 환해지는 깨달음이 왔다. 아, 예수님이셨구나. 사진에서 본 모습과 거의 비슷한 성자 하나님, 이 세상에 오셔서 십자가를 지시고 부활하시고 우리들에게 영원한 생명을 주신 예수님, 아, 아, 세상에 주님께서 나같이 미천하고 연약하고 하잘것없는 사람을 다 찾아오시다니 나는 꿈속에서도 너무 황송하여 몸 둘 바를 몰랐으며 어디에 쥐구멍이라도 있으면 들어가서 숨고 싶었다. 주님과의 만남은 너무도 짧은 순간이었다.

꿈속의 필름은 다른 데로 이어지고 있었다. 농촌에서 제일 바쁜 계절인 모내기철이라고 하는데 나는 써레가 부착된 경운기를 몰고 있었다. 나의 앞엔 수백, 수천쌍도 더 되 보이는 논판이 아득하게 펼쳐져 있었다. 논물도 써레질하기가 알맞게 들어있었다. 꿈속에서 나는 온몸에 힘이 샘솟는듯하였고 경운기를 몰고 신나게 써레질을 하였다. 뒤이어 번지를 쳐놓은 논판은 면경알 같이 반짝였고 모심기에 딱 좋게 너무도 잘되어 있었다. 나는 계속하여 산을 넘고 물을 건너며 끝이 안 보이는 수많은 논을 온밤을 패가며 계속 써레질을 했다.

그 후 나는 20년 가까이 흑룡강성과 길림성, 내몽고 자치구까지 교회 세우려 다니고 심방을 다니면서 그때 꾼 그 꿈을 추억하며 감개무량할 때가 많았었다. 분명 주님께서 꿈을 통하여 내가 해야 할 일을 보여 주신 것이라고 생각했기 때문이었다.

이튿날 저녁 오일 예배 시간 때 나는 성도들 앞에서 부끄러워 도무지 얼굴을 들 수가 없었다. 그러나 류용순 자매를 비롯한 노자매님들은 한마디도 나를 나무라지 않았고 믿음이 한 단계 올라설 때엔 마귀 사탄의 역사가 있으나 그 시험을 이기게 되면 하나님의 더욱 큰 은혜를 체험하게 된다면서 오히려 나를 위로해 주었다. 차라리 얼굴이 홍시가 되도록 호된 욕을 먹었다면 마음이 더 편해지고 이토록 괴롭지는 않으리라는 자책감이 나를 붙들고 있었다.

9. 신건 교회와의 충돌과
쌍원교회 중심

뜻밖에도 신건4대 중심교회와 우리교회 사이에 풀기 어려운, 요컨대 생기지 말았어야 할 불미스러운 일이 조성되고 있었다. 문제의 발단은 배상국 집사(모내기 전에 상지시 어지향에 있는 이영구 집사의 부친인 이래일 노집사가 신건4대 중심교회에 와서 제직집회를 가졌는데 그때 배상국 부자와 우리 신흥의 김동춘 선배, 그리고 여러 향진에서 선발된 10명 가까이 되는 처소장들을 집사로 세웠었다)의 아들 배성룡 집사가 중심교회를 주관하게 되자 우리 신흥교회 성도들을 주일아침 대예배를 신건4대에 와서 드리라고 강요하면서부터 일어났다.

당시 우리 신흥3대 성도들이 신건4대 먼 곳까지 매주일 간다는 것은 무리였다. 교통편도 몹시 불편하여 노야자와 병자들은 제 동네에서 예배드릴 수밖에 없는 형편이었다. 그리고 우리 신흥교회는 약하긴 하지만 설교할 일꾼들이 구비되어 있기 때문에 먼 곳까지 갈 이유가 없었다.

만약 신건4대 중심교회에서 책임적인 리더의 각도에서 출발하여 신흥교회의 애로점들을 이해해주고 사랑과 배려로 감싸주는 모습을 보여 주었더라면 문제는 순리롭게 해결 되었을 것이다. 그런데 유감스러운 것은 그만한 아량이 그들에게 없었을 뿐만 아니라 역설적이게도 육신적인 감정을 앞세운 잘못된 우까지 범했다는 사실이다.

그 실례로 오상현 민락향 학교툰에서 대집회를 하면서도 고의적으로 우리 신흥에는 통지를 하지 않았다. 그리고 반드시 경과해야 하는 우리 신흥마을을 양심의 가책도 없이 외면하고 지나서 자기 네끼리만 집회를 하고 온 것이었다.

뒤늦게야 이 소식을 접하게 된 김동춘 집사님과 안상술 형제 그리고 나는 도무지 분을 삭이기 어려운 지경에 이르게 되었다. 또 그런 일이 있은 줄도 모르고 김 집사와 안형제가 3일전에 신건4대 중심교회에 궁금한 일이 있어서 갔다가 냉대만 톡톡히 받고 온 일도 있었으니 감정충돌은 더욱 심각해 질 수밖에 없었다.

그러던 어느 날 우리 세 사람은 교회가 된 안상술 집(우리 집이 좁아서 부흥되는 성도들을 수용할 수 없었기 때문에 큰 집을 갖고 있는 안형제 집으로 최근에 교회를 옮겼다)에 모여서 우리가 가야할 방향을 검토하지 않을 수 없게 되었다. 주님의 사랑으로 소속 교회들을 이끌고 나가야 할 중심교회가 도무지 용납하기 어려운 육신적인 감정적 충돌을 일으키고 있으니 우리가 앞으로 어떻게 이런 사람들과 계속 교통을 유지한단 말인가? 밤 깊도록 논의하고 심사숙고 하던 끝에 우리는 오상시에서 제일 먼저 집사 직분을 받고 전도를 많이 하여 현재 오상시 소산자향(후에 진으로 됨)쌍원촌에 중심교회를 이루고 있는 송화자 집사와 연계를 해보기로 최종적인 합의를 달성하게 되었다. 특히 김 집사는 송 집사와 개인적으로 안면이 있는 사이였는데 좋은 평가를 내리고 있었다. 그 당시엔 전화가 공공 기관이나 대대 사무실에 한 대씩 있을 뿐이었기에 특수한 상황 외에는 개인적으로 사용하기가 무척 어려운 때였다. 그래서 연락은 편지로 쓰기로 하였다. 김 집사와 안형제가 각자의 소견을 이야기 했고 나는 내용을 종합해서 편지지에 썼다. 그리고 이튿날 우편으로 붙여 보냈다.

　그 후 3일쯤 지난 점심 무렵에 송화자 집사와 그의 동역자인 김복희 집사가 우리 신흥3대 교회로 찾아왔다.

　40대 초반의 실팍한 몸집에 약간은 어리 굿게 보이는 표정과 가식이 없는 서글서글한 웃음을 짓고 있는 송 집사는 첫 인상에도 듣던 소문과 같이 선량함과 후덕함과 신뢰감을 겸비한 인물로 보였다. 동행해 온 김복희 집사는 매우 순박해 보이는 30대 초반의 젊은 나이지만 성숙된 신앙의 풍모를 갖춘 훌륭한 주님의 일꾼이라고 송 집사가 소개했다. 지난밤에도 교회 심방으로 잠을 얼마 못 잔 탓으로 피곤에 졸고 있었다. 보기가 딱해진 신동순 자매가 아랫목에 베개와 담요를 펴놓고 사양하는 그녀를 억지로 권하다 시피하여 눕게 하였다. 그녀는 마지못해 우리에게 양해를 구한 후 눕더니 얼마 안 되어 잠에 푹 빠져들어서 달게 자고 있었다.

　김동춘 집사와 안형제 그리고 나는 송 집사에게 오상현 교회들의 현황과 문제점들을 놓고 질문하면서 화제를 이끌어갔다. 초면이 구면이라더니 불과 한식경도 안 되어 우리는 서로 허물없이 평소에 궁금하던 일들과 목회현장의 달고 쓰거운 에피소드 및 애로점들을 허심탄회하게 나누게 되었다.

　그러다가 마침내 우리는 솔직히 편지를 쓰게 된 경위를 간략하게 설명한 후 서로간의 중요한 관심사이자 의제인 교통 문제를 논의하게 되었다. 우리 신흥교회 앞에는 양떼들을 주님의 푸른 초장으로, 주님이 걸어가신 십자가의 길, 진리의 길로 확고부동하게 인도 할 수 있는 강인한 리더 목자가 필요했고 송 집사는 송 집사 나름대로 쌍원 중심에 일을 해낼만한 남자 일꾼들이 너무 부족한 고충을 이야기 했다. 그는 우리 세 사람이 쌍원 중심에 와서 물불을 가리지 않고 주님의 일에 헌신할 수 있는, 말하자면 송 집사의 오른팔 격이 되어 복음 전도와 심방, 교회건립, 쌍원 중심 확장을 위해 크게 쓰임 받는 주님의 기둥 일꾼들이 되어주기를 원했다. 논의는 순리롭게 진행되었다. 하여 화기애애한 분위기 속에서 호상간의 부족한 점을 인정하고 상호간의 격려와 배려를 전제로 한 이른바 성공적인 합의를 도출하여 내기에 이르렀다.

그날 밤 20여명 성도들이 모였고 송 집사가 첫 설교를 하였다. 그의 설교는 듣는 성도들의 마음을 주님을 향한 뜨거운 믿음과 소망과 사랑으로 불타게 하였으며 주님의 은혜에 대한 감사와 깨달음과 기쁨의 물결이 넘치게 하였다. 그리고 그의 기도는 에베소서 1장 18절과 19절 말씀을 인용하며 하였는데 박력이 있었고 너무도 은혜스러웠다. 예배가 끝난 후 성도들은 송 집사와 인사를 나누면서 좋아서 야단들이였고 밤 깊도록 붙들고 놓아줄 염을 하지 않았다. 그리하여 우리 신흥교회는 송화자 집사의 쌍원 중심과 교통하는 길을 정식으로 여는 서막을 올렸다.

10. 예수의 피

흉년이 없는 곡창으로 소문난 오상벌(동북평원에 속함)엔 금년에도 어거리 대풍이 들었다. 쏜살같이 지나가는 세월 속에서 어느 결엔가 분망한 벼가을도 끝나고 탈곡 철이 다가왔다. 그 당시 탈곡은 서로 마음이 통하는 사람들 끼리 조를 모아서 한집 한집 탈곡기를 옮겨가며 했다.

우리 집 벼를 탈곡하던 날이었다. 한창 일하는 도중에 공교롭게도 북데기(부스러진 벼를 걷어내는 갈퀴) 하나가 대가 끊어져서 쓸 수 없게 되었다. 하여 나는 즉시 갈퀴를 빌리러 가게 되었는데 도구를 쓰는 탈곡 철이라 빌리기가 쉽지 않았다. 그래서 집집마다 훑으며 가다가 마을 중간쯤에 있는 강 씨네 집에 이르게 되었다. 그 집에도 일꾼들이 다 달곡하러 가고 암 투병 중에 있는 강씨 아내와 그의 시어머니 밖에 없었다. 내가 사연을 말하자 아주머니는 창고 안에 있으니 꺼내서 갖고 가라고 한다. 그래서 내가 고맙다는 인사를 하고 갈퀴를 들고 나오려고 하는데 아주머니가 무슨 생각을 했는지 그 때 정주간에 서있는 나를 집안으로 들어오라고 한다. 그리고 물어볼 말이 있다고 하면서 마루를 가리키며 잠깐 앉으라고 하지 않는가? 일꾼들이 나를 기다리고 있는 바쁜 상황이지만 나는 조급한 마음을 내색하지 않고 앉을 수밖에 없었다. 임해금이라고 부르는 50대 초반의 이 아주머니는 불행히도 골암을 비롯한 세 가지 암에 걸려서 병과 사투하고 있는 중이었다.

그런데 뜻밖에도 아주머니 입에서 교회를 가지 않고도 예수를 믿을 수 있느냐는 질문이 나왔다. 나는 너무 기뻐서 믿으실 생각만 있다면 우리 자매님들이 와서 예배를 드려줄 수 있기 때문에 얼마든지 될 수 있다고 즉시로 대답해 주었다. 이분은 아마도 누구에게서 예수에 관한 이야기를 듣고 전도를 받은 것 같았다. 그는 고맙다고 연신 두 번이나 감사를 표하고 나서 또 뭔가 묻고는 싶은데 주저하는 표정이 확연히 드러나 보였다. 그래서 내 쪽에서 하실 말씀이 있으면 사양 말고 어서 하라고 권고하게 되었다. 그러자 그는 미안한 질문이 되겠지만 어디다 하소연조차 할 수 없는 상황이 된 자신을 이해해 달라고 하며 말을 꺼냈다.

그는 자신의 몸의 세 가지 암 중에서 골암이 제일 몸서리치도록 괴롭고 고통스럽다는 것이었다. 소변이나 대변을 보려고 몸을 조금만 움직여도 전신의 뼈가 다 부서져나가는 듯한 견딜 수 없는 고통이 와서 저도 몰래 집안이 떠나갈 정도로 고함을 지르게 된다는 것이었다. 그러면 집안이 소요스럽고 집안 식구들도 괴로운 피해를 받게 되며 자신도 바늘방석에 앉은 듯 송구스럽지만 도무지 이 문제를 해결할 방도를 찾을 수 없다는 것이었다. 그리고 뒷말을 잇지 않았지만 분명 나의 입에서 어떤 답이 될 수 있는 실오리만한 희망이라도 나오기를 바라는 것 같았다. 하지만 솔직히 나는 난감하기 그지없었다. 암병 전문의사도 아닌 내가 도대체 무슨 뾰족한 수를 내놓을 수 있단 말인가? 내가 할 수 있는 일은 기도밖에 더 있는가? 그래서 나는 묵상으로 하나님께 간절히 기도를 올렸다.
'주님, 제가 뭐라고 이 분에게 대답해야 합니까? 주님께서 답을 주시지 않으면 이 난국을 해결 할 수 없습니다. 성령님께서도 도와

주시옵소서.'

그때 문득 "예수님의 이름의 권세와 예수님의 보혈의 능력 앞에
선 사탄 마귀가 벌벌 떤다."고 이영구 집사가 신건집회 때 설교하던
말이 떠올랐다. 그래서 나는 이렇게 조언할 수 있었다.

"그럴 땐 예수님을 찾아야 합니다. 예수님 도와주세요. 하고 기도
하십시오. 예수님 이름 자체가 최고의 권세이고 능력입니다. 그리고
길게 기도하기 어려울 땐 '예수의 피, 예수의 피'하고 외쳐도 됩니다.
사탄 마귀는 예수님 이름과 예수님 피 앞에선 무서워서 꼼짝 못한
답니다."

그런데 그 후 나도 미처 생각지 못했던 놀라운 역사가 일어났다.
본래 성정이 고지식한 일면이 있는 임해금 자매님은 내가 가르쳐
준 것을 그닐부터 실천에 옮겼던 것이다. 물론 처음에는 긴가민가
하는 상태에서 했지만 워낙 절망적인 형편에 처해있었기 때문에
더 다른 선택의 여지조차 없었던 것이다.

그는 몸을 움직일 때마다 일어나는 상상할 수 없이 괴로운 극심
한 고통을 단말마적인 "예수의 피"에 맡겼다. 그는 무작정 하늘을
쳐다보며 부르짖었다. 이를 악물고 부르짖었다.

"예수의 피, 예수의 피, 예수의 피…"

그는 사력을 다하여 부르짖고, 부르짖고 또 부르짖었다….

드디어 그의 부르짖음이 하늘 보좌를 감동시켰다. 경악으로 떨고
있던 그의 마음에 하나님의 한없이 부드럽고 따뜻한 평안이 찾아
오셔서 감싸 주셨던 것이다. 그리고 그날부터 3개월 뒤 천국으로
가는 그날까지 두 번 다시 집안의 평화를 깨는 고함지르는 일이 없

었다. 오직 예수의 피와 하나님의 은혜 속에서 뼈암의 고통을 넉넉히 이길 수 있었던 것이다.

그날 밤 임해금 자매님은 예수님을 주님으로 영접하였다. 그리고 우리 신흥교회 자매님들은 기쁜 마음으로 매일저녁 임 자매님 집에 가서 가정예배를 드렸다. 한창 탈곡할 때라 몹시 바빴고 김장철까지 겹쳐있었다. 그러나 헌신적이고 열심의 봉사자들인 자매님들은 일이 끝난 후 물수건으로 얼굴과 목 등의 껄끄러운 벼가시를 문지른 후 집식구들에게 밥상을 차려주고 나서 자기들은 저녁밥도 안 먹은 채 성경가방을 들고 임 자매님 집으로 달음질해 갔다. 임 자매님이 기다리고 있는 것 같아서 편히앉아 밥을 먹을 수가 없었단다. 예배가 끝나고 집에 와서는 밤 깊도록 김장도 해야 했지만 모두들 즐거운 마음으로 거뜬히 했다. 그리고 교회 성도들 모두가 기도할 때마다 임 자매님을 위해 간절히 하나님께 부르짖었다.

임 자매님 가정 식구들도 처음엔 한두 명씩 참석하여 가정예배를 드리다가 임 자매님이 예수님의 피로 그 무서운 고통을 이겨내는 것을 보고 시어머님을 비롯한 아들딸들 대부분이 주님을 영접하는 임마누엘 가정이 되었다. 임 자매님이 드디어 하나님의 부르심을 받고 눈물도 없고 고통도 없고 영원한 행복이 넘치는 천국으로 가시는 날 그동안 수고한 우리 자매님들과 성도들은 아름다운 찬송을 씩씩하게 부르면서 임 자매님을 전송하는 장례식을 치렀다.

그때까지 주님을 믿지 않고 있던 주인 강택룡 씨는 장례가 끝난 후 교회를 찾아와 자청하여 영접기도를 했다. 그는 예수님을 믿게 된 경위를 이렇게 표현했다.

"첫째, 아내가 예수의 피를 외치면서 보는 사람의 눈이 딱딱 감길 정도로 공포스러운 고통을 이겨낼 때 마음은 이미 하나님 편으로 기울어 있었다. 둘째, 숨을 거둔 아내의 얼굴이 분단장한 것 같았고 천사의 얼굴처럼 예쁘게 보였기 때문에 살아계신 하나님을 깨닫게 되었다. 그리고 아내가 믿고 간 그 예수님을 자신도 믿고 아내가 앞서 간 그 좋은 천국 길을 자신도 뒤따라가기로 마음을 굳혔다고."

11. 추수 감사절

 탈곡이 끝난 지 얼마 안 되어 11월말 추수감사절을 쌍원 중심에신 오상시 소산사향 원보산 마을에서 개최하기로 했다고 통지가 왔다.

그런데 그 해 따라 초겨울 눈이 교통이 막힐 정도로 엄청 많이 내렸다. 어떤 구간은 제설차가 눈을 치워야 버스가 통했다. 그래서 자매님들이 먼 길을 떠나기엔 무리였기 때문에 이번엔 김동춘 집사님과 안상술 형제 그리고 나까지 셋만 가기로 하고 자매님들은 교회에서 자체로 추수 감사절을 쇠기로 하였다. 집회 장소인 원보산으로 가는 길은 행보가 무척 어려웠다. 우리 세 사람은 오상버스역전까지 5km넘는 눈길을 걸어서 가야했고 또 오상에서 소산자까지 35km구간을 버스로 간 후 소산자에서 다시 원보산 까지 8km되는 눈길을 푹푹 빠지면서 헤치고 걸어가야 했다. 비록 어렵고 힘든 길이었지만 원보산 가정교회 최금자 집사님 집에 도착하고 보니

20여개 처소교회에서 모여온 7-80명 성도들이 새로 가입한 우리들을 구면 친구처럼 반갑게 맞아주었다. 집도 무척 컸고 성도들 마다 희희낙락 했으며 잔칫집 같은 분위기였다. 음식도 찰떡, 송편, 시루떡 등 여러 가지 맛깔스러운 떡에다 소고기, 돼지고기, 닭고기, 오리고기, 잉어, 메기, 붕어 등등 고기류와 여러 가지 과일까지 풍성하게 준비되어 있어서 그야말로 축제의 냄새를 짙게 풍기고 있었다. 무엇보다 마음을 푸근하게 해주는 것은 모인 성도들이 한 가족 같이 서로서로를 뜨겁게 관심해주고 친절을 베푸는 사랑과 우정의 분위기였다.

집주인 최금자 집사님은 59세 되던 해에 송 집사의 전도를 받고 예수님을 영접한 후 언제나 감사하는 마음으로 주님이 주신 사명을 헌신적으로 감당하는 충성된 일꾼으로 살아왔다. 그는 틈만 있으면 본 동네는 물론 인근 마을까지 다니며 전도했고 교회도 세웠다. 점차적으로 전도하는 구역과 범위가 넓혀지자 그는 경비를 절약하기 위해 10km까지는 먼 길도 차를 타지 않고 도보로 다니며 심방을 하였다.

어느 핸가 최 집사님은 정성들여 만든 송편을 함지에 담아 이고 쌍원 부활절 집회로 떠났는데 원보산에서 소산자까지 간 후 그날따라 삼륜차를 만나기가 어려워서 내처 걸어가다 보니 쌍원까지 20km넘는 먼 길을 그 무거운 떡함지를 이고 끝까지 걸어서 갔단다. 그리고 최 집사님은 해마다 설 명절기간이 되면 자신의 돈으로 찹쌀과 콩기름을 넉넉히 준비해 놓은 후 생활이 어려운 성도들 가정과 의지할 곳 없는 노인들 가정을 찾아다니며 나눠주는 일들을 꾸준히 해오고 있단다.

　푸짐한 저녁 식사가 기쁨과 즐거움 속에서 만족하게 끝난 후 저녁 집회가 시작되었다. 뜨거운 찬송과 자매님 들의 특기인 아름다운 율동으로 집안에 열기가 확 일어나도록 한바탕 달구어 놓은 후 집례 하는 집사님이 저녁 예배와 밤 축제 순서를 발표했는데 뜻밖에도 저녁예배 대표기도에 나의 이름이 지명되어 있었다. 아직 이렇게 많은 사람들 앞에서 대표기도를 해 본적이 없는 일순간 당황하지 않을 수 없었다. 더욱이 처음으로 교통하게 된 이 자리에서 기도를 잘못하게 되면 그야말로 망신이 아닐 수 없었다. 나는 마음을 침착하게 가지려고 애썼다. 그리고 하나님께 속으로 간절히 구했다.
　'저에게 좋은 기도문을 열어주시고 망신당하는 일이 없게 해주세요.'

　드디어 대표기도 시간이 되었다. 그때 문득 나의 머리에 요한복음 14장 6절 말씀이 떠올랐다. 나는 말씀부터 선포했다.
　"예수께서 가라사대 내가 곧 길이요 진리요 생명이니 나로 말미암지 않고는 아버지께로 올 자가 없느니라."
　그리고 기도를 시작했는데 뜻밖에도 전혀 생각지도 않던 기도가 나의 입에서 쏟아져 나왔다. 나의 의지와는 상관없이 줄기차게 나오는 유창한 기도는 한참동안 거침없이 계속되었고 성도들이 호응하는 아멘소리는 집안을 쩌렁쩌렁 울리게 하였다.
　하나님께서 나의 짧은 간구를 들으시고 즉시적으로 이렇게 응답해 주실 줄은 전혀 예상도 못한 일이었다. 나는 주님 앞에 감사기도를 거듭 드렸다.

그 후 어느 자매님이 "김 형제는 어떻게 대표기도를 그토록 은혜스럽게 했느냐?"고 칭찬했지만 성령님의 역사가 아니었다면 있을 수도 없는 일이었다.

이어서 송 집사님의 설교가 시작되었다. 골로새서 3장 15-17절 말씀을 본문으로 삼은 그의 설교는 어떤 화려한 수식도 없이 소박하게 성경말씀과 성도들의 현실을 나타내며 갈파하였지만 너무도 생동감이 있었고 성도들의 마음을 감동으로 뭉클하게 하였다.

성경은 우리에게 "범사에 감사하라"고 가르치고 있다. 오늘 짧은 본문에도 감사하라는 말씀이 세 번이나 나오고 있다. 요컨대 감사는 우리 성도들의 삶에서 규범이 되어야 한다. 왜냐하면 우리 주님께서 십자가 사랑을 통해 구원 사역을 다 이루어 놓으셨기 때문에 오직 우리는 감사하는 마음으로 주님을 찬양하며 주님께서 맡겨주신 사명을 잘 감당하면 되는 것이다.

우리가 이 세상에서 살아온 모든 것은 처음부터 끝까지 주님의 은혜 속에서 지나왔다. 슬픔과 고통 속에서도 주님의 은총과 섭리가 합력하여 선을 이루셨다. 그 어떤 행불행 속에서도 우리 주님께서는 우리를 영혼이 잘되고 범사가 잘되고 강건한 은혜 속으로 인도하셨다.

하나님께서는 항상 당신의 신실한 백성들의 삶을 회개와 구원으로 직결 시키셨고 암탉이 병아리를 품듯이 당신의 자녀들을 은총으로 덮어주셨다. 때문에 우리는 풍파 많은 이 세상에서 오직 하나님 앞에 감사하고 또 감사하는 삶을 살 수밖에 없다는 것이었다.

송 집사님의 뜨거운 설교에 화답하여 일어나는 성도들의 우렁찬 아멘 소리는 집안을 화끈화끈한 은혜의 열기로 가득 차게 하였다.

흑룡강성 상지시 김말순 집사의 전도를 받고 주님을 영접한 송 집사는 밤낮을 가리지 않고 복음을 전하면서 극성스레 신앙을 지킨 탓으로 당시 생산대장으로 있던 남편의 핍박을 말도 못하게 받았다고 한다. 남편의 눈에는 예수 그리스도의 기독교 자체가 허황하고 아둔한 미신으로 보였기 때문에 거기에 열심인 아내를 곱게 볼 턱이 없었다. 처음에는 좋은 말로 타일렀지만 먹히지가 않았고 후에는 아내가 오히려 예수를 믿으라고 권고까지 하자 화가 난 남편 정씨는 아내의 머리칼을 두 손으로 움켜쥐고 불이 붙는 부엌 아궁이에 들이 박아서 머리카락이 절반이나 타는 봉변까지 일어났다. 그 후 부터는 남편에게서 욕먹고 매 맞는 일이 매일같이 일어났지만 송 집사는 오직 인내와 기도로 버텨나갔다.

그러던 어느 날 친구들과 밤 깊도록 술을 마시고 집에 돌아 온 정씨는 아내를 찾았으나 아내가 보이지 않았다. 아내의 신앙 때문에 집안이 부산했고 그도 골이 아픈 일이었다. 하는 수 없이 자리를 펴고 한잠자고 깨어난 정씨는 그때가지 아내자리가 비어있는 것을 발견하였다.

벌써 새날이 훤히 밝아오고 있었다. 그제야 그는 자리에서 일어나 아내를 찾아 온 동네를 헤맸으나 어디에도 없었다. 그런데 그가 맥없이 돌아와서 소여물을 주려고 우사에 들어섰을 때 깜짝 놀라고 말았다. 아내가 무릎을 꿇고 쪼그리고 앉은 채로 무슨 신 한 켤레를 안고 기도하고 있었는데 밤새도록 기도했는지 때는 추운 겨울이라 코로부터 머리까지 성에가 하얗게 꼈고 입에서는 김이 무럭무럭 나오고 있었다. 그녀는 남편이 들어온 줄도 모르고 계속 울부짖으며 기도하고 있었다.

"하나님 아버지 저의 남편의 신이 발보다 먼저 주님 앞에 왔습니다. 주님 저의 남편을 구원해 주세요. 주님 저의 남편에게 자비와 긍휼과 은혜를 내려주세요…"

정씨의 눈에서는 저도 모르게 눈물이 핑 돌았다. 자기를 모질게 학대하는 남편의 신을 안고 이 추운 소여물 칸에서 입, 코, 얼굴, 머리가 저 지경이 되도록 기도하다니 그는 외면한 채 슬그머니 물을 닫고 나오고 말았다. 그 뒤로 정씨는 두 번 다시 아내를 욕하거나 손찌검을 하지 않았다. 그리고 그 후 한동안의 세월을 경과한 뒤 그도 마침내 하나님의 감동을 받고 아내가 믿는 예수님을 영접하게 되었다.

송화자 집사의 설교가 결속된 후 뒤이어 개막된 추수 감사절 밤 축제는 성도들의 기쁨의 향연으로 이어졌다. 교회별로 적어올린 제목에 따라 독창, 이중창, 합창, 율동, 재담, 단막극, 시낭송, 장기자랑 등 다양한 절목들이 질서 정연하게 그리고 뜨거운 박수 속에서 성황리에 진행되었다. 나중엔 성도 전원이 춤추기 좋은 복음성가를 열창하면서 한민족춤, 꼽새춤, 상모춤을 비롯하여 온갖 희한한 춤으로 사기를 올리며 춰댔고 새벽2시가 되어서야 가까스로 끝났다.

이튿날 아침엔 간밤의 성도들의 피곤을 풀어주기 위해 잠을 좀 더 자게 배려했고 아침식사를 늦게 하였다.

오전엔 김동춘 집사님의 설교를 통해 많은 은혜를 받았다. 김 집사님은 성경적인 감사절 유래와 근대사에 기록된 미국 청교도들의 역사적인 지식까지 소상하게 펼치면서 듣는 성도들의 안목을 넓혀 주었다. 성도들에게 있어서 감사는 보화와 같은 덕목이고 주님을 영화롭게 해 드릴 수 있는 삶의 요건이 된다. 감사하는 삶이 성령님의 인도를 받을 수 있는 삶이고 사탄 마귀를 이길 수 있는 승리의 삶이라고 김 집사님은 강조했다.

그랬다. 우리가 하나님께 드리는 감사야 말로 산 믿음의 신선한 증거가 아닐 수 없다. 원보산 교회엔 교회로 나올 수 없는 장기 병자가 두 명이 있단다. 나는 최금자 집사님의 부탁을 받고 오후엔 집사님들과 함께 심방을 다녀왔다. 그러다보니 오후에 진행된 은혜 받은 성도들의 간증집회엔 빠지게 되었다.

저녁엔 쌍원 중심 집사들과 몇몇 골간 처소장들과 우리 신흥의 남자일꾼 3명이 모여서 당면의 해결해야 할 여러 가지 과제들을 논의하게 되었다. 이를테면 교회 부흥문제, 전도해야할 새로운 지역과 교회를 건립하는 문제, 설교자 양육문제, 교회 분쟁문제, 재정이 빈약한 문제, 새 신자 정착문제 등등 모두 다 심각한 문제들이었다. 그 외에도 말씀을 심도 있게 가르쳐 줄 수 있고 재정적 지원도 어느 정도 가능한 상급 교통대상을 찾는 문제도 있었다.

이런 문제들 대부분은 결코 단기간 내에 해결이 될 수 있는 성질의 것들이 아니었다. 그리고 환경의 지배를 벗어날 수 없는 인간의 지혜와 능력에는 한계가 있었다. 관건은 기도를 통한 주님의 개입이었다. 밤 깊도록 토론하여 일부 타협점을 찾기도 하였지만 결국은 기도제목을 작성하여서 쌍원 중심 전체 성도들이 응답을 받을 때까지 합심기도를 하기로 하고 회의를 마쳤다.

12. "김 형제, 설교하는 걸 어데서 배웠소?"

삼일 째 되는 날 오전에 추수 감사절 축제가 주님의 은혜 속에서 마무리되었다. 오후엔 성도들은 다 집으로 돌아가고 쌍원 중심 집사 5명과 몇몇 교회 처소장들은 송 집사님의 지시를 받고 심방을 떠났다. 나와 안상술 형제도 원보산 최금자 집사와 오해숙 집사의 어머니인 정로 자매님 등과 함께 오상현 상포향으로 가게 되었다.

우리 일행이 소산자에서 버스를 두 번 갈아타고 상포향에 도착한 후 다시 삼륜차로 목적지인 명승촌에 이르렀을 때는 짧은 겨울 해가 이미 서쪽 지평선에서 붉은 노을을 물들이며 우리들에게 작별 인사를 고하고 있었다.

교회 집주인 김상국 형제와 한순기 자매가 동네 밖까지 나와서 우리를 반겨 맞아 주었다. 우리가 오게 된 이번 걸음의 목적은 한순기 자매님의 요청에 의해 교회를 부흥시키기 위해서란다. 한순기 자매님은 주님을 믿기 전에 등이 굽은 자신의 병을 치료하기 위해 어떤 지인의 권고를 받고 칠성신을 섬겼던 경력을 갖고 있었단다.

그가 우연히 송화자 집사를 만나 예수님을 전도 받던 날이 공교롭게도 그가 칠성신에게 백일작정기도를 드리는 마지막 날이었다. 그녀는 송 집사에게서 천지를 창조하시고 우주를 관장하시는 하나님의 아들 예수 그리스도의 십자가와 부활의 복음을 듣고 크게 깨달은 바가 있어서 과감하게 칠성신을 버리고 예수님을 영접하였다고 한다. 그리고 즉시 자기 집에다가 교회를 세웠는데 아직 반년이 채 안되었고 성도는 그들 부부와 두 아들, 할머니 성도 한 분과 젊은 자매님 한분하여 6명이 예배를 드리고 있다고 하였다. 집은 기와를 얹은 삼전집이였는데 구들이 크고 넓어서 교회로 사용하기엔 안성맞춤 이었다.

밖에는 이미 어둠이 짙어지고 있었고 김상국 형제와 한자매가 이미 준비해 놓은 음식들을 날라다 한상 가득이 차려 놓았다. 소고기 볶음채를 비롯한 몇 가지 채와 겨울철엔 귀한 상추쌈까지 있어서 그야말로 입에 군침이 돌게 하였다. 최 집사님의 은혜 넘치는 식사기도가 있은 후 모두들 진수성찬같이 맛있게 잘 먹었다.

그리고 저녁식사가 끝나기 무섭게 기다렸다는 듯이 사람들이 꾸역꾸역 모여오기 시작하였다. 한 자매님이 집집마다 다니면서 오상에서 성경을 꿰뚫고 있는 선생님들이 온다고 광고한 탓으로 평소에 기독교에 대하여 의문을 품고 있던 동네 사람들이 무슨 이야기를 하는지 들어보자고 오게 된 것이었다.

나와 안형제는 이번 심방에 가담해서 오게 된 것을 기쁘게 생각했다. 속담에

"꿩 먹고 알 먹는다"는 말이 있듯이 이번 기회에 심방 경험도 더

체험하게 되고 더욱이 최 집사님이나 정로 자매님 같은 선배들을 통해 설교하는 것을 잘 배워 보자는 속셈이 있었던 것이다. 그리고 두 분 다 60세가 넘은 노 선배들로 신앙 경륜이 깊고 기도나 말씀이 충만한 분들이기 때문에 우리가 따라 배울 점이 많았던 것이다.

그런데 한 치 앞을 못보고 모르고 사는 것이 인생이라고 하더니 뜻밖의 사태가 벌어질 줄이야 누가 알았겠는가?

약정된 시간도 다 되 가고 사람들도 거의 다 온 것 같다고 한자매가 우리에게 와서 알려주기 바쁘게 최금자 집사가 오늘 저녁 설교는 안형제와 김 형제 중 누가 하라고 떠맡기는 것이었다. 안형제와 나는 너무 기가차서 말이 안 나왔다.

아직까지 제 본 교회 설교도 능숙하지 못한 우리가 외지 심방을 온 이 자리에서 어떻게 노 선배들을 제치고 강단에 설 수가 있단 말인가? 이는 당치도 않는 소리였다.

그래서 나는 공책과 볼펜을 꺼내어 최 집사님에게 보이면서 호소하다시피 말했다.

"우리는 두 분 선배님들의 설교를 배우러 왔습니다. 그리고 우리는 아직 이런 자리에서 설교하기는 적합하지 못한 사람들입니다. 그러니 부디 방금하신 말씀을 취소하시고 오늘 저녁 설교는 두 분이 맡아 주십시오."

그런데 최 집사님은 벽에 반쯤 기대고 누우면서 딱 잘라 대답하는 것이었다.

"아니 젊은 사람들을 놔두고 왜 우리 늙은이들이 지진하게 나서겠소? 우리는 모르오... 두 사람이 알아서 하오."

이런 날벼락이 어디 있는가? 설교를 하려면 잘하던 못하던 간에 최소한 준비가 있어야 되는 것이 상식인데 안형제나 나는 전혀 그렇지 못했던 것이다.

우리 사정과는 전혀 아랑곳없이 예배 순서대로 한 자매님의 인도기도가 끝난 후 얼마 안 되어서 설교자가 강단에 서야하는 시간이 다가왔다. 그야말로 말 그대로 진퇴양난이었다. 그렇다고 내가 전도한 후배인 안형제보고 하라고 할 수도 없었다. 그나 내나 같은 답답한 처지이지만 그래도 내가 선배의 입장에 있지 않은가? 더 이상의 선택의 여유조차 없었다. 나는 한 자매의 소개를 받으면서 두꺼운 남경판 성경책을 들고 강단에 나와 서지 않을 수 없었다. 하지만 눈앞이 캄캄했다. 도대체 무슨 설교를 어떻게 해야 한단 말인가? 뒤 등에는 어느새 진땀이 찐득찐득 내돋고 있었다. 그제야 나는 하나님께 기도해야 하겠다는 깨달음이 왔다. 이런 한심한 사람 같으니. 급할수록 돌아가라는 속담도 있는데 아무리 시간이 촉박한 상황이라 할지라도 하나님께 기도부터 올려야지 도대체 뭘 하고 있었는가 말이다.

나는 기도할 시간을 벌기위해 한 자매에게 부탁하여 찬송 한 곡을 부탁했다. 망신살이 뻗쳐도 이만저만이 아니었다. 앞에 앉아있는 저 십여 명 동네사람들은 한 자매의 광고만 믿고 지금 잔뜩 기대하고 잇겠는데 도대체 이 일을 어떻게 해야 한단 말인가?

속담에 물에 빠져도 정신 차리라는 말이 있다. 나는 강단에 선 채로 눈을 감고 하나님께 간절히 기도를 올렸다.

'하나님 아버지 다 아시지요? 이 무능한 종이 지금 강단에 서기는 하였사오나 설교 준비를 하지 않고 이 자리에 왔기에 궁지에서 헤매고 있습니다. 이 일을 어떻게 하면 좋습니까? 주님께서 해결책을 내려 주시옵소서. 이제 찬송만 끝나면 저는 곤경을 피면할 수 없습니다. 제가 망신을 당하면 주님의 거룩하신 성호에 누가 끼치게 됩니다. 성령님 제가 다음부터는 꼭 설교준비를 하고 다니겠사오니 부디 이번 한번만은 저를 좀 봐주시옵소서. 예수 그리스도의 이름으로 주님만 믿고 간곡히 기도를 드립니다.'

그리고 그 다음 순간 즉시적으로 나에게 꿈에도 상상 못할 일이 임할 줄을 누가 알았겠는가? 서있는 자세 그대로의 상태에서 깜빡 정신을 잃었던 것이다. 상식적으로 볼 때 정신을 잃는다 하면 바닥에 쓰러진다거나 아니면 벽에 기댄 채로 눈이라도 감고 있다면 실감이 드는 일일 것이다. 그런데 겉보기엔 멀쩡한 사람이 그것도 설교를 한다고 강대상에 선 사람이 갑자기 정신을 잃었다면 누가 믿겠는가? 다른 사람의 일이라면 당연히 나도 머리를 흔들었을 것이다. 그러나 우리 하나님은 그런 상식 따위의 규범에 얽매인 하나님이 아니시라는 것을 나는 실제로 체험하게 되었다. 눈 깜짝할 사이의 극히 짧은 순간이었다고 생각되는 무의식 속에서 어느 순간 내가 번쩍 정신이 들어 깨었을 때는 방바닥에 줄느런히 가득하던 동네 사람들은 그림자도 안보이고 심방 온 우리 네 사람만 댕그라니 남아 있었다.

경악하도록 놀란 나는 "아니 이 사람들이 다 어디로 갔어?" 하고 소리를 질렀다.

"어딜 가긴 어딜 가겠소? 예배가 끝났으니 다들 집으로 돌아갔지. 집주인들은 전송하러 나간거구, 그런데 김 형제는 그렇게 설교를 잘하면서 왜 아까 초저녁에는 못하겠다고 생떼를 썼소? 쯧쯧 다신 그런 겸손일랑 떨지 마오. 나 원 참 별난 형제분을 다 보겠던데."

최 집사가 연신 혀를 차면서 함경도 사투리말로 나를 나무랐다. 나는 그만 어리둥절해지고 말았다. 설교라니 이게 무슨 뚱딴지같은 소리인가 내가 도대체 언제 설교했단 말인가....

그때였다.

"김 형제" 하며 안상술이 의혹스러운 눈길로 나를 빤히 쳐다보며 불렀다.

"왜?"

"오늘 저녁같이 설교하는 건 어디서 배웠소? 저 양빈이 우리 교회 김 형제가 정말 맞느냐고 내가 탄복을 다했지 뭐요?"

"뭣이… 아! 그랬었구나!"

나는 안형제에게서 이상한 질문을 받는 순간 번개의 섬광같이 머리를 탁 치는 깨달음이 와서 기겁하도록 놀라고 말았다. 주님께서 나의 급박한 기도에 응답을 주셔서 나의 의식을 잃게 하신 후 나의 입과 혀를 사용하시여 주님께서 친히 설교를 하신 것이 분명했으니 말이다. 시계를 보니 나에게 있었던 무의식 상태가 1-2초 같은 극히 짧은 순간으로 밖에 기억이 안 되는데 놀랍게도 2시간도 넘는 시간이 소요되어 있었다. 나의 등 뒤에서는 어느 새 식은 땀이 죽 흐르고 있었다. 너무도 경이로운 주님의 역사 앞에서 나는 입이 딱 벌어진 채 할 말을 잃고 말았다.

그 후 오랜 기간 동안 집회 석상에서 설교 할 때마다 그때일이 기억에 떠오르면 몇 번이고 반복하여 간증하곤 했다. 주님을 자랑하지 않고는 견딜 수 없었기 때문이었다.

그리고 또 한 가지 특이한 일은 그날 이후로 나에게 설교 은사가 임했다는 것이다. 그 전엔 설교원고 한 편 작성하기가 너무도 어려웠고 뜸도 많이 들었지만 그 후로는 상황이 많이 호전되어있었다.

물론 설교해야 할 본문 주제를 찾는 일은 결코 쉬운 일이 아니었지만 일단 하나님이 주시는 본문만 정확히 찾으면 그 뒤의 관련 성구와 예화가 주님의 은혜 속에서 자연스럽게 이루어져 나갔다. 그리고 설교 도중에 때때로 예상치도 못한 기발한 착상이 떠올라서 본문 주제를 더 빛나게 하였고 감동적인 경지로 이끄는 일이 다반사로 일어났다. 내가 이런 이야기를 적는 것은 이 지면을 빌어서 내 자랑 같은 것을 해보려는 의도가 있는 것이 절대 아님을 밝히는 바이다. 나는 때와 장소를 가리지 않고 자기 자신을 내세우기 좋아하는 그런 부질없는 타입과는 거리가 먼 사람이기 때문이다.

나는 11살 어린나이에 어머니를 병마에게 빼앗겼다. 그리고 그 슬픔을 가슴에 묻고 형제도 없이 외동으로 자라다 보니 자연히 내성적인 성격으로 세상을 대하게 되었다. 말수도 적은 편이였고 여자처럼 수줍음도 잘 탔다. 때문에 많은 사람들이 모인 공개 석상에서 설교하는 일 같은 것은 지금껏 상상도 해 본적이 없었다.

그러나 무에서 유를 창조하시는 하나님이 나를 완전히 새롭게 변화시켜 주셨다. 그리고 무엇보다도 나의 생애에서 중요한 사실은 내가 이 세상에서 숨 쉬고 살아있는 자체가 하나님께서 나에게 덤으로 주신 선물의 삶이라는 것이다. 그것은 1988년 2월 21일 새벽에 농약을 마시고 자살하려던 나를 하나님이 타이밍을 맞춰서 구원해 주셨음을 오늘에 와서야 절실히 깨달았기 때문이다. 이런 나에게 무슨 내세울만한 자랑거리가 있겠는가? 나의 유일한 자랑은 오직 하나님뿐이시다.

13. 박봉순

상포에 다녀온 지 두 주일쯤 되었을 때었다. 새로 건립된 처소 교회들에서 심방요청이 들어왔고 미룰 수 없는 상황이었기에 쌍원 중심에서는 3개 팀으로 나뉘어 계획에 없던 심방을 가게 되었다.

나와 오해숙 집사는 길림성 서란시 수곡4대 교회로 배정 받았다. 서란현은 오상현과 인접되어 있었고 수곡류는 오상에서 기차로 4정거장 거리에 있었다.

우리가 수곡류에 도착했을 때는 오후 3시쯤 되었다. 다시 수곡4대까지 4km의 길을 삼륜차를 삯 내어 가게 되었는데 지난번에 온 눈이 녹으며 얼며 한 탓으로 빙판길같이 되어있었다. 가는 길에 차가 미끄러져 밀며가다가 절반쯤 가서는 도저히 안 되겠기에 차 삯을 주어 돌려보내고 오 집사와 나는 길을 물어가며 걸어서 갔다. 짧은 겨울해라 목적지에 도착하고 나니 날은 이미 어두워졌고 집집마다의 창문에선 전등불빛이 환히 비쳐 나오고 있었다.

수곡4대 교회는 성도가 8명이였고 처소장은 40대 초반의 중년 자매님이었다. 보통 키에 수더분한 모습의 그녀는 겉보기엔 쾌활해 보였고 어두운 그늘 같은 것은 찾아볼 수 없었다. 하지만 예수님을 영접하기 전까지만 해도 그녀는 너무도 암담하고 기구한 운명 속에서 불행으로 얼룩진 삶을 살았다고 한다.

그날 밤 예배를 드린 후 박 자매님의 제의대로 제직들을 선거하여 세워주었다. 그리고 헌금 사용문제 때문에 생겼던 말썽도 오해숙 집사가 말씀으로 지혜롭게 깨달음을 주고 타개해서 원만한 해결을 이룰 수 있었다. 수곡4대 교회는 건립된 지 얼마 안 되었기에 찬송도 아직 보급이 못되어 있었다. 그래서 우리는 배우기 쉬운 찬송 몇 곡을 선정하여 배워주기도 하였다.

성도들이 다 돌아간 후 오집사의 요청으로 박봉순 자매의 간증을 듣게 되었다. 지난번 추수감사절 집회 때 박 자매는 간증을 했다고 한다. 그런데 그 시간 때에 오집사와 나는 원보산 교회 병자들 심방을 갔었기 때문에 들을 수 없었던 것이다.

당시 중국에는 산아제한 정책이 급격히 시행되고 있었다. 때문에 연령에 해당되는 부녀들을 자동차로 실어다가 돌격식 수란관 결찰 수술(짧은 시간에 많은 사람을 수술)을 하는 전례가 적지 않았다. 박봉순 자매도 그렇게 실려 가서 수술을 받았다. 그런데 수술 후 한 달이 지나도록 자궁이 너무 아파서 사진을 찍어 봤더니 자궁 안에 수술 가위가 들어있는 것이 발견되었다. 의사들이 실수로 가위를 넣어둔 채 봉합했던 것이다. 그래서 재수술을 받게 되었는데 수술하던 의사들이 깜짝 놀라게 되었다. 수란관 양쪽 난소가 이미 손을 대기에 늦을 정도로 부패되고 있었던 것이다. 그런데 양쪽 난소를 다 들어내면 여자로서의 기능을 잃게 되기 때문에 의사들은 약간 경한 왼쪽은 놔두고 오른쪽 부분만 제거하는 것으로 일단 수술을 마쳤다. 하지만 그 후 남은 왼쪽 난소의 부패는 약물로 근본상 막을 수 없는 상황이 되었고 환자는 극심한 고통으로 붕괴될 지경에 이르게 되었다. 하는 수 없이 이번에는 더 유명한 장춘시 길림성 큰 병원에 가서 3차로 자궁을 다 들어내는 수술을 받았다.

그런데 문제는 돈이었다. 재수술을 두 번씩이나 받으면 1년 이상 시간을 경과하다 보니 해당 기관에서는 골치 아픈 만성문제로 취급하게 되었고 마땅히 지불해야 할 치료비를 절반이나 지급하지 않고 시간을 끌고 있었다. 박 자매님은 그야말로 미치고 환장할 지경이 되었다. 수란관 수술 실수 때문에 멀쩡한 사람을 폐인상태로 만들어 논 것만 해도 억울하고 분해서 죽을 지경인데 이게 도대체 무슨 판국이란 말인가? 그래서 그녀는 수곡진은 물론 서란현 산아제한 반공실을 반년도 넘게 쫓아다녔고 나중엔 상급기관에 송사까지 하여 마침내 돈을 받긴 하였지만 그동안 밀려온 빚들과 장춘병원에 갈 때 쓴 일부 고리채까지 갚고 나니 남는 돈이 없었다. 그래도 그 정도로 끝나고 몸만 아프지 않으면 큰 액땜 한 번 겪은 셈 치겠는데 문제는 자궁을 다 들어냈음에도 불구하고 예전의 그 치 떨리는 복통이 다시 시작 된 것이었다. 이젠 국가나 개인 친척이든 그 어느 곳에도 손 내밀 곳이 없었다. 박 자매 앞에 남은 것은 절망밖에 없었다.

그녀는 마침내 마지막으로 길림성 연변 조선족 자치주 화룡에 있는 큰딸이나 보고 와서 기차에 깔려 자살한다는 비장한 마음을 먹고 길을 떠났다. 그리고 큰딸을 보고 돌아오다가 연변 조양천 역전에서 오상현 소산자향 쌍원 중심의 권정금 집사를 만나게 되었다. 서로 인사를 하고 이야기를 나누다가 권집사는 그녀의 기구한 운명의 이야기를 듣고 동정하면서 예수님을 믿으라고 권고하면서 복음을 전하게 되었다. 조양천에서 떠난 기차는 신잔에 와서 다시 할빈행으로 갈아타고 밤새도록 달려서 수곡류에 올 때쯤이면 새날이 환히 밝은 아침이 된다. 박 자매는 밤새껏 이어대는 수술자리 복통 때문에 뜬 눈으로 지새웠다. 권정금 집사도 역시 잠을 못자면서 박 자매를 위해 계속 기도했다. 그리고 중간 중간 예수님의 십자가와 부활에 대해 박 자매에게 수차례 가르쳐 주었다. 하지만 박 자매는 무슨 말인지 거의 알아듣지 못하고 있었다. 오직 그의 생각의 초점은 집에 있는 불쌍한 남편과 둘째딸과 아들이었다. 이제 내가 계획대로 기차에 깔려 죽고 나면 그들이 어떻게 살아가겠는지 생각만 해도 어기가 막히고 숨조차 바로 쉴 수 없도록 괴로웠다.

그런데 수술자리 복통은 그 어느 때보다 더 기승을 부리고 있었다. 마치도 날카로운 톱이 배안에서 살점들을 마구 썰고 짓이기는 듯한 극심한 고통과 정신적 고통까지 겹쳐서 그녀의 눈에선 눈물이 쉴 새 없이 나오고 있었다. 이제 수곡류 정거장까지 도착할 시간은 10분정도 밖에 안 남았다. 하여 권정금 집사는 최후통첩을 내릴 수밖에 없었다.

"아주머님 이젠 시간이 없어요. 나하고 같이 오상에 가서 예수님을 믿을래요? 아니면 그냥 집으로 가실래요? 빨리 결단을 내려주세요."

그제야 박 자매는 정신이 드는 듯 했다. 어제 밤부터 예수님에 대해 수차 듣기는 하였지만 아리송하기만 했다. 단 한 가지 구원받는다는 말만은 기억되는데 그마저 무슨 뜻인지 이해를 못하고 있었다. 다만 성심껏 권고하는 걸 봐선 무슨 좋은 일이 있기는 있는 모양이라고 추측하고 있을 뿐이었다.

수곡류에 내려서 황천길을 택할 것인가 아니면 저 여자를 따라서 오상으로 갈 것인가 이젠 정말 결단을 안 내리면 안 되었다.

'에라, 이래도 죽고 저래도 죽을 거북살이 같은 팔잔데 아무려면 어떠랴! 차비까지 대준다는데 오상구경 한번 하고 와서 볼 판이지.'

이렇게 생각한 그녀는 마침내 권 집사에게 오상으로 따라 가겠다고 말하기에 이르렀다.

권집사는 한 생명을 주님 앞으로 인도하게 되었다는 기쁨으로 박 자매를 치하한 후 열차장을 찾아가서 수곡류-오상까지의 연장표를 끊어왔다.

그런데 열차가 수곡류를 떠나서 5분쯤 되었을 때 박 자매에게서 기적 같은 일이 일어났다. 밤새껏 고통과 고민으로 흐르던 눈물이 딱 멎어버렸고 그렇게 몸서리치게 아프던 수술부위의 고통이 거짓말 같이 사라져 버렸던 것이다.

내가 지금 꿈을 꾸고 있는 것인가? 그러나 분명한 것은 꿈이 아니라는 것이었다. 기차가 질풍같이 오상 쪽으로 달리고 있으니 말이다. 혹 내가 아픈 것을 안 아프다고 스스로에게 최면을 걸고 있는 것은 아닌가? 했지만 그것도 아니었다. 그는 지금껏 최면 같은 것을 해본 적이 없었기 때문이다. 박 자매는 자신에게서 일어난 일이지만 믿어지지 않는 현실이었다.

그들은 오상에서 내린 후 버스 터미널에 가서 다시 소산자향 버스에 올랐다. 소산자에 도착해서야 박 자매는 자신의 몸을 괴롭히던 뱃속의 통증이 깨끗이 치유됐다는 것을 깨달았다. 몸이 가벼워졌고 기분이 날 것 같았던 것이다. 그래서 그는 이 사실을 알리고 도대체 어떻게 되어 갑자기 병이 나았는지 원인을 모르겠다고 말했다.

그러나 권집사는 하나님이 박 자매의 병을 고쳐주셨음을 직감할 수 있었다. 하여 박 자매의 두 손을 잡고 하나님께 감사기도를 드린 후 하나님의 치유에 대해 권집사는 차근차근 설명 해 주었다. 예수님은 이 땅에 오셔서 천국복음을 전파 하시면서 수많은 병자들을 치유하여 주셨다. 오늘 박 자매님이 예수님을 믿기로 결단하고 오상 쪽으로 과감하게 돌아서자 주님께서 치유의 은혜를 베푸신 것이 분명하다고 말이다. 그제야 박 자매님에게 깨달음이 확 안겨왔다. 기적은 기차가 수곡류 정거장을 떠나서 5분 만에 일어났으니 권 집사의 설명과 같이 하나님이 고쳐주신 것 외는 다른 해석이 있을 수 없었기 때문이었다.

권집사와 함께 원보산 감사절 축제에 온 박 자매는 송화자 집사를 통해 예수님의 십자가 복음의 진수를 다시 소상하게 전도 받게 되었고 예수님을 영접하게 되었다. 옛날의 고통과 불행의 늪 속에서 헤매던 박봉순은 사라져 버리고 이젠 주님의 은혜로 병 고침을 깨끗하게 받고 하나님의 귀한 딸이 된 새로운 박봉순으로 탄생한 것이었다. 그리고 간증의 시간이 되었을 때 그도 나가서 이 사실을 감명 깊게 간증하였다.

추수 감사절이 결속 된 후에도 그는 최금자 집사님의 권고로 삼일동안 원보산에 더 머물면서 성경학습, 기도하는 방법, 예배드리는 격식 등 신앙훈련을 받았다. 그리고 최금자 집사님이 살뜰한 하나님의 사랑으로 씨암탉에다 황기, 꿀 등 한약재까지 넣고 고아준 것을 먹고 몸보신까지 하게 되었다.

삼일 후에 얼굴의 살까지 뽀얗게 올라서 변모되고 희색이 된 박자매는 저녁녘에 수곡류에 도착하였다. 그는 예수 믿는 사람은 어디를 가든지 예수님을 자랑하고 복음을 전해야 한다고 송화자 집사와 최금자 집사가 가르쳐 준 말을 잊지 않고 이 저녁 시간에 복음을 전하리라고 마음먹었다. 수곡류진은 수천호가 넘는 범위가 넓은 진인데 조선족들도 꽤 많이 살고 있었다. 그는 무조건 집집마다 다니면서 예수를 믿으라고 높은 목소리로 전도했다. 그의 전도 내용은 이러했다.

"나는 수곡4대에 사는 박봉순입니다. 산아제한 수란관 수술을 잘못해서 거의 죽을 뻔했던 이 박봉순을 여러분들도 아시지 않습니까? 저 박봉순이 오상에 가서 예수 믿고 병이 깨끗이 나았습니다. 그리고 하나님 아버지 딸이 되고 영생 구원의 은혜를 받았습니다. 여러분들도 예수님을 믿고 저처럼 이런 큰 복을 받기 바랍니다."

그의 전도는 밤 깊이까지 계속되었다. 만약 다른 사람이 오밤중에 예수 믿으라고 소리치고 다녔다면, 정신 이상자 취급을 당했을 것이다. 그러나 박봉순이라 하면 수곡진내에 거의 모를 사람이 없을 정도로 소문이 나 있었다. 그의 처지가 너무도 불우하고 억울했기 때문에 진내여론이 다 그를 동정하고 있었던 것이다. 그런 그가 깊은 밤중까지 예수를 믿으라고 소리치고 다녔으니 그야말로 특대 뉴스가 아닐 수 없었다.

박자매가 전도를 마치고 집에 왔을 때는 새벽 1시가 다 되어 가고 있었다. 남편은 아내의 병 때문에 반쯤 죽어있다시피 되어있었다. 맑은 정신으로는 현실을 정시할 수가 없어서 매일같이 술로 살고 있었는데 지금도 옷 입은 채로 곤드레만드레 취해서 정신없이 자고 있었다. 박 자매는 남편을 흔들어 깨우며 소리쳤다.

"여보 내가 왔소. 당신의 아내 이 박봉순이 예수 믿고 병을 다 고치고 구원까지 받고 왔소."

"뭐 당신이 병 고쳤다고? 어떤 의사가 고쳤는데?"

그제야 정신이 좀 들어서 깨어난 남편이 벌떡 일어나 앉으면서 물었다.

"누군 누구겠소 예수님이시지."

"예수님이 누군데?"

"예수님은 하나님의 아들이에요."

"그런데 그가 왜 당신의 병을 고쳐주었소?"

"내가 그 분을 믿으니까 치료해 준 것이에요. 당신도 이젠 예수님을 믿고 구원 받아야 한다구요."

"뭐, 나도 믿으라고? 아, 그렇지 당신 병을 고쳐 줬으니 우리 집은인인데 나도 당연히 믿어야지."

"여보, 흑흑…."

박 자매의 눈에선 고통의 눈물이 아닌 꿈같은 현실이 너무도 고마운 회한의 눈물이 줄줄 흘러 내려왔다.

"뭐 또 그래?"

"흑흑, 우리도 이젠 하나님의 덕택으로 흑흑, 잘 살 것 같아요."

"그래, 옳은 말이오. 우리도 남부럽잖게 잘 살아 봐야지 우리라고 고생만 하겠소. 당신도 이젠 더 울지 마오."

그들은 정말로 오래간만에 서로 와락 끌어안았다. 아내를 울지 말라고 말리는 남편의 눈에서도 눈물이 줄줄 내려오고 있었다.

이튿날 아침 일어나 아침을 지어 먹은 후 그들 부부는 며칠 전 남편이 동네 사람들과 같이 해 논 탈곡 뒷수습을 하게 되었다. 안주인이 없는 집이다보니 빗자루 질이 제대로 안되어서 흙이 섞인 흙벼가 무려 7마대나 되었다. 흙벼 한 마대는 쌀 한 마대와 맞먹는 100kg이상의 무게가 나갔다. 하건만 박 자매는 그 무거운 흙벼 7마대를 남편과 함께 팔 깍지걸이를 해서 10m멀어져 있는 자기 집 창문 밑까지 날라다가 척척 쌓아놓았다.

그 때 동네사람 몇이 와서 모두 두 눈이 휘둥그레진 채 이 놀라운 광경을 구경하고 있었다. 오래 동안 병에 시달려 왔고 그 병이 더해서 죽게 될 거라는 말까지 돌았었으니 말이다. 그런 여자가 어떻게 살아났으며 어떤 약을 썼기에 저렇게 힘든 일까지 할 수 있단 말인가?

그러나 그들의 의문은 곧 풀렸다. 박 자매 남편이 와서 자초지종을 아는 대로 대강 설명해줬기 때문이었다. 그리고 동네에선 인차 소문이 퍼졌다.

"박봉순이가 예수 믿고 병을 고쳤다"고!

그날부터 박 자매는 집집마다 다니며 열심히 복음을 전했다. 그리고 짧은 며칠사이에 불과 20호 미만인 작은 마을에 7명이 예수님을 영접하는 하나님의 은혜가 임했다.

그리고 훗날의 이야기지만 그 후 박 자매님은 쌍원 중심 집사님들과 함께 수곡진과 남대숙, 북대수를 비롯한 인근 마을에 다니면서 전도하여 처소교회를 5개 건립하였다. 새 성도들의 사용할 성경책과 찬송가는 어려운 형편임에도 불구하고 자신의 돈으로 차비를 써가면서 먼 쌍원까지 가서 날라다가 공급했다. 그 후 쌍원 중심에서는 박봉순 자매에게 수곡 교구장 직무를 위임했고 그녀는 받은바 직분과 주님이 주신 복음 전도의 사명을 위해 뜨거운 열정과 헌신된 삶으로 자신을 이바지 하였다.

14. 서탑교회 세례식과 이완태 목사

 당시 우리 쌍원 중심은 성도수가 150명 정도 되었으나 세례교인은 송 집사 단 한사람 밖에 없었다(송 집사도 작년에 상지, 목란강쪽 집사들과 함께 심양에 가서 받았다고 한다).

세례의식은 목사직분을 받은 주의 종이 집행해야 하는데 당시 동북삼성(흑룡강, 길림, 요녕)에 통틀어 조선족 목사라고는 길림성 연길시 교회 김성하 목사와 료녕성 심양시 서탑교회 오애은 목사 단 두 사람 밖에 없는 실정이었다. 때문에 세례받기가 너무 어려웠고 꼭 세례를 받으려면 원정길에 나서지 않으면 안 되었다.

우리 쌍원 중심에선 세례문제를 더는 미룰 수 없다고 판단하고 녕안쪽 성도들과 우리와 교통하는 수화, 철려현 성도들과 함께 먼저 시범적으로 가기로 하였다. 인솔자는 심양쪽 상황을 익숙히 알고 있는 녕안현의 최영준 집사가 맡기로 하였다. 그때가 1989년 1월 초순이나 중순쯤 이였던 것으로 기억된다.

우리 일행 7-80명이 할빈에서 밤차를 타고 심양에 도착을 했을 때는 이른 새벽이었다. 최영준 집사의 인도 하에 우리는 서탑교회의 외빈을 투숙시키는 여관 비슷한 낡은 건물에 가서 잠깐 휴식을 취하고 아침식사를 한 후 本당으로 가게 되었다(우리는 주일날에 맞춰서 심양에 온 것이다). 주일 오전예배는 서탑교회 담임 목사인 연세가 60세가 넘은 오애은 목사가 설교하였다. 평생 처녀 몸으로 주님께 헌신해온 오 목사님은 곱게 늙은 점잖은 풍모를 갖추고 있었고 경건의 표본이라고 할 수 있는 훌륭한 주의 종으로 평을 받고 있었다.

그날 본문말씀은 요한복음 1장 12절이었고 「영접하는 자 그 이름을 믿는 자」라는 제목으로 설교하였다.

오 목사님은 이런 예화를 들면서 말씀을 이끌어 나갔다.

전도를 받고서도 주님을 영접하지 않는 사람은 마치도 태평양 바다에 둥둥 떠다니는 고무마개로 병아가리를 막은 유리병과 같다는 것이었다. 태평양 바닷물이 엄청 많아도 고무마개로 꽉 막았기 때문에 병 안으로 물이 한 방울도 못 들어가는 것 같이 마음 문을 꽉 닫고 있는 사람은 하나님 은혜가 이 천지에 아무리 많아도 예수님을 영접하지 못하기 때문에 구원을 못 받는 다는 것이었다. 그야말로 정곡을 찌른 적절한 비유가 아닐 수 없었다. 그러면서 오 목사님은 기도의 중요성을 강조하셨다. 사람의 노력도 물론 필요 불가결한 것이지만 전도대상에 한해서는 무엇보다도 성령님께서 그 마음을 녹여주시고 성령님께서 그의 마음 문을 열어주셔서 주님을 영접할 수 있도록 우리는 작정기도, 철야기도, 금식기도 등, 뼈를 깎는 헌신적인 기도를 하지 않으면 안 된다는 것이었다. 그날 우리는 오 목사님으로부터 영혼구원에 관하여 심도가 깊은 풍성한 은혜를 받은 것으로 기억된다.

예배가 끝난 후 이내 세례식이 시작되었다. 우리 흑룡강성 성도 외도 여러 지방에서 세례 받을 성도들이 많이 올라왔기 때문에 줄을 대단히 길게 서서 차례차례로 세례를 받았는데 어림짐작에도 200명은 넘는 것 같았다. 세례식은 자매님 두 분이 물이담긴 대야를 받들고 서 있었고 오 목사님이 두 손으로 물을 떠서 상대의 머리위에 끼얹으면서 "성부와 성자와 성령의 이름으로 내가 모모 형제에게(이름을 먼저 확인했다) 세례를 주노라"하고 정중하게 선포하는 식으로 연이여 지나갔다(한쪽에선 자매님 두 분이 수건으로 세례 받은 성도들의 머리위의 물을 닦아 주었다).

세례식이 끝난 후 오 목사님은 우리 흑룡강성을 비롯한 외지에서 온 주님의 일꾼들에게 특별히 배려하여 매인당 주석 성경을 한 권씩 선물로 나누어 주었다. 나는 그때 처음으로 성경 해석까지 달린 주석 성경이 이 세상에 있다는 것을 알게 되었다. 세상에 이렇게 좋은 주석 성경을 선물로 받게 되다니 우리 모두는 좋아서 어쩔 줄을 몰라 했다. 그리고 오 목사님같이 흉금이 넓고 마음이 고운 분을 만난 것을 행운으로 생각했다. 물론 주님의 일을 많이 하라고 격려로 준 것이겠지만 말이다.

그런데 그런 고마운 행운은 오후에도 계속 이어져 나갔다(주님께서 우리를 위하여 복된 은혜의 시나리오를 예비하여 주신 것이다). 한국 서울시 모모교회(교회명을 잊어서 죄송스럽게 생각한다) 목사님이 비행기 편으로 심양공항에 도착했다고 연락이 와서 전혀 계획에 없던 은혜의 집회를 개최하게 된 것이었다.

그날 오후1시 반쯤 교회당 좌석이 입추의 여지가 없이 성도들로 가득 찬 가운데서 집회의 주인공인 한국 목사님이 강단에 올라섰다. 뜨거운 격려의 박수가 장내를 메웠다. 나는 그 때 처음으로 한국 목사님을 구경했다. 남남북녀라는 옛날 우리 한국민족의 속담이 실감이 오듯이 목사님은 건장한 체격에 호남아답게 생긴 그야말로 준수한 모습이었다.

"나는 한국 땅 서울시 모모교회에서 온 이완태 목사라고 합니다. 오늘 이곳 옛날 우리 한국 독립군들의 얼이 묻혀있는 만주 땅에서 우리 조선족 동포 성도님들을 뵙게 되어서 영광으로 생각합니다."

또 한 번 격려의 박수가 울려 퍼졌다. 이렇게 자신을 소개한 목사님은 말씀으로 간단히 은혜를 나눈 후 자신의 간증으로 화제를 이끌어 나갔다.

"여러분, 여러분들이나 저나 이 세상에 태어나서 진리의 화신이

신 예수님을 믿고 영생구원의 은혜를 받게 된 것을 최고의 영광으로 생각합니다. 바람 앞의 촛불같이 나약하고 위태한 인생길에서 만약 우리가 하나님의 아들이신 예수님을 믿지 않았더라면 어떻게 되겠습니까? 생각만 해도 끔찍스러운 절망과 지옥만이 구렁이 입같이 쫙 벌리고 있었을 것이 아니겠습니까?

이 세상에는 수많은 세계관과 인생관이 있지만 저의 예수 믿기 전 인생관은 쾌락위주였습니다. 이 세상에 한 번 태어나서 마음껏 쾌락을 누리고 행복하게 사는 것만이 가장 가치 있는 삶이라고 생각했습니다. 저는 대학교도 두 곳이나 다녔지만 이 세상 곳곳에 널려있는 명승지며 절승경개를 구경하며 신나게 노는데 빠져서 졸업도 못하고 중도에서 흐지부지 그만두었습니다. 공부하는 것마저 별 의미를 못 느꼈던 것입니다. 이렇게 장래가 없이 헤매고 있는 나를 책망도 하시고 기도하시던 어머니가 지병으로 세상을 떠나셨습니다. 고인이 되신 어머니의 소지품들을 소각하던 중 누군가가 어머니의 성경책을 불속에 던지려고 했습니다. 그런 것을 제지시키고 제가 가졌습니다. 별다른 생각이 있어서가 아니라 어머니가 생전에 애지중지 하시던 성경을 제가 건사하고 싶었고 또 혹시라도 성경책 내용이 궁금한 생각이 들면 한 번쯤 읽어보고 싶은 마음도 없지 않아 있었기 때문이었습니다.

한치 앞을 못내 자 보는 것이 인생이라고 했던가요?

그러던 어느 날 저에게 청천벽력 같은 재앙이 떨어지는 일이 발생했습니다. 그날 아침잠에서 깬 저는 침대에서 일어나려고 하다가 갑자기 아랫배 창자가 끊어져 나가는 듯이 아파서 저도 몰래 비명

을 지르고 쓰러졌습니다. 그래서 처음엔 가까운 병원에 갔다가 병
증상이 심상치 않았기에 의사들의 권고로 구급차에 실려 서울대
병원으로 가게 되었습니다.

그런데 서울대 병원에서 온갖 첨단 의료설비를 다 동원하여 확정
된 최종 검진결과가 절망의 심판으로 저에게 내려졌습니다. 그 소
식도 이튿날 깊은 밤중에 형님이 갖고 왔습니다. 형님은 침통한 표
정으로 무겁게 입을 열었습니다. 저의 병은 세계적인 범위에서도
찾아보기 힘든 극 희귀병인데 병명조차 없는 상태랍니다. 도무지
원인을 규명할 수 없는 상황 속에서 매일매일 창자가 썩어 들어가
고 있는데 문제는 현대의학으로서는 수술도, 약물 치료도, 화학치
료도, 그 어떤 첨단 치료법도 이 병 앞에선 속수무책이라는 것입
니다.

그래서 형님은 미국에 있는 친구들을 동원하여 미국의 난치병연
구 권위인 한 교수를 통해 이 병의 치료방안을 모색해 봤답니다.
그리고 스위스에 있는 정년퇴직한 한 의학교수가 경치 좋은 산속
에 난치병 요양소라는 간판을 걸고 사실은 자기가 평생 모은 사재
를 털어서 최첨단 의료설비를 갖추고 이런 종류의 희귀병치료 연구
를 하고 있다는 정보를 알게 되었습니다. 그래서 형님은 그 병원과
직접 연계를 취한 후 저의 병에 대한 치료방안을 의뢰하게 되었습
니다. 그런데 그 후 그쪽 병원 측에서 전해 온 치료방안이 너무 실
망스러워서 말이 안 나온다고 했습니다. 그쪽의 최고 첨단의료 시
스템을 다 동원하여도 저의 수명을 약3개월 까지 연장시켜 줄 수
는 있는데, 대신 의료비용은 어마어마한 대가를 치러야 한다고 했

답니다. 현재 형님은 아버지가 물려준 사업체를 운영하고 있는데 형님의 사업체 전부와 내가 갖고 있는 재산까지 송두리째 털어 넣어야 겨우 그 비용을 감당할 수 있는 정도라는 것입니다. 형님은 만약 100분의 1이라도 저의 생명을 살릴 수 있는 희망이 보인다면 일체를 헌신해서라도 한 번 해보겠다는 데 고작 3개월의 수면연장을 위해선 사실 어려운 일이 아닐 수 없다는 것이었습니다.

이튿날 아침 저는 병원 측과 가족의 만류에도 불구하고 퇴원수속을 밟고 집으로 돌아왔습니다. 그리고 형님에겐 더 다시 나의 병에 대하여 신경 쓰지 말아달라고 부탁했습니다. 나야 죽을병에 걸렸으면 어차피 죽어도 할 수 없는 일이지만 고작 3개월을 더 살겠다고 형님과 우리 두 가족을 망칠 수는 없지 않습니까? 그리고 나는 단식으로 들어갔습니다. 창자가 썩는 나의 병은 하루를 더 살면 하루가 더 고통이기에 빨리 이 세상을 떠나는 길을 선택하게 된 것입니다. 아내가 울며불며 음식을 먹으라고 매달리고 형수님까지 와서 제발 간청했지만 나의 고집을 돌려세우지는 못했습니다. 그렇게 20여일 지난 어느 날 드디어 올 것이 오고야 말았습니다. 그날 새벽 2시쯤 되었는데 대가리에 뿔이 달린 마귀 두 명이 괴상하게 생긴 병장기 같은 것을 들고 저를 잡으러 온 것입니다. 사람이 위급한 경우를 당하면 아버지나 어머니를 찾는다고 하지만 저는 그 때 얼떨결에 예수님을 찾았습니다. 지난 고등학교 시절 때 언젠가 어머니가 하도 교회를 나가라고 권고해서 어머니 소원도 들어주고 구경삼아 교회를 몇 번 간적이 있었거든요. 그때 하나님이 천지만물을 창조하시고 하나님이 흙으로 사람을 만들었다는 것과 귀신이나 마귀가 예수님 이름을 제일 무서워한다고 목사님이 설교한 것을 제가 어떻게 지금까지 잊지 않고 용케 기억하고 있었던 것입니다.

내가 '예수님! 예수님!' 하고 있는 힘을 다해 몇 번 소리치자 놀라운 일이 일어났습니다. 귀신들이 얼굴이 흙빛으로 변하더니 당황해하며 뒷걸음질 쳐 휙 하는 소리와 함께 온데간데없이 사라져 버린 것입니다. 이렇게 저는 귀신에게 잡혀가기 일보직전에 예수님 이름 위력으로 잠시나마 목숨을 건질 수가 있었습니다. 그제야 저는 목사님의 설교가 사실이라는 것을 알게 되었고 나의 얼마 남지 않은 생명을 기독교 예수님께 의탁해 보기로 마음을 다잡게 되었습니다.

우리 집에서 300m쯤 거리를 두고 규모가 꽤 큰 침례교회가 있었습니다. 나는 그곳으로 가기로 작심했습니다. 힘도 없고 걸을 수도 없는 나는 벌벌 기어서 가기 시작했습니다. 나의 아내와 어린 자식들이 나를 부축해 주려고 하였지만 나는 거절했습니다. 하나님 계시는 교회로 나의 생명을 의탁하기 위해 가는 만큼 반드시 나의 성의로 가야한다고 생각했기 때문입니다.

그래서 사력을 다하여 기다가 맥이 빠지면 누워 쉬기도 하고 구르기도 하면서 300m 거리를 두 시간 넘게 걸려서야 겨우 도착할 수 있었습니다. 그리고 강대상 앞에 가서 무릎을 꿇었습니다. 그리고 주먹으로 마룻바닥을 두드리며 무조건 하고 소리를 질렀습니다.

'예수님 만약 당신이 하나님 아들이시라면 저의 병을 고쳐 주시옵소서. 저는 아직 나이가 젊습니다. 이대로 죽기엔 너무도 억울합니다. 오늘 새벽에 귀신들이 저를 잡으러 왔었는데 제가 예수님, 당신의 이름을 외치니까 그들이 혼비백산하고 도망쳤습니다. 예수님 감사합니다. 진심으로 감사드립니다. 그리고 죄송합니다. 우리 어머니가 믿던 당신을 저도 믿었어야 했는데 지난날엔 제가 우둔해서 당신이 계신 것을 몰랐기 때문에 믿지 못하고 세상사는 재미에만 탐닉했습니다. 그러나 예수님 오늘부터 저는 당신을 믿겠습니다. 저를 받아 주시옵소서. 그리고 저의 병을 치유하여 주시옵소서. 저에게 자비를 베풀어 주시옵소서. 천지만물을 창조하시고 인간을 흙으로 빚어 만드신 하나님이 저의 병을 못 고치시겠습니까? 저의 병만 고쳐주시면 저의 남은 생애를 주님께 바치고 주님의 일을 하겠습니다. 주님 저를 살려 주시옵소서…'

제가 이런 식으로 사력을 다하여 생떼를 쓰면서 하나님께 매달리며 기도한지가 약 2시간쯤 됐을 때였습니다. 갑자기 주님의 음성이 들려왔습니다.

「내가 너를 치료해주면 네가 정말 나의 일을 하겠느냐?」

저는 황망히 대답했습니다.

「네 주님, 하다뿐이겠습니까? 제 이 목숨이 다하는 날까지 주님께 충성하겠습니다.」

그러자 갑자기 교회 벽에 대형 텔레비전 화면 같은 것이 나타났고 거기에 마태복음 8장 17절 「이는 선지자 이사야를 통하여 하신 말씀에 우리의 연약한 것을 친히 담당하시고 병을 짊어지셨도다 함을 이루려 하심이더라」 말씀과 베드로 전서 2장 24절 「친히 나무에 달려 그 몸으로 우리 죄를 담당하셨으니 이는 우리로 죄에 대하여 죽고 의에 대하여 살게 하려 하심이라 그가 채찍에 맞음으로 너희는 나음을 얻었나니」의 두 구절 말씀이 선명하게 씌어졌다가 사라졌습니다. 그리고 "다 나았다"하는 주님의 음성이 들려왔습니다. 뒤이어 저의 배안에 말로 형용할 수 없는 통쾌함과 시원함으로 가득 찼습니다.

저는 고두백배로 예수님께 감사기도를 드린 후 주저주저 하다가 택시를 불러 타고 서울대 병원으로 향했습니다. 주님의 음성까지 들은 제가 주님을 못 믿어서가 아니라 철 같은 증거도 필요하다고 생각했기 때문이었습니다. 병원에 도착하여 정밀검사를 마친 후 담당의사의 눈이 휘둥그레 되어있었습니다. 지금쯤 생명의 경각을 다투거나 아니면 이미 이 세상 사람이 아니었어야 할 제가 그런 병명도 없는 불치의 병에 걸렸던 흔적조차 없이 깨끗이 치유되어 있었으니 어찌 놀라지 않을 수가 있겠습니까? 그날 밤 저는 제가 기도를 드렸던 그 침례교회에 가서 무릎을 꿇고 뜬 눈으로 하나님께 감사기도를 드리면서 밤을 새웠고 주님과 약속한 것을 꼭 이루겠다고 다짐했습니다.

이튿날 저는 아버지가 물려준 부동산과 밭문서들을 다 현금으로 바꿨습니다. 그리고 장래성이 있어 보이고 위치가 우월한 좋은 지대를 선택하여 땅을 넉넉히 산 후 건축업자를 불렀습니다. 돈을 아끼지 말고 최고급 재료로 최신식 현대적인 교회 건물을 초대형 평수로 지어달라고 건축업자에게 간곡히 부탁한 후 저는 미국으로 유학을 떠났습니다. 워낙 공부에 게을렀던 저인지라 남보다 배가의 노력을 들여서야 5년간의 신학공부 과정을 마치고 한국에 돌아와서 목회를 시작하였습니다.

저는 하나님께서 저를 살려주신 은혜를 만분의 일이라도 갚기 위해 목회 전선에 저의 몸을 내던졌고 또 하나님께서는 저에게 좋은 동역자들을 붙여주시고 성도들을 보내주셔서 현재 서울시 모모 교회에서 3천여 명 성도들과 함께 감격스러운 축제의 예배를 드리고 있습니다. 하지만 저는 제 교회에만 안일하게 죽치고 있으면 너무도 죄송스럽고 송구스러운 마음이 들어서 견딜 수가 없습니다. 그래서 한국 땅 방방곡곡과 외국까지 다니면서 제가 받은 하나님의 은혜를 간증하고 있습니다. 오늘도 도무지 견딜 수 없는 불붙는 듯한 뜨거운 마음이 열화와 같이 일어나서 만사를 제쳐놓고 이 곳 옛 만주 땅이라고 불리던 또 봉천이라고 불리던 심양으로 날아와서 여러분과 감격스러운 만나게 되었습니다. 여러분 감사합니다."

장내를 꽉 메우는 뜨거운 박수소리가 오래도록 계속되는 가운데서 이완태 목사님의 간증은 일단 끝을 맺고 잠시 휴강상태로 들어갔다. 그러나 붉게 달아오른 청중 성도들의 얼굴과 뜨거운 가슴 속 감동의 열기는 좀처럼 식을 줄을 몰랐다.

15. 하나님과 한국 땅

 잠깐 휴식한 뒤 이완태 목사님의 웅변적 강연은 계속 이어졌다.

"여러분 저는 우리 대한민국을 세계적인 복음의 나라로 세워주시고 살기 좋은 복지국가로 이루어 주신 하나님을 자랑하고자 다시이 자리에 섰습니다.

여러분 최근에 한국에서 개최된 1986년 아시안게임과 1988년 서울 올림픽 운동 때에 우리 한국교회는 선수촌 옆에 기독교촌을 꾸렸습니다. 그 취지는 예수님 십자가 복음을 온 세상에 전하고 예수님의 거룩하신 이름을 영화롭게 해드리기 위해서였습니다. 그리고 우리 대한민국에 엄청난 복을 주신 하나님께 감사를 드리기 위해서였습니다.

그 하나님의 사랑을 소개하기 위하여 역사를 좀 거슬러 올라가서 살펴보겠습니다. 우리민족의 대 비극이었던 6.25전쟁이 끝난 후 북한은 일당 정치의 조직체제 속에서 복구건설이 비교적 빨리 진행되었고 의식주 문제도 어느 정도 진척되어가고 있었지만 솔직히 우리 남한 땅은 그렇지 못했습니다. 그 당시 상황을 기술한 책들이 많이 나온바 있지만 한마디로 귀결하여 표현한다면 아수라장 그 자체라고 말할 수밖에 없을 것 같습니다.

한번 상상해 보십시오. 전쟁의 악마가 할퀴고 지나간 그 치명적인 싱처가 어떠한 비극을 연출하고 있었겠는가를 말입니다. 모두가 제 살길을 찾아 헤매는 민중들은 폐허가 된 불모의 땅에 던져진 모래알처럼 흩어져 있었습니다.

힘깨나 쓰고 주먹이 센 사람은 깡패가 되고 나약하고 가진 게 없는 사람은 깡통을 찬 거지가 되었습니다. 여자들은 목숨을 부지하기 위해 창녀로 전락 되었습니다. 시골 농민들은 영양실조로 피골이 상접하다 못해 얼굴이 누렇게 떠 있었습니다. 그들은 하는 수 없이 미군 병영에서 파는 한 초롱에 50전씩 하는 꿀꿀이죽을 사다가 풀나물을 잔뜩 집어넣고 푸대죽이라도 쒀서 먹어야 목숨을 연명해 나갈 수가 있었습니다. 여러분들 생지옥이 따로 있는 것이 아니라 참혹한 환경 그 자체가 생지옥이었습니다.

바로 이렇듯 캄캄하고 암울한 상황 속에서 박정희 대통령이 결연히 미국 방문길에 나서게 되었습니다. 도탄에 빠진 나라와 인민들을 살리기 위해 부잣집에 가서 생다지를 써서라도 달러를 구해 와야 했던 것입니다. 그때 미국당국은 남한 땅의 실태를 손금 보듯 파악하고 있었고 이에 대한 분명한 구심점과 계획까지 이미 예비하고 있었습니다.

때문에 박 대통령과 상면하는 자리에서 미국 대통령은 남한 땅이 재건할 수 있는 길은 오직 하나님의 도움이 계셔야만 실현이 가능하다는 중점 의제를 강조했고 그러기 위해서는 기독교 교회를 재건하는 문제를 최우선적인 의사 일정에 올려놓고 추진해 달라고 부탁하기에 이르렀습니다. 하지만 종교에는 전혀 문외한이고 오직 머릿속에 나라 재건과 인민들을 살리기 위한 고심으로 가득 차 있는 박 대통령에겐 꿈같은 이야기밖에 안되었습니다. 속담에 누울 자리를 보고 다리를 펴라는 말이 있듯이 속이 내키지 않는 그런 자리일수록 임기응변이 최상의 수완이요 외교적 관례일 텐데 박대통령은 그만 고지식하게 〈우리는 재앙에 빠진 나라와 인민을 구하기도 바쁜데 어느 여가에 그런 환상 같은 신앙에 신경을 쓰겠느냐〉 하는 식의 냉담한 반응을 보이는 실책을 저지르고 말았습니다.

그러자 미국 측에서는 화가 나서 준비했던 경제적 후원은 언급도 안하고 박 대통령 일행을 당장 귀국시키는 강경적인 조치를 취했습니다. 그제야 뭔가 잘못돼도 대단히 잘못됐고 자신이 우를 범했다는 것을 깨달은 박대통령은 귀국한 후 관계 수하들을 다시 미국에 보내 자신을 대신하여 사죄하게 하고 또 어떻게 해야 미국 측의 노여움을 풀 수 있겠는가 하는 방법을 모색해오라고 지시 했습니다.

그러나 미국 측의 입장은 단순하고 일관적이었습니다. 즉 〈하나님을 믿어라. 당신들의 희망은 오직 이길 밖에 없다. 그리고 실천을 보여 달라. 3개월 이내로 500명 이상의 성도들을 규합한 교회당 100개를 재건하고 부흥의 기초를 닦으라〉는 메시지가 바로 그 점을 설명하고 있었습니다. 박대통령은 선택의 여지가 없이 즉시 그 내용대로 집행하라고 지시하지 않을 수가 없었습니다.

한국은 일찍부터 기독교가 굳건히 세워졌던 역사가 있는 나라였기에 해당 건물들을 충당하고 담임목사 100명을 세우는 일은 문제가 되지 않았습니다. 게다가 주일 예배 날에 점심식사 한 끼를 구제 양식으로 무료 공급한다고 광고가 나가자 굶주린 사람들이 교회가 터져나가게 모여 들었으니 문제는 일사천리로 해결된 것입니다. 그 후 미국 측과 다시 연계가 이뤄지고 상황파악이 확인 된 후에야 미국 대통령은 박대통령을 불러놓고 엄청난 액수의 달러를 후원금으로 내놓았습니다. 그리고 이런 부탁을 남겼습니다.

"이 돈은 당신들 나라가 앞으로 잘 살게 될 때 갚으면 된다. 그러나 상황이 여의치 못하면 갚지 않아도 괜찮다. 문제는 돈이 아니라 신앙이다. 당신들 나라 인민들이 예수님만 잘 믿으면 하나님이 축복하셔서 반드시 성공할 때가 올 것이다. 부디 이점을 명심하기 바란다."

대통령 취임식 때마다 성경에 손을 얹고 선서할 정도로 미국은 하나님을 경외하고 신실한 신앙을 갖고 있는 나라입니다. 지금 전 세계에 예수 그리스도의 십자가 복음을 전하는 기독교 선교사를 가장 많이 파송한 나라도 미국입니다. 때문에 하나님께서 미국 땅에 강성의 복을 주셔서 정치, 경제, 군사, 첨단과학의료, 문화 등 모든 분야에서 두각을 나타나게 하셨고 세계적인 범위에서 주도적인 영향력과 파워를 행사할 수 있게 하셨습니다. 이와 같이 신앙의 선두주자가 되고 하나님의 은총을 받은 미국이 한국을 신앙으로 인도했기 때문에 한국교회는 그야말로 멋진 상행선을 긋는 부흥의 일로를 달리게 되었습니다.

또 한국 땅의 수많은 성도들이 하나님 앞에 한국 땅의 경제적 진흥을 위하여 몸부림치는 피땀과 한이 맺힌 기도를 하게 되었고 하나님께서는 한국 땅에 복을 주시기 시작하였습니다. 1960년대까지만 해도 빈약하기 그지없던 한국 경제가 하나님의 도우심으로 1970년대 말에 가서는 이른바 "한강의 기적", "아시아 4룡(대만, 싱가폴, 홍콩, 한국)"이라는 인간의 상상을 뛰어넘는 눈부신 발전과 세계적인 위상을 따 안는 비약적인 성과를 거두었습니다.

여러분, 한국은 또 최근에 1986년 아시안 게임에 이어 1988년 올림픽 개최국이라는 국제적인 대 인기를 한 몸에 받는 영광을 차지했습니다.

여러분, 우리 대한민국의 근대사를 돌이켜보면 한 마디로 비운의 역사였습니다. 악마의 발톱 같은 일본침략의 예속 36년. 민족 상쟁이라는 대 재난의 비극 등 그야말로 몸서리가 치는 피눈물의 역사가 아닐 수 없습니다. 이렇듯 절망의 늪 속에서 헤매던 우리 한국

민족이 일인당 연소득 1만 달러 이상의 초고속 신화를 이루었다는 것은 하나님이 주신 기적의 은혜가 아니면 상상할 수도 없는 일임을 명명백백하게 인정하지 않을 수가 없습니다.

그리하여 한국 기독교 협회에서는 하나님께 감사의 선물을 드리고자 하는 뜨거운 정성과 경건한 마음을 품고 운동 선수촌 옆에 기독교 촌을 꾸리기로 하였습니다.

저는 1986년 아시안게임 때부터 초청을 받고 현장에서 관람하는 영광을 누렸습니다. 우리들은 관광객들과 신문기자, 선수들을 망라한 모든 외국손님들을 열정적으로 맞아들이고 친절한 서비스를 제공 했습니다. 우선적으로 그들의 기호와 특성에 맞는 고품질의 먹을거리로 그들을 최대한 만족 시켰습니다. 그리고 그들이 떠날 때엔 미리 예비해 놓고 있던 그 때 당시만 해도 인기 있는 물건들인 고급 카메라, 명패, 손목시계, 금반지 등 여러 가지 귀중품들을 통이 크게 선물했습니다. 그 외 추가로 해당국가의 문자로 된 성경책 한 권과 복음전단지를 2장씩 주면서 복음의 메시지를 알아듣기 쉽게 전해주었고 본국에 돌아가서 꼭 기독교 교회에 나가 신앙생활을 하라고 부탁했습니다.

특히 우리는 중국, 러시아, 불가리아, 유고슬로비아 같은 공산권 국가 손님들에게 더 치중하여 신경을 써서 대접하였고 선물도 그들이 놀라서 입이 떡 벌어질 정도로 수준급 이상으로 제공 했습니다. 아직까지 종교가 백지 상태에 있는 그들에게 예수 그리스도 복음에 대한 좋은 인상을 심어주기 위해서였습니다.

아시안 게임 때 어떻게 대접을 잘 받았던지 올림픽 때는 더 많은 손님들이 몰려왔고 또 그 까다로운 외국 손님들이 우리 기독교촌 휴게실 소파에 제 집처럼 편히 앉기도 하고 눕기도 하면서 기분이 좋아 야단들이었습니다. 그리고 음식도 사양하는 빛이 없이 구미에 맞는 여러 가지 요리를 주문하여 양껏 잘 먹었고 떠날 때엔 또 푸짐한 선물과 성경책, 및 복음 전단지를 받아 안고 입이 함박만 해져서 연신 땡큐, 땡큐를 연발 했습니다.

우리 기독교협회에서는 아시안 게임과 올림픽 운동 때 천문학적 수치에 가까운 엄청난 돈을 바다에 던져 버리는 것 같이 써버렸습니다. 하지만 오직 하나님의 영광을 위해 썼기 때문에 조금도 아까워하지 않았고 또 헛되게 쓴 돈이 아니라는 것을 믿고 있었습니다. 이제 멀지 않아 한국과 중국, 또 한국과 러시아간의 대사급 외교관계가 성립되게 된다는 이야기는 기정사실로 다가오고 있습니다. 그 외에도 단절되어 있던 우리 한국과 여러 공산권 국가들과의 외교관계도 차츰차츰 물고가 트일 것으로 전망되고 있습니다. 앞으로 외교관계가 이루어지면 관례에 따라 호상간의 무역래왕이 활발하게 전개되게 됩니다. 그리고 그 뒤를 따라 우리 주 예수 그리스도의 십자가 복음이 거센 물결같이 휩쓸어 들어가서 주님의 지상명령을 수행하게 될 것입니다. 여러분 우리 한국 기독교가 원하고 있는 이 세계선교의 아름다운 꿈은 반드시 이루어지고야 말 것입니다.

여러분 우리 대한민국의 헌신적인 노력과 각국 참가자들의 호응 속에서 올림픽이 성공리에 폐막된 후 세계 각국에서 온 일부 신문,

방송, 텔레비전 매체 기자들이 서울 야경 구경을 나가게 되었답니다. 그들은 본능적인 직업병이 발작하여 한국이 어떻게 되어 짧디짧은 20년도 안 되는 사이에 최 약소 빈곤국으로부터 비약적인 변신을 거쳐 「아시아 4룡」으로 급상승하게 되었는가 하는 주제를 놓고 열렬한 토론을 벌이게 되었답니다. 그들은 기자본능의 날카로운 시선으로 올리훑고 내리훑고 가로세로, 안팎과 음양으로 한국을 분해하고 추리해 봐도 한국 땅은 돈을 벌만한 자연조건이 구비되어 있지 않았답니다.

첫째, 한국 땅 70% 이상이 산이기 때문에 기초적 자산인 농작물을 경작할 토지가 적었습니다.

둘째, 석유, 금, 은, 동, 철, 석탄 등 재부로 변모시킬만한 지하자원이 별로 없었습니다.

셋째, 산이 많다 해도 재목이 될 만한 수림이 적었고 이용가치가 적은 잡목뿐이었습니다.

한국에서 각광받는 수입원은 외국에 가서 원료를 구입하여 가공품을 만들어서 다시 수출하는 것인데 원가며 인건비며 운수비용 등을 다 재끼고 나면 순수입 효율이 높으면 얼마나 높겠습니까?

한다하는 엘리트기자 수십 명이 아무리 머리를 비틀고 쥐어짜도 한국 발전상의 답은 한 방울도 나오지 못했고 시간이 갈수록 곤혹스러운 오리무중에만 빠져 들었습니다.

그때 기자들 중에 주님을 영접한 시간은 길지 않지만 이해력이 빠르고 신앙심이 독실한 젊은 기자 한명이 있었는데 그도 역시 처음엔 이 괴이하기 그지없는 수수께끼를 풀지 못하여 고충을 면하지 못하고 있었습니다. 그런데 문득 그의 시선이 서울 야경 속에서도 유난히 각광의 품위를 떨치고 있는 십자가 불빛에 머물게 되었습니다. 거의 100여 미터 간격을 두고 하나씩 서있는 수많은 십자가를 거듭거듭 주시하던 그의 머리엔 갑자기 전대미문의 기발한 착상이 솟구쳐 올라왔습니다. 그는 자신도 모르게 소리를 지르고 말았습니다.

「여러분 우리가 고심하는 문제를 푸는 열쇠는 저 십자가에 있습니다.」

처음엔 모두가 의아해 하였습니다. 저 사람이 정신이 어떻게 잘못되지 않았는가? 십자가와 문제의 답에 무슨 상관선이 있느냐고 말입니다. 그러나 그는 만면에 즐거운 웃음을 환히 피우면서 자신감 있게 설명했습니다.

「한국 경제발전의 비밀은 그 어떤 환경적 요인에 국한되어 있는 것이 아니라 저 십자가의 주인이신 예수님이 한국을 도왔기 때문입니다.」고 말입니다. 처음엔 멍해있던 수십 명의 기자들은 드디어 그가 내놓은 정답의 진의를 깨닫고 그 젊은 기자의 혜성 같은 착상에 뜨거운 성원의 박수를 쳐 줬다고 합니다.

이미 지정된 집회 시간이 훨씬 지나 있기에 이완태 목사는 허리를 굽히고 좌중 여기저기에 감사의 인사를 거듭거듭 한 후 퇴장 하였고 장내를 뒤흔드는 뜨거운 박수소리 속에서 마침내 이완태 목사의 강연은 깊은 감동의 여운을 뒤로 남긴 채 화려한 막을 내렸다.

16. 김집사님과 함께 다니던 나날(1)

심양 서탑교회에 다녀온 후 새해 해동기가 가까워오던 어느 날 쌍원 중심교회 확장 계획에 따라 나와 김동춘 집사가 상지현으로 출발하게 되었다. 농번기가 닥치면 우리도 농사일에 착수해야 하므로 아직 여유시간이 남아 있을 때 하나님의 일을 추진해야 했다.

아침 일찍 우리가 탄 버스는 상지 쪽으로 줄기차게 달리고 있었다. 사실 김 집사님은 태연자약한 겉보기와는 달리 마음 놓고 여유있게 심방을 다닐 형편이 못되는 분이었다. 집에는 중풍에 걸려서 대소변 운신이나 겨우 하는 아내와 심한 관절염으로 걸음걸이가 무척 불편하고 오른쪽 한쪽 손을 옳게 못 쓰는 연로한 어머니가 계시기 때문이었다. 하지만 어떠한 난관도 결코 주님을 향한 김 집사님의 뜨거운 열정을 막지는 못했다.

오늘같이 먼 길을 떠날 경우엔 전날에 이미 김치찌개며 된장국을 끓일 시래기며 소고기 장조림을 비롯한 밑반찬을 넉넉히 예비해 놓는다. 그리고 당일에 먹을 밥과 국도 끓여놓고 떠나올 땐 며칠 동안 땔 수 있는 볏짚단도 여러 번 날라다가 부엌에 쟁겨 놓음으로 어머니가 불편을 덜 수 있도록 배려해 드린다.

옛날 길림성 연변 조선족 자치구 모 지방에서 이장까지 해 본 경력이 있는 김 집사님으로선 자연히 예수님의 기독교 신앙 같은 종교와는 거리가 멀 수밖에 없는 분이었다. 그런데 아내가 갑자기 중풍에 걸려 장기 환자로 집에 누워있게 되자 신건4대 교회 성도들이 와서 전도하게 되었고 아내인 조영자와 어머니가 예수님을 주님으로 영접하게 되었다. 그러나 김 집사는 전혀 아니올시다였다. 찾아와서 관심해 주는 것은 고맙지만 나만큼은 건드리지 말라 내 앞에선 예수님이란 말도 꺼내지 말아달라고 아예 처음부터 경계선을 그었다.

성도들은 하루 건너로 과실 등속을 사들고 심방을 왔지만 그럴 때마다 김 집사는 자리를 피해나가곤 하였지만 마음은 편치 못했다. 한번은 우연히 그들이 "이 집 주인도 하루속히 예수님을 믿는 성도가 되게 해 달라."고 기도하는 것을 들었기 때문이었다.

이런 한심한 사람들 같으니라고. 믿으려면 자기네나 믿지 왜 싫다는 나를 끌어들이지 못해 안달을 한단 말인가? 내가 그래, 눈에도 안 보이는 하나님이나 믿을 멍청한 사람같이 보였단 말인가? 그는 기분이 몹시 불쾌 했지만 내색을 못 내고 속으로만 전전긍긍 했다. 그러던 어느 날 오후 해가 쨍쨍 비추는 삼복더위를 무릅쓰고 성도들이 또 심방을 왔다. 그러자 김 집사는 손에 잡히는 대로 괭이를 들고 터전으로 후치질을 하러 나갔다. 후치질 같이 힘든 일은 아침저녁으로 선선할 때나 구름이 낀 날에 하는 일인데 김 집사에겐 그런 걸 염두에 둘 경황이 아니었다.

땀 흘리며 한참 일하던 김 집사에게 이상한 일이 일어났다. 갑자기 오른쪽 팔이 손목 팔꿈치, 어깨까지 쩡쩡 저려왔고 잠시 후엔 남의 살같이 뻣뻣해 지더니 팔을 들 수조차 없게 된 것이었다. 워낙 씨름꾼같이 건장한 체격을 가진 김 집사에게 있어선 지금껏 있어 본적이 없는 이상한 병적 증상이었기 때문에 당혹감을 느끼지 않을 수가 없었다.

내가 예수님을 안 믿는다고 하나님이 벌을 주는 것인가?
만약 계속 뻗대다가 혹시 내가 병신이라도 되면 우리가정 식구
들이 장차 어떻게 살아간단 말인가? 팔을 계속 들 수 없게 되고 고
통이 멈추지 않자 김 집사는 은근히 두려운 마음까지 생겼다.
그때 마침 성도 한명이 집에서 나오더니 어딘가로 가려는 것 같
았다. 김 집사는 엉겁결에 그를 불러 세운 후 방금 자신에게서 발
생한 일을 이야기 해주고 어떻게 하면 좋겠느냐고 상론하게 되었
다. 그 성도는 잠깐 기다리라고 하고나서 집에 들어갔다가 나오더
니 김 집사를 집안으로 인도하였다. 그리고 여러 성도들이 김 집사
의 아픈 팔에 손을 얹고 뜨거운 합심기도를 하였다. 그런데 거짓말
같은 이석의 역사가 일어났나. 방금 전 까지만 해도 고통스럽게 아
프고 들 수 없던 팔이 합심기도를 받은 후 얼마 안 되어 언제 아팠
더냐 싶게 치유되었던 것이었다. 그리하여 김 집사도 철 같은 체험
앞에서 더는 뻐기지 못하고 마침내 공손히 머리를 숙이고 주님을
영접하게 되었던 것이다.

버스가 3시간쯤 달려서 상지에 도착한 후 우리는 할빈행 기차를
타고 평산진을 향해 떠났다. 평산은 상지와 아성사이에 있다. 평산
에서 내린 후 우리는 3륜차를 삯 내어 타고 서쪽으로 약 12km 떨
어진 임 집사가 살고 있는 마을로 갔다. 김 집사와 친한 친구인 임
집사는 우리를 반가이 맞아주었다. 그날은 수요일이어서 김 집사는
친구의 요청으로 저녁 삼일예배 설교를 맡게 되었다.

그런데 예배시간이 가까워오자 교회 본당에 빼곡히 앉아서 자리가 없게 되자 일부 성도들은 어간문을 열어놓고 응접실에 걸상을 갖다놓고 앉아서 예배를 드렸다. 찬송이 끝난 후 예배가 시작되었고 임 집사님의 부인인 박영자 집사가 대표기도를 하게 되었다. 그런데 김 집사와 내가 이렇게 잘하는 기도를 한 번도 들어본 적이 없을 정도로 대단한 기도가 쏟아져 나오고 있었다.

기도의 내용은 말씀의 심오한 진리를 중심으로 우리들의 삶을 조명하면서 하나님께 간구하고 있었다. 그리고 성령님의 말할 수 없는 탄식으로 인간의 부패성 즉 육신의 정욕, 안목의 정욕, 이생의 자랑을 적발하고 있었으며 말씀의 예리한 검으로 우리들 마음 속 깊은 곳까지 찌르고 쪼개서 절실한 회개가 올라오게 하였다. 다음엔 믿음 소망 사랑의 대 주제로 우리들의 용기를 북돋아 주었고 연약한 우리 마음을 주님의 따뜻한 배려와 위로로 쓰다듬어 주는 놀라운 흐름으로 기도의 맥이 깊어갔다.

그날 저녁 김동춘 집사의 설교도 성령님의 놀라운 역사 속에서 말씀의 은혜가 넘치도록 쏟아 부어졌다. 그렇지 않아도 성도들이 빽빽이 앉아서 더운 집에 말씀의 뜨거운 열기까지 보태져서 성도들의 얼굴이 능금처럼 익어 있었다.

예배가 끝나고 성도들이 다 돌아간 후 김 집사님이 박 집사에게 치하하는 의미에서 웬 대표기도를 그렇게 잘하느냐고 문의하게 되었다. 그런데 놀라운 일은 박 집사 본인은 자신이 한 기도 거의 대부분을 전혀 기억 못하고 있다는 사실이다.

우리 인간의 삶에서 표현력이 중요한 기술의 하나라고 한다. 글을 쓰던 연설을 하던 무엇을 하던 간에 어떤 수단과 방법으로 시청자들에게 예술적인 전달과 감흥을 줄 수 있느냐는 결코 쉬운 일이 아니다. 하지만 그날 저녁 박영자 집사의 입에서 쏟아져 나온 옥구슬 꿰미 같은 정교한 기도는 결코 그 어떤 인간의 천부적 재능에서 비롯된 것이 아니었다. 한마디로 성령님의 놀라운 역사였다.

예수님을 믿기 전에 박 집사에겐 신기가 있었다고 한다. 어느 하루 그 동네에서 수십 리 밖에 있는 무당이 와서 굿판을 벌리게 되었다. 흔치 않는 구경거리라 동네 아낙네들과 어린아이들을 비롯한 숫한 사람들이 모여서 구경하게 되었다. 그런데 오전에는 신명이 나서 푸닥거리를 잘하던 무당이 오후엔 연로한 데다 맥이 진했는지 동작이 굼떠졌고 신통치 못한 출연을 하고 있었다. 그 때 놀라운 사태가 벌어졌다. 사람들 속에 끼여서 구경하던 박영자가 후다닥 달려들어 늙은 무낭의 손에 있는 굿내를 빼앗으면서 "힐머니 힘들면 좀 쉬어요. 내가 한번 해볼 테니"하고 일을 저지른 것이었다. 어이없이 굿대를 빼앗긴 무당은 대노하여 "요런 망측한 계집년아 네가 감히 나에게 행패를 해 빨리 굿대를 가져오렸다!"하고 고래고래 소리를 질렀다. 그러나 그녀는 들은 척 만척하고 제법 신명이 나게 춤사위를 펼치며 굿대를 휘둘렀다. 그런데 기고만장해 있던 무당의 두 눈이 휘둥그레졌다. 자기가 할 때는 하잘 것 없는 귀신 서넛밖에 안보였는데 박영자가 나서자 10여명귀신들이 나타나서 호응하는 것이 보였기 때문이었다.

"저, 저년이 어데서 구부려 온 요물인지 제법 이구나. 에라 이년, 하고 싶으면 어데 한 번 실컷 해 보거라"하고 늙은 무당은 아예 뒤로 물러앉아 구경하는 것이었다. 그 후 박영자는 무당들 속에서 꽤 영험하다는 소리를 듣는 인기를 누렸다고 한다.

그러던 어느 날 그의 이웃집에 미국으로부터 손님이 오게 되었다. 그 손님은 미국적 한국인으로서 난생처음 중국에 있는 삼촌 집으로 방문을 오게 된 것이다. 그런데 그가 평산에서 내린 후 서쪽으로 15km 미만의 거리에 삼촌이 살고 있다는 것만 알았지 구체적인 주소를 몸에 갖고 있지 않았다. 하지만 미국 켈리포니아주 모 장로교회 장로로 임직하면서 독실한 신앙생활을 하고 있는 그는 마차를 삯 내어 타고 오면서 계속 하나님께 기도로 사정을 아뢰었다고 한다. 그런데 이상한 일이 벌어졌다. 한 시간 이상 달리던 마차가 어느 한 동네 앞에 와서 딱 멎어서는 것이었다. 마부가 채찍을 휘둘러도 말들은 다리를 뻗치고 선 채 울부짖기만 할 뿐 한발자국도 내딛지 않았다. 그때마침 조선족 아주머니 두 분이 지나가기에 장로님은 마차에서 내려 인사한 후 삼촌의 명함을 대며 혹시 이분이 어디에 사는지 아느냐고 묻게 되었다. 그런데 바로 이 동네에 삼촌집이 있다는 것을 알게 되었다. 하나님께서 장로님의 기도를 들어주시고 인도하셨던 것이다.

그 이튿날 장로님은 삼촌에게 부탁하여 동네 사람들을 초청하여 음식대접을 하면서 예수님의 복음을 전하게 되었다. 그 때 박영자 부부도 예수님을 영접하였다. 그 후 자기네 집에 처소 교회를 차리게 되었고 성도들은 가르치기 위해 자신들부터 하나님에 관한 지식을 우선적으로 배워야 했다. 그 들 부부는 교회를 비울 수는 없기 때문에 두 사람 중 한사람씩 번갈아 상지, 목단강, 할빈심양 등지의 큰 교회 영성훈련반에 다니면서 심도 있는 성경학습과 고된 기도 훈련도 받았다. 특히 집사직분을 받은 후 박영자 집사는 한국 목사님이 인도하는 영성 훈련 반에서 특이한 기도은사를 받고 기도에 전력심취하게 되었다. 하루 5-6시간씩 기도하는 것은 예상사이고 한 달에 열흘정도는 하루에 7-8시간씩 밤을 새며 기도를 한다고 한다.

하나님께서는 박영자 집사의 기도를 들어주셔서 60여 호 되는 마을에 평균 집집마다 한명이상씩 다 나와서 교회에 등록 하였다고 한다. 그래서 삼일예배 임에도 불구하고 성도들이 그렇게 많이 왔던 것이다. 그런데 바로 이 동네 자리에다 정부에서 저수지를 건설하게 되어서 마을사람 전체가 할빈시 모교구로 집단이주를 하게 되었다. 그리하여 임 집사는 자기들이 계획했던 교회정보를 김동춘 집사에게 제공하게 되었던 것이나.

이튿날 아침 김 집사와 나는 임 집사가 알려준 주소를 갖고 평산진에 있는 A자매님(성명을 잊어서 미안하게 생각한다)을 찾아갔다. A자매님은 친정마을에 갔다가 주님을 영접한지 1년 정도 되었지만 주변에 교회가 없어서 혼자서 신앙을 지키고 있다고 했다. 그날 저녁 A자매님은 자기와 동년배 되는 50대 여인 두 명을 청해왔다. 자리를 좌정하여 앉은 후 김 집사는 두 여인에게 예수님에 대하여 알고 있느냐고 질문했다. 그러자 성격이 좀 활달해 보이는 분이 몇 마디 듣기는 하였는데 이해가 안 되는 점이 있다고 대답했다. 어떤 점이 이해가 안 되느냐고 김 집사가 묻자 처녀가 어떻게 잉태하여 아들을 낳을 수 있느냐? 이야말로 천방야담 같은 이야기가 아니냐하는 것이었다.

이런 문제는 간단히 해석할 사항이 아니었기 때문에 자연히 이야기가 길어지게 되었다. 김 집사는 하나님이 6일 동안 천지만물을 창조하시고 흙으로 인간을 만드신 일, 그리고 뱀의 유혹으로 선악과를 따먹은 아담과 하와가 에덴동산에서 쫓겨난 일, 또 하나님의 계획인 창세기 3장 15절 말씀같이 예수님이 여자의 후손으로 이 땅에 오시게 된 경위를 설명하게 되었다. 즉 아담과 하와가 지은 원죄를 해결하기 위하여 죄 없는 하나님의 아들이 동정녀 마리아의 몸을 빌어 이 땅에 오셔서 속죄양이 되어 십자가를 지시게 되었다. 그래서 세상적인 눈으로 보면 육신의 아버지가 없는 예수님이 오해의 소지가 되겠지만 성경은 마리아가 성령으로 잉태하였다고 기록하고 있다. 인간의 규칙이 아닌 하나님의 신비와 하나님의 능력으로 예수님이 이 땅에 출범하신 것이다. 김 집사는 이해하기 쉽게 말씀을 해석하였다.

이날 밤 김 집사와 나는 요한복음 3장16절 말씀 중심으로 복음을 전하고 간증 이야기를 하면서 유도했지만 뜻밖에도 예상이 빗나가고 있었다. 그들은 이 예수님의 신앙에 대하여 다소 흥취를 느끼고 있는 것은 분명한 것 같은데 확실하게 결단을 내리지 못하고 있었다. 밤은 각일각 깊어져 12시가 가까워 오고 있었다. 나중에 그들은 생각 할 시간적 여유를 달라고 하면서 다음기회에 보자는 식으로 나왔다. 김 집사와 나는 안타깝고 유감스러웠지만 더 어째볼 방법이 없었다. 신앙이란 강요한다고 되는 것이 아니기 때문에 우리는 두 분이 원하시는 대로 하라고 말할 수밖에 없었다. 그런데 생각밖에도 우리가 포기하는 그 순간에 하나님의 역사가 일어났다. A자매님이 기대가 이루어지지 않자 속상하여 푸념같이 한마디 했던 것이다.

"예수님은 하나님의 아들이기 때문에 사람의 생각으로서는 잘 이해가 안 될 수 있는 거요. 하기에 먼저 믿고 차차 이해하는 것이 오히려 더 쉬운 거요, 이분들은 다닐 곳이 많은 바쁜 분들인데 다음 기약이 언제 될지 모르거니와 오늘 저녁 같은 이 좋은 기회에 이름을 올려놓으면 얼마나 좋겠소. 나 원 참."

그러자 그 두 아주머니는 흠칫 놀라는 것 같더니 동시에 김 집사와 나를 쳐다보았다. 마치도 이 친구가 한 말이 사실인가? 꼭 오늘저녁부터 믿어야 하는가? 하고 시탐하는 듯한 눈길이었다. 김 집사와 나는 덩연히 빙그레 웃으면시 미리를 끄덕일 수밖에 없었다. 그러자 두 여인이 귓속말로 뭐라고 소곤소곤 하더니 그렇다면 다음으로 미룰 것 없이 아예 오늘저녁부터 믿겠다고 과감하게 한걸음 내딛는 것이었다. 그래서 이날 저녁 두 사람이 어렵게나마 영접기도를 받을 수 있게 되었다.

이런 우여곡절을 거쳐 예수님을 믿기 시작한 그들이지만 이외도 그들의 신앙이 놀랍게 잘 자라났다. 후에 쌍원 집회에도 여러 번 왔었고 신앙생활이 재미있는지 활짝 핀 모습들이었다. 이튿날 오전에 우리는 새 성도 두 분에게 맞춰 말씀의 기본지식을 열심히 가르쳐주고 오후 기차로 평산에서 한 정거장 아성 쪽으로 가는 동평산으로 옮겨갔다. 동평산엔 한 가족 부부가 친척집에 갔다가 주님을 영접한 후 근처에 교회가 없어서 2년 이상 가정예배를 드리며 신앙을 지켰다고 한다. 그들은 우리를 반갑게 맞아주었다. 그날 저녁 식사 후 주인부부가 나가더니 중년남성 한분과 과학 환상 소설을 쓴다는 중학교를 퇴직한 두 분의 남성과 할머니 한분을 모셔왔다.

이 날은 전날 밤 두 자매님의 일을 교훈으로 삼아 김 집사와 나는 각별히 기도에 치중하였다. 기차를 타고 오면서도 기도했고 짬만 있으면 기도했다. 이날 밤 말씀을 전할 때도 한 사람은 계속 중보기도 하기로 하고 실행에 옮겼다. 전도는 사람의 입에서 나오는 지혜와 지식적인 힘으로 되는 것이 아니라 성령 하나님께서 개입하셔야만 상대의 마음 문이 열리고 주님을 믿을 수 있게 된다는 것을 우리는 실제 현장 체험 속에서 한층 더 깨달았기 때문이었다. 과연 그날 밤엔 성령님의 놀라운 역사가 충만하게 임했다. 예배가 끝나자 세 사람 다 아무런 의혹도 없이 즐거운 기분으로 선뜻이 예수님을 영접하였던 것이다.

17. 김집사님과 함께 다니던 나날(2)

평산과 동평산을 거쳐 원만히 목표를 달성하고 집에 돌아와서 주일예배를 인도한 후 김 집사과 나는 월요일 오후 기차로 다시 수곡류로 떠났다. 새해 농사 벼 종자 담글 기한까지 아직 며칠간은 여유가 있기에 박봉순 자매의 요청을 들어줘야 했다.

가는 날 저녁은 수곡4대 성도들과 함께 즐겁게 은혜를 나누고 화요일아침 박자매의 젊은 성도 두 사람을 더 데리고 도합 5명이 수곡류진 황자매님 집으로 갔다. 수곡진엔 아직 교회가 없었다. 60 대 초반의 황 자매님은 한국에 친척 방문을 갔다가 예수님을 영접하고 집에 돌아온 후 혼자서 말씀을 보고 기도하며 신앙을 지켰다. 그리고 친구들을 찾아가 열심히 복음을 전했다. 박 자매님과 만나 교제한 시간은 얼마 안 되지만 의기가 상통했고 또 오늘 우리가 찾아오는 계기로 이어졌다.

방안에 이미 적잖은 사람들이 모여서 우리를 기다리고 있었다. 오전에 김 집사와 박 자매가 말씀과 간증을 병행하면서 모인 이들에게 복음을 전했다. 그리고 점심식사 전에 60대 노인부부 2쌍과 중년 아주머니 2분, 할머니 한 분하여 7명이 주님을 영접하였다. 형통하게 이루어진 오늘의 결실은 황 자매님이 얼마나 지극정성으로 기도하고 전도했는가를 여실하게 증명하고 있었다.

점심엔 또 음식을 푸짐하게 차려서 우리는 대접을 잘 받았다.

오후엔 김 집사와 내가 새 성도들에게 교회생활의 중요성과 성도의 기본적인 신앙자세를 말씀을 통해 가르쳤다. 거듭남, 회개, 기도, 성령 충만, 믿음, 소망, 사랑 등 필수적인 부분을 주입 시켰다.

저녁 전에 우리는 집회를 마치고 수곡류에서 2-3km 떨어져있는 맹가툰 마을로 갔다. 한족과 조선족들이 섞여있는 맹가툰은 수백 호 인가가 있는 큰 마을이었다. 그런데 맹가툰 교회의 기둥 같은 노인부부가 자식을 따라 외지로 떠나가면서 교회가 시험에 빠져 있었다. 교회 남은 성도가 3명인데 한 분은 다리 관절염이 심해서 교회 출석을 못하고 있었고 두 명은 초신자나 다를 바 없이 신앙이 연약하여 예배도 드리느니 마느니 하고 있었다. 바로 이런 상황 때문에 우리는 수곡4대의 젊은 성도 두 명을 더 데리고 왔던 것이다. 생기를 잃고 있는 처소 교회에 활기를 불어 넣으려면 사람이 많아야 했다.

저녁식사가 끝난 후 관절염환자 노 자매님은 그의 아들이 고무바퀴 밀차에 실어왔고 자매님 두 분은 동네에 나가서 처녀와 할머니 등 두 사람을 데려왔다. 그날 저녁 김 집사님의 설교를 통해 풍성한 은혜를 받고 예배가 끝난 후 두 새 생명을 주님 앞으로 영접하였다. 그리고 우리는 찬양집회를 열었다. 사람은 비록 많지 않지만 독창, 이중창, 율동, 합창, 장기놀이 등 다양한 행사를 꾸며서 밤 12시까지 신나게 하나님께 영광을 돌렸다. 맹가훈 자매들은 그제야 어두운 기운이 떠나가고 하나님의 생기를 회복하게 되어 몹시들 기뻐했다. 그리고 밤참까지 해 먹어가며 즐거운 이야기들을 나눴다.

후에야 안 일이지만 그날 저녁 영접 받은 처녀자매님(이름을 기억치 못해서 미안하게 생각한다)은 그 후 얼마 안 되어 찬양은사를 받았다고 한다. 찬양을 한두 번만 따라하고 나면 즉시 소화시키고 부를 수 있다고 하니 참 좋은 은사가 아닐 수 없었다.

이튿날 아침 수곡4대 성도 두 분은 집으로 돌아가고 우리 세 사람은 처소인 자매님네 경운기를 그의 남편이 운전해서 타고 남대수 마을로 갔다(박봉순 자매님이 사전에 정보를 장악한 후 치밀한 계획을 짜고 우리를 인도하고 있었다). 남대수는 국도를 끼고 수곡류진과 평안진 중간쯤에 위치하고 있었는데 꽤 큰 동네였다. 박 자매님을 따라 우리가 들어간 집안엔 암에 걸린 젊은 청년이 맥없이 누워있었고 그 옆엔 부모로 짐작되는 두 사람이 수심이 짙은 기색으로 앉아있었다. 박 자매가 이집 청년 때문에 오상에서 온 예수 믿는 분들이라고 우리를 소개하자 그제야 두 사람은 인사를 차리면서 어서 구들에 올라와 앉으라고 한다. 우리는 구들에 올라가서 무릎 꿇고 하나님께 한참동안 기도한 후 이야기를 나누게 되었다. 그 청년 환자의 아버지 말에 의하면 암세포가 이미 몸 전체로 확산되고 있는 상태이기 때문에 병원치료로는 가망이 없다고 했다. 그래서 마지막 방법으로 길림시에 있는 기공사를 초청해 기공치료를 한 번 해보려고 논의하고 있는 중에 우리가 들어섰다고 하였다. 이제부터는 병자 본인의 태도가 중요했다.

김 집사님이 먼저 청년환자에게 예수님에 대해 알고 있느냐고 부드러운 목소리로 질문했다. 그는 모른다고 머리를 내 저었다. 그래서 김 집사님이 하나님이 사람으로 오신 예수님에 대하여 소개하였고 십자가와 부활의 진리를 설명했다. 우리는 속으로 그 청년의 영의 귀가 열리고 영의 눈을 뜨게 해 달라 하나님께 간절히 기도를 올렸다. 뒤이어 박 자매님이 또 자신의 간증을 생생하게 현장감 있게 전했다.

그 청년환자는 같은 수곡류 진내에 있는 박자매말에 더 귀를 기울이는 것 같았다. 한참 뒤 그는 긍정적인 태도를 보이기 시작하더니 마침 내 김 집사님의 권고에 순응하여 예수님을 영접하기에 이르렀다. 이제 첫 관문은 넘어선 셈이었다. 그러나 영적싸움은 이제부터 시작이나 진배없다는 것을 우리는 알고 있었다. 이제 우리가 할 수 있는 일은 기도밖에 없었다. 오직 성령님께서 개입하셔야만 이 집안의 어둠의 세력을 몰아내고 승리의 깃발을 꽂을 수 있기 때문이었다.

우리 세 사람은 점심식사도 거른 채(주인집에서 음식 준비하는 것을 김집사님이 못하게 말렸다) 잠시 화장실에 다녀오는 시간외는 기도에 몰입했다. 우리는 전력을 다하여 하나님께 부르짖었다. 저 청년 암환자에게 주님의 자비와 긍휼을 베풀어 달라고, 성령 하나님의 놀라우신 은혜가 임해달라고, 이 가정의 어둠의 세력들과 악한 영을 예수 그리스도의 보혈의 능력으로 결박해 달라고, 그리고 이 가족과 남대수 마을 사람들이 예수님을 믿고 구원받게 해달라고….

시간이 얼마나 지났는지 청년환자가 누구를 찾는 것 같은 가냘픔 음성이 들려왔다. 박자매가 가서 왜 그러느냐고 묻자 내 엄마가 어디로 갔느냐고 하면서 배가 고프고 죽이 먹고 싶다는 것이었다. 박자매가 나가서 청년의 어머니를 데려왔고 그들은 서둘러 죽을 쒀서 공기에 담아왔다. 그런데 그 청년은 뜨거운 죽을 후후 불면서 잠깐사이에 다 마셔버리고 또 한 공기를 요청했다. 다시 떠온 한 공기 죽 마저 깨끗이 비웠다. 그러자 그 청년의 아버지와 어머니는 두 눈이 휘둥그레져 너무 기뻐서 어쩔 줄을 몰라 했다. 최근에 와서 아들의 병이 점점 악화되어 입에 들어가는 것은 무엇이든지 다 토하다나니 영양 점적주사로 겨우 연명하고 있었던 것이다.

그런 후 얼마 안 되어 그 청년의 형제와 친척들과 동네 사람들까지 몰려왔다. 기적이 일어났다는 것이었다. 환자 본인도 죽 두공기가 속에 들어가자 정신이 났고, 누웠던 자리에서 일어나 벽에 기대 앉은 채 찾아온 사람들과 이야기를 나누고 있었다.

"두 세 사람이 내 이름으로 모인 곳에는 나도 그들 중에 있느니라"(마 18:20)고 말씀하신 좋으신 주님께서 우리와 함께 하시고 우리의 기도를 들어주신 것이었다.

그날 초저녁에 그 청년의 부모를 선두로 하여 형제, 친척들 6명과 동네 아주머니 3명하여 9명이 주님을 영접하였고 그 청년의 집에다 교회를 세우기로 결정했다. 그리고 그들이 자립할 수 있을 때까지 박 자매와 우리 쌍원 중심에서 자주 심방오기로 약속했다.

저녁 식사 후엔 김 집사님이 남대수 새 성도들에게 말씀으로 신앙입문 지식을 가르치기로 하고 나와 박 자매는 북대수에 가기로 했다. 북대수는 남대수와 국도길을 사이에 두고 있었는데 남대수보다 더 큰 동네였다. 북대수엔 안상술 형제의 막내 여동생 안상임이 시집와서 살고 있었다. 그날 밤 안상임과 박자매가 전도한 중년 아주머니 두 분과 노인부부 하여 4명이 주님을 영접했다. 교회는 소매점을 경영하는 자매님 집에다 세우기로 하고 처소장은 안상임이 맡기로 했다.

이튿날 아침 우리는 청년환자에게 합심으로 간곡한 기도를 해준 후 새 성도들의 전송을 받으면서 버스를 타고 부가툰이라는 마을로 가게 되었다.

부가툰에는 70세 초반의 노 자매님이 딸집에 있으면서 혼자서 신앙을 지키고 있다고 했다. 아들집에 있던 노 자매님은 딸이 보고 싶어서 온지가 반년쯤 되는데 교회가 없어서 곤혹스러울 때가 많았단다. 그래서 매일 부가툰 마을에 교회를 세워달라고 기도하고 있는 중인데 우리가 왔다면서 얼마나 반가워하는지 몰랐다. 그날 오전에 노 자매님 딸과 이웃집 할머니가 전도를 받아들이고 예수님을 영접했다. 심장병이 있는 노 자매님은 몸이 별로 안 좋아서 근간에 아들집으로 돌아갈 예정이었는데 오늘같이 기쁜 일이 생겨서 시름이 놓인다고 하셨다. 점심 식사 후 김 집사님이 좀 피곤해 하는 것 같아서 쉬게 하고 내가 두 새 신자에게 말씀으로 신앙생활의 기본적인 규범들을 이해하기 쉽게 차근차근 가르쳐 주었다.

그리고 우리는 다시 길을 떠났다. 오후에 가야할 것이 한군데 더 남아있었던 것이다. 수백 호 되는 한족 마을 속에 조선족이 7-8호 정도 살고 있었고 교회도 있었는데 그 교회가 와해되어 다시 세워야 했던 것이다. 문제의 원인은 장신 체격의 여 처소장이 같이 교회를 이끌던 동서와 대판 싸우는 바람에 성도들까지 다 시험 들어 교회 문을 닫는 파국에까지 이른 것이었다. 평안진 교회 소속이던 처소장은 맹가툰 우리소속 교회로 자전거를 타고 예배를 드리다가 최근에는 집에서 혼자서 신앙을 지켰단다. 그러다가 박봉순 자매를 만나게 되었고 교통 점을 우리 쪽으로 옮기겠다고 하면서 지원 요청을 해 온 것이었다. 우리는 기존 성도3명을 모아놓고 요해공작을 하여 돌려세우는데 많은 품을 들여야 했다. 그러나 반목하고 있는 동서 성도는 외지로 이사를 간다고 하면서 끝내 오지 않았다. 용서란 결코 쉬운 일이 아님을 깨닫게 해주는 교훈이 아닐 수 없었다.

여하튼 하나님의 은혜로 깨졌던 교회를 다시 회복한 것만 해도 주님 앞에 너무도 감사한 일이었다. 마침내 김 집사님과 나는 한시름을 놓고 저녁기차로 오상에 돌아갈 작정을 할 수 있게 되었다. 이젠 우리도 집에 가서 벼 종자를 담궈야 했다. 우리는 처소장에게 교회일을 몇 마디 당부한 뒤 수곡류 기차 정거장에 가려고 큰 길로 나와서 버스를 기다렸다. 그런데 잠시 후 오토바이 한 대가 쏜살같이 오더니 우리 앞에 와서 뚝 멈춰 섰다. 그런데 오토바이를 길 옆에 세워놓고 헬멧을 벗은 청년은 뜻밖에도 부가툰 노 자매님 사위었다. 그는 묵례로 간단히 인사한 후 부고를 전하는 것이었다. 장모가 갑자기 심장병이 발작하여 서란병원으로 가려고 준비하던 중에 미처 떠나기도 전에 소천 하셨다는 것이었다.

한치 앞을 모르는 것이 인생이리더니 점심때까지 별 이상이 없이 즐거워하시던 노 자매님이 천국으로 가셨다는 소식에 우리는 너무 어이가 없어 말이 안 나왔다. 노 자매님 사위를 먼저 보낸 후 김 집사님과 박 자매와 나는 서란행 버스를 타고 부가툰으로 장례를 치르러 가게 되었다. 처소장 자매님은 우리를 전송하러 나왔다가 이 상황이 되자 집에 가서 남편과 아이들의 저녁밥을 지어놓고 부가툰에 가겠다고 하면서 집으로 줄달음쳐 갔다.

우리가 들어서자 동네 안 노인들이 고인의 옷을 갈아입히고 있었다. 이어서 누군가 가져온 널빤지를 윗목에다 벽돌을 몇 장씩 고여 올려놓고 칠성판으로 사용하여 고인을 모셨다. 그리고 낡은 이불안을 뜯어서 기억자로 풍을 치고 소독약을 뿌렸다. 그날 밤 자정 너머까지 김 집사님과 나는 말씀으로 성도들과 은혜를 나눴다.

이튿날 오전 9시쯤 서란현 화장터 차가 와서 고인을 관에 모시고 차에 실은 후 화장터로 가게 되었다. 전날까지 화창하던 날씨가 아침부터 폭 흐려지더니 뽀얀 운무 속에서 보슬비가 소리 없이 내리고 있었다. 그런데 영구차가 화장터 동쪽 넓은 뜰에 들어서고 있을 때 이상한 광경이 펼쳐지고 있었다. 때 아닌 꽃들이 여기저기 울긋불긋 피어있는 화원이 시야에 들어왔기 때문이었다. 우리가 살고 있는 동북은 이때쯤엔 땅이 녹았다 얼었다 하면서 쌀쌀하기 그지없는데 웬 난데없는 꽃밭이란 말인가?

그런데 가까이 가보니 그 꽃은 진짜 꽃이 아니라 사람이 색종이로 만든 화환이었고 수십 쌍의 젊은 남녀들이 보슬비에 옷을 적셔가면서 땅에다 비닐을 깔고 화환과 골회함, 제사상을 차려놓고 쌍쌍이 절을 하고 있었다. 아, 워낙 오늘은 청명 날이었던 것이다. 그들은 화장터에 보관했던 근친의 골회함을 내다놓고 고인을 기리는 제를 지내고 있었던 것이다. 그야말로 인생 회환의 슬픔과 정감을 자아내는 기묘한 광경이 아닐 수 없었다. 하나님이 사람을 영적인 존재로 만드셨기 때문에 내세가 있다는 것을 본능적으로 알고 있는 것이 인생이었다. 보슬비에 옷이 젖는 것도 아랑곳하지 않고 열심히 절하고 있는 저들을 보라. 저들이 지금 고인에게 무슨 기탁을 하고 있을까? 아마도 복과 평안을 빌고 있으리라. 그러나 참된 복과 평안과 살길은 오직 그리스도 예수 안에 있다는 것을 저들이 알고 있을까? 만약 알고 있다면 아무짝에도 쓸모없는 골회함을 우상 단지처럼 모셔놓고 절하는 허망한 행위는 하지 않을 것이다.

그날 추도식에서 김 집사님은 비록 짧은 만남이었지만 노 자매님의 충성된 신앙의 행적은 우리 모두가 본보기로 삼아야 한다고 높이 평가했다. 그리고 한계 상황 속에서 살고 있는 이 세상 인생들의 유일한 희망은 오직 예수 그리스도의 십자가와 부활을 믿고 의지하는 길 밖에 없다는 것을 강조했다. 그리고 추도식에 참석한 아직 주님을 믿지 않고 있는 분들이 앞으로는 다 예수님을 생명의 주님으로 영접하고 구원받게 될 것을 촉구했다.

장례식이 끝난 후 다시 부가툰 교회로 돌아와서 우리는 합심으로 하나님께 간절히 기도를 올렸다. 부가툰 마을에 있는 어둠의 영들을 예수 그리스도의 권세로 결박하여 주시고 부가툰 마을 많은 사람들이 이 곳 교회 와서 예수님을 믿고 구원받는 놀라운 역사가 일어나게 해 달라고.

점심식사가 끝난 후 누군가가 서란에서 오상으로 가는 버스가 오후1시가 좀 지나서 부가툰에 도착한다고 알려줘서 김 집사님과 나는 마침내 집안 모든 사람들과 작별인사를 나누고 귀로에 들어설 수 있게 되었다.

18. 불개미

  할빈을 떠난 밤 10시 급행열차는 내몽고 "쟈커다치"를 향해 기적을 우리며 숨 가쁘게 질주하고 있었다.

나는 오상교회 임 자매님의 남편인 박 씨와 함께 내몽고로 불개미 잡으러 떠나게 되었다.

예수님을 믿고 나서 나 개인일로 그것도 돈벌이 때문에 이렇게 먼 길을 떠나긴 처음이었다. 신앙생활을 하며 주님의 일을 한다 할지라도 경제적으로 궁핍에 몰려 있으면 하나님께 영광이 되지 않는 일이 생길 수 있다는 것을 나는 금년 초봄에 체험하게 되었다. 그때 우리 신흥 교회에서 쌍원 중심 제직집회를 열고 있었는데 나는 교회일 때문에 오상으로 다녀오게 되었다. 그런데 저녁때 아내가 나를 밖으로 불러내더니 내가 오상에 간 후 점심때 있었던 일을 알려주는 것이었다. 우리 둘째딸 미화가 책값 때문에 선생의 독촉을 받고 집에 왔다고 했었는데 내가 집에 없자 속상해서 점심밥도 안 먹었단다. 이 사연을 알게 된 쌍원 중심 재정부 오해숙 집사가 인차 집사들 몇 명과 상론한 후 미화에게 책값 200원을 구제해서줘서 보냈다는 것이었다. 나는 너무도 안쓰럽고 부끄러워 말이 안 나왔다. 그리고 그날 밤 제직들 앞에서 도무지 머리를 들 수 없었다. 나는 그때 가난도 때론 죄가 된다는 것을 깨달았다.

쌍원 중심 집회 때마다 버젓이 강단에 서서 설교하는 내가 좋은 모범은 못 보이고 구제를 받는 낯 뜨거운 지경에 처해있으니 입이 열 개라도 변명할 말이 없었다. 사실 그때 나의 호주머니엔 돈이 몇 십 원 밖에 없었다. 가령 내가 집에 있었다 할지라도 어디 가서 변통해야 했는데 갑자기 200원을 꾸기가 쉽지 않기 때문에 그날 못줬을지도 모른다. 다시는 이런 일이 생겨서는 안 된다. 그러기 위해서는 하나님의 일을 하는데 방해가 되지 않는 전제하에서 무슨 돈벌이든 해야 했다. 그렇지 않으면 앞으로 이보다 더 망신스러운 일을 당할지도 모른다.

지금껏 우리부부는 세 딸 공부 뒷바라지 때문에 제 집 농사일을 마친 뒤에는 삯모, 삯벼가을, 건설현장일 등 닥치는 대로 돈벌이 되는 일을 찾아 해야 했다. 그런데 아이들이 성장하면서 학년이 높아지자 그 정도의 수입으로는 어림도 없었다. 더욱이 금년 9월 1일이 되면 미화가 고등중학교에 가게 되는데 학비가 만만치 않았던 것이다. 농사를 지어서는 입에 풀칠밖에 안 되는 것이 그 당시 실정이었다. 한 쌍 지기 논농사를 해서 새해 농사자금을 재끼고 설을 쇠고 나면 돈이 바닥이 난다. 쌀 한 근에 50전씩 하는 각박한 때라 농사수입은 기대치 이하였다. 또, 내가 지난 몇 년 동안 하나님의 일을 한다고 쫓아 다녔지만 지금껏 사례비 한 푼 받아본 적이 없다. 교회재정이 집사들 사례비 줄만한 상황이 못 되었던 것이다.

불개미는 우리 이웃집의 내몽고에서 시집온 젊은 각시가 불개미를 가져다가 상사하는 것을 보고 알게 되었다. 그리고 불개미 약효와 불개미 잡는 방법도 우연히 그 집 식구들과 대화하다가 이해하게 되었다. 그러다가 작년 여름에 이영목 형제와 함께 내몽고에 가서 교회건립 일정을 마친 후 쑈양취에 있는 김 자매에게 불개미에 대하여 문의하게 되었다. 그러자 김 자매가 불개미 있는 곳을 가르쳐줘서 몇 근 잡아가지고 올 수 있었다(이영목 형제는 집에 일이 있다고 하여 먼저 보냈다). 그 후 오상현 장산향 일성대대 "쑈맹가"에서 누가 사겠다고 하여 이내 팔 수 있었다. 그 때 어느 노 자매님 남편이 중풍에 걸려 팔 하나를 못 쓰고 있었는데 불개미를 사서 복용하고 팔을 번쩍 쳐드는 놀라운 효력이 나타났다. 이는 불개미 효능이 실제로 검증 된 실례였다.

그 후 이 소문을 들은 박 씨가 제의해 와서 우리는 도구를 갖추고 이번 길을 떠나게 된 것이었다. 도구래야 개미가 능히 빠져 나올 수 있는 구멍 크기의 작은 채와 수수 빗자루, 비닐 주머니면 되었다.

이튿날 오전 10시에 "쟈커다치"에 도착한 우리는 다시 근하 쪽으로 가는 기차를 갈아타고 오후 2시쯤 되어서여 "목도"라는 작은 정거장에 내리게 되었다. 목도엔 박 씨 친구의 아들인 이xx가 살고 있었던 것이다. 그날 저녁 우리는 이xx의 환대를 받으면서 저녁식사를 잘하고 잠도 편히 잘 수 있었다.

이튿날부터 우리는 이xx가 가르쳐주는 대로 철도연선, 구릉지와 늪가를 돌면서 3일 동안에 각각 10근 남짓 되는 불개미를 잡을 수 있었다. 박 씨는 이정도면 만족하다고 하면서 집으로 가겠다고 했다. 그는 장사하려는 것이 아니라 집식구들 보신 약으로 쓸 목적으로 왔기 때문에 많이 잡을 필요가 없었다. 하지만 나는 사정이 달랐다. 세 딸 아이 학비에 맞추려면 30-40근은 잡아다 팔아야 했던 것이다. 그래서 박 씨를 먼저 떠나보내고 나는 더 잡기로 했다.

이튿날 나는 이 씨의 자전거를 빌려 타고 10여km 떨어진 먼 곳으로 가게 되었다. 가까운 곳은 이미 다 훑었기 때문이었다. 그런데 개미둥지가 있을 것 같은 서북방향으로 헤매고 다녔지만 경상도 말처럼 고생만 쌔빠지게 하고 개미는 구경도 못하고 돌아오다가 전날 잡던 곳에서 이삭주이를 하여 조금 잡아가지고 올 수밖에 없었다.

그 다음 날에는 몽고족들이 긴 낫으로 풀을 베는 동남 방향으로 가게 되었다. 자전거를 타고 가면서 나는 속으로 계속 기도했다.

'하나님 아버지 불개미가 많은 곳으로 저를 인도하여 주시옵소서. 우리 딸들의 학비를 벌어야 합니다. 오늘은 헛걸음이 되지 않게 주님 도와주시옵소서.'

그 때 저 앞에서 몽고족 청년 한명이 장낫을 어깨에 비스듬히 메고 자전거를 타고 마주오고 있었다. 아침에 내가 집을 나설 때 이씨가 오늘은 "스우궁리"로 한번 가보라고 말하던 생각이 문득 떠올라서 나는 페달을 힘껏 밟으며 달렸다. 길을 물어봐야 했던 것이다. 그런데 그 몽고족 청년이 왼쪽으로 방향을 홱 꺾더니 늪지대 쪽으로 뻗은 내리막길을 쏜살같이 달려가는 것이 아닌가? 이런 낭패라구야 이젠 어쩌야 좋단 말인가? 길을 물어 볼 사람조차 없으니 말이다.

나는 어디로 가야 좋을지 진로를 생각할 겨를도 없이 내친김에 그 몽고인이 내려간 내리막길로 뒤쫓아 내려가고 말았다. 그런데 이게 웬일인가? 작은 탑처럼 솔잎, 풀잎을 비롯한 온갖 잡초들을 물어다가 기묘하게 새로 지은 개미둥지 수백, 수천 개가 갑자기 나의 눈앞에 확 나타난 것이었다. 끝이 안보일정도로 한 벌판 전체가 개미 둥지였다. 세상에 이렇게 기쁜 일이 생길 줄이야. 하나님이 그 몽고족 청년을 통해 나를 인도하신 것이었다. 언덕위에서는 개미둥지가 전혀 눈에 띄지 않았다. 나는 하나님 앞에 무릎을 꿇고 감사기도를 올린 후 먼저 시범해보기로 했다. 그래서 채를 개미둥지위에 올려놓고 발을 쾅쾅 구르자 놀란 개미들이 새까맣게 채우러 빠져 올라왔다.

다음 나는 수수 빗자루로 앞면 한번 뒷면 한번 두 번을 대서 바글바글한 개미들을 새까맣게 묻힌 후 왼손에 들고 있던 비닐자루 아가리를 벌리고 탁탁 털어 넣었다. 보통 개미잡는 사람들은 빗자루와 비닐자루만 사용한다. 그러면 빗자루에 온갖 이물질이 개미와 같이 붙어 올라오기 때문에 후에 품을 들여 골라내야 했는데 그것도 여간 시끄러운 일이 아니었다. 그러나 체를 대면 그런 거추장스러운 일이 없을 것 같아서 박 씨와 함께 사갖고 온 것인데 예상이 적중하여 개미만 붙어 올라온 것이었다. 그리고 개미둥지는 낡고 오래된 것보다 새둥지에 개미가 훨씬 더 많았고 색깔도 더 윤기가 났다. 또 약효도 더 좋은 것으로 알려져 있었다. 다음엔 개미를 잡아서 공기가 못 통하게 밀봉해 놓으면 개미들이 질식해서 죽는다. 그리고 저녁에는 창고 안에다 비닐을 펴고 개미를 쏟아서 말려야 했다(햇볕에 말리면 약효가 떨어진다고 한다).

나는 닷새를 더 묵으면서 불개미를 잡았다. 그 중 하루는 비가 와서 휴식해야 했고 또 비가 와서 습기가 많은 탓으로 전날 잡은 불개미엔 흰 구더기가 새하얗게 껴서 버려야 했다. 그래도 한곳에서 집중하여 잡았기 때문에 총 40여근의 예상 된 수확을 올릴 수 있었다.

그런데 가벼운 기분으로 집에 돌아와 보니 뜻밖에도 예상치 못한 불쾌한 소식이 기다리고 있었다. 둘째 딸 미화가 불과 4-5점 성적차이로 고등중학교 시험에서 낙방한 것이었다. 문제는 미화에게보다 우리부부에게 있었다. 초급 중학교 3학년이 되면 응당히 기숙사에 들여보내야 하는데 학교에 기숙사가 없어지고 개인집 기숙사비 비용이 너무 비싸다는 이유로 짧은 겨울해에도 5km떨어진 학교를 계속 통학하게 했던 것이다. 게다가 미화가 자전거를 타다가 넘어져서 왼쪽 팔이 골절되어 치료를 받다보니 학습 진도에도 영향을 받았다. 남들처럼 기숙사도 시키고 정상적으로 공부했다면 매 학기마다 평균 성적이 중상위에 있던 그 애가 낙방할 리 없었다.

그 애를 고등 중학교에 보내려면 학비를 곱절로 내야 했기에 나는 할빈 조카네 집에 가서 한달 기한으로 3천원을 꿔다가 먼저 입학 시킬 수밖에 없었다.

개미 값도 작년엔 한 근에 120원했는데 70원으로 뚝 떨어지다보니 개미는 많이 잡아왔지만 세 아이 학비, 책값, 기숙사비, 옷값 등을 지불하고 난 후 나의 지갑엔 돈이 얼마 없었다. 그런데 한 달 사이에 3천원이라는 많은 돈을 어디 가서 구해온 단 말인가? 이거야 말로 야단이 아닐 수 없었다.

이젠 기온도 떨어져서 더욱이 내몽고 같은 덴 아침저녁으론 쌀쌀할 터인데 이제 개미잡으러 간다는 것은 말도 안 되었다. 아무리 궁리해도 뾰족한 수가 떠오르지 않았다. 하나님께 기도하며 이틀 밤을 잔 후 나는 한국에 돈 벌러 갔다 온 손병삼 형제에게서 미국 돈 100달러를 꿔갖고 무작정 내몽고로 떠났다. 신용을 지키기 위해선 되던 안 되던 시도해 볼 수밖에 없었다. 이번엔 작년에 이영목 형제와 같이 가서 가정 교회를 세웠던 "아리허"로 갔다. 간 날 저녁에는 여관을 경영하고 있는 교회에서 성도들과 함께 말씀으로 은혜를 나누고 이튿날 오전에 행여나 하고 개미둥지가 있다고 처소집이 형제가 알려 준 개활지에 갔더니 과연 예상대로 대부분 개미들

은 다 땅속으로 들어가 버리고 개미둥지위엔 어설픈 개미 몇 마리
가 꼼지락 거리고 있었다. 맥없이 여관방에 돌아오니 종업원으로
있는 자매님이 "아리허" 아무 곳에서 작은 상점을 차리고 있는 조선
족 한 사람이 불개미를 판다는 말을 들었다고 하면서 알려주는 것
이었다. 그래서 오후에 그 곳을 찾아갔더니 과연 불개미를 팔기는
하는데 부르는 값이 너무 비쌌다. 한 근에 40원만해도 돈 있는 대
로 사려고 했는데 50원 곯아서는 안판다고 하니 그렇게 비싸게 사
서는 수지가 안 맞았다.

밤에는 성도들과 함께 말씀으로 은혜를 나누고 낮엔 여관에 틀
어박혀서 기도하며 성경을 읽었지만 좌불안석이었다. 이렇게 3일이
지난 아침에 여관집 이 형제가 나에게 "칭키스칸"으로 가보라고 권
고하는 것이었다. 그 전에 어느 친구로부터 그곳에 불개미가 있다
는 말을 잠깐 들은 것이 이제야 생각이 나는데 헛일삼아 한 번 가
보라는 것이었다. 그리고 그 곳엔 조선족들도 꽤 많이 살고 있다고
한다.

나에게 다른 선택이 있을 수 없었다. 나는 그동안 신세진 것을
감사한 마음으로 인사를 하고 길을 떠났다. "칭키스칸"은 "치치하르"
에서 기차를 바꿔 타고 이튿날 점심 12시가 되어서야 도착했다.
"칭키스칸"은 현, 진(군, 리)정도의 비교적 큰 시내였는데 길도 넓었고
거리가 깨끗하고 아담해보였다. 시내 안으로 한참 걸어가다 보니
시장 안으로 들어가게 되었는데 마침 뚱뚱한 조선족 아주머니 한
분이 리어카에다 상자를 설치하고 김치를 비롯한 밑반찬 장사를
하고 있었다. 반가운 마음으로 수인사를 한 뒤 이곳에 조선족 교회

가 있느냐고 문의하였더니 있다고 하면서 서쪽 방향으로 어떻게 가라고 가르쳐 주는 것이었다.

나는 아주머니가 일러준 대로 서쪽으로 나와 큰길을 따라 계속 기도하면서 걸어갔다. 얼마나 갔는지 가다보니 길 안쪽으로 높다란 3칸 기와집이 보였고 집 옆엔 덩치가 대단히 큰 검은색 황소가 말뚝에 고삐를 매여 있었고 땅바닥에 널려있는 옥수수 잎을 먹고 있었다. 나는 문득 시장에서 만난 아주머니가 그 집에 검은색 큰 황소가 있다고 한 말이 생각이 나면서 이 집이 맞겠다는 직감이 들었다. 그래서 주인을 찾으면서 문을 열고 들어가 보니 과연 벽에는 붉은색 십자가와 예수님 초상이 걸려있었고 60대 초반의 인자한 모습의 노 자매님이 나를 반갑게 맞아주었다. 서로 인사를 나누고 보니 이곳은 신용국 교사가 인도하는 소속 교회였다. 그리고 김 선생이 총괄하는 우리와 같은 교통의 처소 교회였다. 나는 마치도 외지에서 가까운 고향 사람을 만난 듯이 반가웠다.

김 선생은 미국적 한국인 목사로서 미국으로부터 선교 후원금을 창출하여 중국의 많은 조선족교회와 한족 교회들을 도우면서 교통망을 이루고 있었다. 우리 쌍원 중심도 교통 점 때문에 수년을 두고 기도하던 끝에 최근에 김 선생과 손을 잡게 되었던 것이다.

이윽고 내가 찾아오게 된 사정 이야기를 간추려 하였더니 노 자매님은 그런 일이라면 걱정 안 해도 된다고 하면서 이 곳 "칭키스 칸"이 불개미 집산지나 다름이 없다고 알려주는 것이었다. 그리고 노 자매님은 옷을 갈아입더니 시장에 가보자면서 앞장서시는 것이었다. 불개미 시장은 내가 좀 전에 갔던 곳에서 우측으로 위치해

있었는데 놀랍게도 수십 명의 장사꾼들이 대량의 불개미들을 진열해놓고 팔고 있었다. 불개미도 각양각색이었다. 불개미 특유의 쏴한 냄새가 코를 강하게 자극하고 윤기가 반드르르한 불개미는 값이 좀 비쌌고 갓 잡아온 습기가 많고 냄새도 못한 불개미는 값이 쌌다.

불개미 약효는 불개미 입술에 묻어있는 작은 이슬방울 같은 침에 많다고 한다. 그래서 갓 잡아온 불개미가 약효가 더 좋지만 문제는 습기가 많으면 구더기가 낄 우려가 있는 것이었다. 때문에 변질이 안 될 정도로 적당히 마른 색상과 냄새가 좋은 불개미가 선호되는 것이었다. 유감스럽게도 나의 눈에는 풍년이지만 갖고 온 밑천이 적다보니 그림의 떡 같은 격이었다. 손 형제에게서 꿔온 100달러가 인민폐로 760원 정도였는데 거기서 차비를 재끼고 나면 불개미를 얼마나 살 수 있겠는가?

얼마 뒤 나의 주머니 사정이 여의치 못하다는 것을 알게 된 노집사님은 나를 따라오라고 하더니 물고기 파는 시장으로 갔다. 그리고 그곳의 키 작은 남자와 무슨 이야기를 잠시 하더니 나를 오라고 손짓했다. 그들 앞에 갔더니 30대 중반의 젊은 남자가 서투른 조선말로 자기를 소개했다. 알고 보니 조씨 성을 가진 그는 본향이 우리 오상현과 남쪽으로 인접해있는 길림성 유수현 사람이었다. 그의 어머니는 조선족이고 아버지는 한족이란다. 그리고 자기네 집에 불개미가 있는데 소개자인 할머니를 믿고 나에게 외상으로 팔 의향이 있다는 것이었다. 세상에 이런 반가운 일이 어디 있는가? 노자매님의 도움으로 일이 이렇게 형통하게 이루어지다니 우리 세 사람은 그 청년의 집으로 가게 되었다. 가는 길에 나는 속으로 형통하게 인도하여 주시는 하나님께 속으로 심심한 감사의 기도를 드렸다.

그의 집엔 물고기 장사꾼답게 정주간 절반 면적에다 깊은 구덩이를 파고 비닐풍천을 두른 뒤 물을 채워 넣고 산소 공급을 하면서 숫한 물고기를 살리고 있었다. 그의 창고엔 수백 근은 되는 불개미가 보관되어 있었다. 그가 손수 잡은 것이란다. 나는 그 중에서 제일 질이 좋은 불개미 150근을 선택하여 한 근에 26원이라는 싼값에 흥정하여 산후 일부는 현금으로 지불하고 나머지는 집에 가서 불개미를 판 후 우편으로 부쳐주기로 약조했다. 나는 불개미 100근을 기차대화물로 부치고 50근을 갖고 가기로 작정했다.

그날은 금요일이었는데 저녁에 성도들이 15명가량 모였다. 나는 노 자매님의 요청으로 오일 예배 설교를 히게 되어 하나님 앞에 감사한 마음으로 말씀의 은혜를 나누게 되었다.

그런데 집으로 돌아오고 나니 불개미를 팔일이 또 걱정이었다. 몇 십 근도 아닌 이 많은 불개미를 어디 가서 판단 말인가? 아내에게 맡기기도 곤란한 일이어서 판로도 내가 찾아나서야 했다. 내가 알고 있고 교제하는 사람들은 교회 성도들밖에 더 있는가? 생각하다 못해 언젠가 읽어보고 보관해 두었던 연변 간행물인 "대중과학"에 나온 불개미 치료효능을 비교적 상세히 소개한 16절지로 두 장 되는 글을 수십 장 복사해갔고 심방 나갈 때마다 처소장들에게 불개미와 같이 나눠주고 위탁할 수밖에 없었다. 처소장들도 딸 셋을 공부 시키느라고 고생하는 우리 부부의 사정을 알고 있고 보신약인 불개미 효능도 인정되고 있는지라 기꺼이 나를 도와주려고 나섰지만 나는 그들에게 헛수고를 시킬 수는 없었다. 그래서 개미를 위탁할 때 1근씩 달아 넣은 불개미 10봉지에다 1봉지를 더 얹어주었다. 10개는 팔아서 나를 주고 1개는 수고비로 하라는 뜻이었다. 그 후 불개미 값이 50원으로 떨어졌지만 원가가 적게 들기 때문에 그런대로 이윤을 낼 수 있었다.

이렇게 시작한 불개미 장사가 우리 큰 딸 순복이가 고등 중학교를 마치고 연변에 신학 공부를 하러 가고, 둘째딸 미화가 가목사 공학원에 입학할 때까지 3년에 걸쳐 내몽고를 10번이나 드나들게 될 줄은 나도 미처 몰랐었다. 그런데 불개미를 구입해 오는 데는 큰 어려움이 없었지만 판로가 문제였다. 처소장들에게 위탁하는 것도 한계가 있었기 때문이었다. 그리하여 할 수 없이 내가 직접 농망기나 심방 다닐 때를 피하여 할빈, 길림, 연변, 심양등지로 연줄을 찾아 행상에 나설 수밖에 없었다. 러시아 장사꾼들이 쓰는 큰 가방을 구입하여 불개미 봉지를 가득 담아서 운반하며 장사하는 일은 결코 쉬운 일이 아니었다. 그래도 온갖 쓴맛과 굴곡을 헤치면서 불개미 장사를 하였기에 딸 셋을 공부시킬 수 있었고 가정생활을 영위하면서 하나님 일도 큰 지장 없이 할 수 있었다. 하지만 이 불개미 일 때문에 후에 내가 정상적인 궤도에서 배척을 당하는 등 어려움을 겪게 될 줄은 미처 예상치 못한 일이었다.

19. 이단과의 싸움

 때때로 지나간 신앙의 발자취를 돌이켜보면 이단과의 싸움도 묵과할 수 없는 씁쓸한 추억으로 남아있다.

중국의 수많은 한족교회와 일부 조선족 교회까지 침투하여 수단 방법을 가리지 않고 광란적으로 역사한 대표적인 이단은 이른바 "동방번개"라는 이름을 가진 집단이었다. 그들의 사이비 교리는 해 괴망측하기 그지없었다. 예수님이 하나님의 아들로서의 사명을 마 치고 승천하신 후 두 번째로 오실 때는 남성이 아닌 여성의 몸을 입고 오시는데 이미 중국 땅에 강림 하셨다는 것이었다. 그런데 아 이러니 한 것은 속칭 재림주라는 28세된 한족처녀 xxx교주가 중국 남방 모도시 감옥에서 중병으로 사망되어 이미 이 세상 사람이 아 님에도 불구하고 계속 말도 안 되는 괴상한 교리를 퍼내면서 광분 하고 있는 것이었다.

그들의 상투적인 위장 수법의 하나는 기성교회에 자기 쪽 사람 을 잠입시켜놓고 한 시기 동안의 책동으로 신임을 편취한 후 교회 리더급 인물을 상대로 소위 "미인계"라 불리는 비열한 수단을 쓰는 것이었다. 즉 상대가 남성이라면 나이에 맞춰서 예쁘장한 아가씨나 젊은 미녀를 붙이고 만약 상대가 여성이라면 키가 훤칠하고 인물 좋은 총각이나 젊은 남자를 붙여서 철벽 심장이 아닌 이상 넘어가 지 않을 수 없게 유혹하는 것이었다. 하여 우리 주위의 적잖은 교 회 주의 종들이 농간을 당하고 교회가 찢어지는 불상사가 일어 났다.

그런 와중에 오상교회에 다니던 우리 쌍원 중심 소속 김xx란 40 대 여성도가 이단에 빠지면서 소란을 일으키는 사건이 생겼다. 그녀가 이단 짝패들을 데리고 이 교회 저 교회를 들쑤시고 다니면서 성도들을 꾀어내고 있었던 것이다.

어느 날 우리 신흥교회에도 김xx와 "동방번개" 이단 여신도 4명이 들이닥쳤는데 몸싸움 할 것을 대비 한 것처럼 전부가 체격이 큰 여자들이었다. 나는 아예 그녀들을 상대도 안하고 자매님들에게 맡겨버렸다. 그리고 그녀들이 하는 수작을 지켜보면서 대응책을 찾기로 했다. 자매님들은 굳어진 표정으로 그들이 말도 못 붙이게 밀막았고 또 무조건 되돌아서 나가라고 추방했다. 하지만 그녀들은 각오를 단단히 한 모양으로 우격다짐으로 구들에 올라와 버리고 앉아서 끄떡도 하지 않았다. 물리적인 힘도 얼마나 센지 우리 쪽 두 명이 그쪽 한명을 상대하기도 버거웠다.

이윽고 그녀들 중 한명이 내말을 좀 들어보고 우리를 쫓던지 어찌 던지 하라면서 입을 열었다.

"예수님 몸을 입은 우리 xxx 여교주가 이제 천군천사들을 거느리고 심판주로 강림하게 될 지구의 말일이 당장 코앞에 임했다. 그때가 되면 우리 동방번개 소속이 아닌 교회와 이 땅의 모든 사람들은 큰 재앙의 심판을 피할 수 없다. 때문에 너희들이 불쌍해서 우리가 특별히 온 것이니 이 좋은 기회를 놓치지 말고 빨리 우리교회에 들어와서 구원을 받아라"하고 기고만장해서 떠들어 댔다.

우리 자매님들은 너무 어이가 없어서 그녀들과 입씨름도 걷어치우고 여성도 전체가 동원하다시피 하여 그들을 밖으로 끌어낸 후 교회집안 자물쇠를 잠가버렸다. 그 후 이틀 뒤 내가 집에 없을 때에 그녀들이 또 한 번 왔었지만 이번엔 교회 집안에도 못 들어오게 조치를 하고 상대를 안 해주자 그들은 별 수 없이 제 풀에 물러갔다고 한다.

그 후 우리 집사들과 처소장들은 긴급히 심방을 조직하여 성도들에게 말씀으로 이단에 대한 교육을 강화했고 이미 물들기 시작한 몇몇 성도들은 수차 개별적으로 만나서 각성시킨 끝에 대부분은 탈환해 올 수 있었다. 그러나 미가룬 교회 자매 한명과 오상 교회 자매 한 명, 그렇게 두 명은 끝내 그들 무리에 들어가고 말았다.

열차는 질풍같이 줄기차게 달려서 어느 곁엔가 할빈역에 가까이 오고 있었다. 그런데 뜻밖에도 오상헌 영성자향 신광2대 교회 안xx 자매가 저 앞쪽 의자에 앉아 있다가 일어서는 것이 눈에 띄었다. 그제야 자매님들이 안xx가 웅담을 팔겠다고 오상에서부터 슬그머니 따라 붙었다는 것이었다. 그리고 나에겐 잠시 비밀로 해달라고 부탁해서 안면 때문에 묵인하고 있다가 이제야 알리게 돼서 미안하다고 하는 것이었다. 그녀가 가정형편이 어려워서 시형네 웅담을 가져다가 팔아서 살림보탬을 하는 상황은 나도 모르는 바가 아니지만 지금 우리가 이단 문제 때문에 급한 길을 가는 이 시점에 와서 사적인일로 끼어들면 어떻게 한단 말인가? 나는 기분이 언짢았지만 그렇다고 할빈까지 따라온 그녀를 더 어떻게 할 수 없는 상황이 되어버렸기 때문에 나도 묵과할 수밖에 없었다.

그런데 그녀가 문제의 사단을 일으킬 줄이야 누가 상상이나 했겠는가?

할빈에서 밤중에 기차를 갈아타고 수화역전에 도착을 했을 때는 날이 희붐히 밝아오는 새벽이었다. 그런데 너무 이른 때여서 삼륜차가 없었기 때문에 우리는 추운 역전 안에서 지체할 수밖에 없었다. 아침 7시가 되어서야 우리는 삼륜차를 삯 내어 타고 한 시간쯤 달려서 성화향 교회에 도착할 수 있었다.

아침식사 후 우리가 김상기 수화교구장을 통해 그동안 벌어졌던 이야기를 잠깐 듣고 있는데 엘리야파 이단자들이 반시간전에 철려현 쪽으로 떠났다는 보고가 들어왔다. 우리는 즉시 행장을 갖추고 김상기 교구장까지 5명이 버스를 타고 그들의 뒤를 추격하기 시작했다.

그런데 일은 공교롭게 벌어지고 있었다. 그들이 정말 우리와 "유격전"을 하고 있는 것인지 아니면 우연히 그렇게 되어 진 것인지는 몰라도 우리가 그들이 가 있을 교회를 찾아 들어가면 그들은 방금 떠나가고 없었다. 그자들은 그런 식으로 우리 소속 교회 4곳을 헤집고 다녔고 우리는 그 뒤를 바싹 쫓는 형국으로 수화, 철려 두 개 현을 한 바퀴 돌아서 수화현 성화향 원자리로 돌아왔을 때는 저녁 해가 서쪽 지평선에서 기울어지고 있었다. 분통이 터질 일이었으나 뒤늦게라도 붙잡을 수 있게 된 것을 감사하면서 우리는 성화교회와 약 1-2km 떨어진 그 문제의 교회를 찾아 들어갔다.

우리가 문을 열자 이단파 젊은 전도사 한명이 대부분 할머니들로 구성 된 우리 성도들 15명쯤 앉혀놓고 한참 자기들의 교리를 전하고 있었다. 우리 일행이 우르르 쓸어 들어가자 그 이단자는 얼굴이 굳어지고 일순간 당황해 하다가 점점 침착을 가장하면서 사도행전 5장 34절에서 42절에 이르는 말씀을 봉독하는 것이었다. 그 뜻인즉 본문에 나오는 가말리엘의 말을 빌어서 〈하나님의 사도와 같은 자기들을 상관하지 말아달라〉는 뜻이었다. 그야말로 고린도후서 11장 14-15절의 "이것이 이상한 일이 아니라 사단도 자기를 광명의 천사로 가장하나니 그러므로 사단의 일꾼들도 자기를 의의 일꾼으로 가장하는 것이 또한 큰일이 아니라 저희의 결국은 그 행위대로 되리라"고 하신 하나님 말씀이 실감이 나게 연출되는 장면이었다.

하나님 두려운 줄도 모르고 성경 말씀을 가감하여 이단교리를 만들어서 광분하는 것도 부족하여 이젠 기도할 때 예수님 이름까지 빼고 박명호 이름으로 기도 한다고 하니 이런 무지막지한 이단과는 대화할 가치조자 없었다.

그래서 나는 "당장 이 곳 수화 땅에서 꺼지라"고 무조건 축객령을 내렸다.

이영목 형제와 자매님들도 우리소속 교회에 기어들어 이리 노릇하는 이 자를 한바탕 닦아세웠다. 그날 밤 우리는 그 이단 전도사에게 두 번 다시 우리 눈에 띄면 용서치 않겠다고 단단히 엄중경고를 한 후 쫓아버렸다.

그런데 우리들의 기분을 엉망으로 만든 사건이 생겼다.

안xx가 그 이단 집단에 빠져버렸던 것이다. 비위 좋게 오상에서부터 우리 뒤를 따라붙어 성화향 교회까지 온 안xx가 그날 어디서 어떻게 감쪽같이 이단자들과 상면 했는지는 알 수 없으나 분명한 것은 어딘가에서 우리와 조우했던 그 이단 전도사의 짝패들을 만났고 그들이 안xx의 응답을 전부 사주었다는 사실이다. 그리고 그들로부터 안xx가 이단교회를 받아들였고 공수동맹까지 맺었다는 어처구니없는 일들이 후에 밝혀져서 알게 되었다. 그 후 안xx는 이런 말을 했다고 한다.

"그분들의 설교를 듣고 나니 예전엔 밉게만 보이던 시어머니가 이제와선 너무도 예쁘게 보인다."

그야말로 오리는 오리끼리 병아리는 병아리끼리라는 격언같이 이단무리에 빠질 인간도 따로 있는 듯싶었다.

그 후 우리는 즉시 심방을 조직하여 이단이 침투했던 교회들을 중심으로 수화현, 철려현, 경내의 우리 소속 교회들을 단속했다. 우리는 이단파의 정체를 명백하게 가르쳐주었고 이단에 관한 말씀으로 성도들의 영안을 밝혀주었다. 그리고 이단들이 침투하지 못하도록 유력한 조치를 취해 놓았다. 하지만 우리가 떠나온 뒤 이단파 무지한 작자들이 어떤 술책을 부렸는지 박 씨와 김 씨 두 집사가 이혼하고 아이들을 데리고 이단을 따라간 피해가 생기고야 말았다.

그리고 이단에 빠진 안xx는 오상현 영성자향 신광2대 본 교회에 들어가서 성도들을 갈라 갖고 나가서 이단 교회를 꾸리는 자기무덤을 팠다.

이렇듯 악한 이단들은 우리 쌍원 중심에 아물기 어려운 상처를 남겨놓았고 우리로 하여금 이단에 대한 경계심을 더욱 강화하게 했다.

그 후에 들리는 소문에 의하면 이단들이 상지시 어느 민둥산을 돈을 주고 도급 맡은 후 집을 짓고 밭곡식을 심으면서 집단생활을 하다가 신고 받고 출격한 중국 공안인원들에 의해 풍비박산이 났다고 한다. 중국은 기독교 3자 애국 위원회 규정에 의해 신고만 들어가면 법적 제재가 가해지기 때문에 "동방번개"같은 여러 종류의 이단들은 "지하교회"를 설치하고 "유격전술"을 쓰는 방식으로 근근이 맥락을 유지해가고 있다.

때문에 "엘리야 복음 선교원"같은 그 어떤 이단도 중국경내에서는 지반을 찾기가 어려운 것이다.

20. 어처구니없는 시험

제목을 달아놓고 글을 쓰려고 하니 시글픈 기분부터 앞선다. 내가 하나님의 은혜로 예수님을 믿고 주님의 일을 하면서 그때만치 암담하고 실망하고 힘들었던 때가 없었기 때문이었다.

1993년 초봄에 있었던 일로 기억된다. 여러 해 동안 함께 주님의 일을 해온 동역자들로서 나와 친절과 우의로 무람없이 지내오던 송화자 집사, 오해숙 집사, 이영순 집사, 이영목 집사(최근에 직분 받았다) 안상술 집사가 별안간 어느 날부터 나와 서먹서먹해 하면서 거리감을 두고 있는 것을 발견하게 되었다.

그들의 차림새 모양을 보면 분명히 길 떠날 준비를 갖추고 있었는데 내 앞에선 어색한 모습으로 시치미를 떼고 있었다. 그런데 후에 보면 이들이 나의 눈을 피해 감쪽같이 어딘가로 사라지고 없었

다. 지금껏 있어본 적이 없는 이 돌발적인 사태 앞에서 나는 어안
이 벙벙해졌고 너무 한심해서 말이 안 나왔다. 나는 영문도 모른
채 왕따를 당하고 있었던 것이다.

　이렇게 두 달쯤 지난 어느 날 나는 우연한 일을 계기로 이들의
비밀을 알아내고야 말았다. 이들은 선교부 산하의 김 선생, 강 선
생, 박 선생, 구 선생들이 조직한 신학공부를 시작한 것이었다. 장
소는 임시로 오상현 오상진 신건대대 공가 건물을 매입하여 사용하
고 있다고 했다.

　신학공부에 대한 소문은 작년부터 있었다. 구체적인 상황은 몰랐
지만 멀지 않아 시작될 것이라는 정도로 나는 알고 있었다. 그때
마침 오상교회에서 집회가 있었기에 나는 송 집사와 조용한 장소
에서 이야기 할 수 있는 시간을 가질 수 있었다. 그런데 송 집사는
이상하게 변모해가고 있었다. 예전의 송 집사는 솔직하고 겸손한
모습이었는데 지금의 그녀는 무언가를 은폐하려 하고 상대의 아픈
점을 이해하려는 성의조차도 너무 결여되어 있었다. 솔직히 이런
상황 속에서 나는 말도 꺼내기 싫었다. 그리고 이 사람이 내가 지
금껏 믿고 의지하고 동역해온 신앙의 동지가 맞는지 의심할 정도까
지 되었다.

　그러나 어쩌겠는가?
　말을 안 하고 넘어갈 수 없는 것이 지금 나의 사정이니 말이다.
그래서 나는 단도직입적으로 정곡을 찔러 말했다.
　"나는 당신들이 그동안 어디 가서 무얼 했는지 다 알고 있다. 나

를 따돌리고 당신들만 가서 공부를 하니 그렇게 좋던가? 내가 불개미 장사한 것이 그렇게 용납 못할 큰 죄가 되는지 대답 좀 해 보라."

그제야 송 집사는 얼굴색이 변하면서 당황해 하는 것 같았다. 지난번 내가 이단 문제 때문에 수화현에 다녀온 후 불개미 장사하는 것을 주의해 달라고 송 집사가 말한 적이 있었던 것이다. 그는 우물쭈물하며 한참 침묵을 지키다가 마지못해 "좌우지간 미안하게 되었다"고 건성으로 한마디 한 후 "이번일은 선교부에서 주도한 것이기 때문에 자신도 어쩔 수 없었다. 그리고 불개미일도 누군가가 벌써 선교부에 고자질 했는지 다 알고 있더라"하고 발뺌을 하는 것이었다.

불개미 장사를 안 하면 우리 세 딸을 공부도 못시킬 상황인데 이런 아픈 사성을 이해하기는커녕 배척하나니 나는 너 이상 말하고 싶지 않았다. 그래서 자리에서 일어나 밖으로 나오고 말았다. 그제야 송 집사는 미안한감을 느꼈는지 뒤쫓아 나오더니 다음 신학2기생엔 어떤 일이 있어도 등록시켜 줄 테니 너무 섭섭해 말라고 거듭거듭 되뇌었다. 그러나 솔직히 나는 신학공부 할 미련마저 다 사라지고 말았다.

그 이듬해 송 집사는 낙언대로 나와 김선희, 임영도 등 3명 집사를 신학2기생에 등록해 주었다. 그즈음 나는 하나님의 겸손에 관한 말씀으로 스스로 검토하고 있었다. 성령님의 은혜로 하나님 일을 하면서 자신이 알게 모르게 교만할 때가 있었다는 것을 자각하게 되었다.

성경 잠언11장 2절 말씀엔 "교만이 오면 욕도 오거니와 겸손한 자에게는 지혜가 있느니라" 하셨고 러시아의 대 문호 톨스토이는 "겸손은 인생의 긴 교훈이라"고 말했다.

나는 문제를 타인에게서가 아니라 나의 내부에서 찾아야 한다는 것을 깨달았다. 주의 종이 장사하는 것이 본이 안 돼 보이고 모양새가 안 좋다고 평하면 접수하면 될 것이 아닌가? 그리고 신학2기생으로 받아주면 고맙게 생각하고 열심히 공부를 잘하면 될 것이 아닌가?

또한 그 시기 나는 설교로 남을 가르치는 일에서 점점 한계를 느끼고 있었다. 입맛 돋우는 말씀의 진수성찬을 잘 차려놔야 성도들도 기꺼이 받아먹겠는데 내속에 든 게 있어야 말씀의 요리가 잘 나올 것이 아닌가? 마치 산모가 질 좋은 음식을 골고루 섭취해야 아기에게 영양분이 듬뿍 담긴 맛있는 젖을 먹일 수 있듯이 나도 남을 가르치려면 우선 나부터 신학지식을 깊고 체계 있게 배워야 하겠다는 생각을 하지 않을 수 없게 되었다.

나는 송 집사의 안배대로 김선희, 임영도 등 집사들과 같이 할빈에 가서 한번, 아성현에 가서 한번 하여 신학수업을 두 번 받았다. 그리고 우리 신흥교회에서 열린 제직집회에 참가하게 되었다. 그런데 그날 밤 또 이상한 일이 벌어질 줄이야 누가 알았겠는가?

집회가 한 시간쯤 진행되었을 때였다. 박 선생(한국인 전도사)이 전화를 받더니 몇몇 중요 제직들과 상론할 일이 있다고 하면서 잠깐 휴식할 것을 선포했다. 그런데 이영목 집사의 아내가 급히 나에게 오더니 할 말이 있다고 하면서 밖으로 불러내는 것이었다. 그녀는 방금 전화내용을 들었는데 김명환 집사를 신학2기 다음 수업부터는 제외시키라는 선교부의 지시가 내려왔다는 것이었다. 이건 또 무슨 아닌 밤중에 홍두깨인가? 나는 너무 어이가 없어서 말이 안 나왔다. 나는 곧바로 전화를 받은 박 선생에게 가서 정말 그런 전화가 왔느냐고 질문했다. 박 선생은 고개를 끄덕이고 시인하더니 자기도 도대체 무슨 갈래판인지 모르겠다고 하면서 괴로워하는 것이었다. 나는 분노와 격동이 올라오는 것을 가까스로 참으면서 박 선생 앞에서 나의 취지를 분명해 밝혔다.

"내가 신학공부 하려는 것은 나 개인의 명예나 영달을 위해서가 아니다. 나도 배워야 남을 가르칠 것이 아닌가? 나의 앞길을 기어코 막겠다면 나는 이 자리에서 선포한다. 나는 나의 소속 성도들과 함께 따로 나가서 교회를 꾸릴 것이다. 그리고 나에게 배움의 길을 열어줄 수 있는 새 목자를 찾아 갈 것이다."

박 선생은 다시 전화해 보겠다고 하면서 제발 좀 자중하고 참아달라고 하며 나를 말렸다. 그때 숫한 제직들이 우리를 주시하고 있었지만 나는 그런데 신경 쓸 겨를이 없었다. 나는 가방을 챙겨가지고 현관에 나와서 잠깐 하나님께 묵상기도를 했다.

'주님 보셨지요. 저는 지금 억울하게 당하고 있답니다. 그러나 저를 도와주시고 지켜주시는 주님이 계시기 때문에 저는 오직 주님만 믿습니다. 주님께서 오늘 저녁 문제를 처리해 주시고 저에게 배움의 길을 열어 주시옵소서. 예수님 이름으로 기도드립니다.'

기도를 마친 후 신을 찾아 신고 밖에 나와 몇 걸음 안 갔는데 이영목 집사의 아내가 또 급히 나를 부르며 쫓아 나왔다. 박 선생이 찾는다는 것이었다. 박 선생이 방금 있었던 일을 전화로 회보하자 상황이 그렇다면 김명환 집사를 신학 2기생으로 계속 다니게 하라는 선교부의 새 지시가 내렸다는 것이었다. 나는 너무 기가차서 말이 안 나왔다. 이게 도대체 무슨 판국인가 어린 아이들 장난도 아니고 딱 마치 어린 아이들이 고무줄을 늘였다 줄였다 하면서 갖고 놀 듯 지금 나와 장난하고 있는 것인가? 본래는 일이 이쯤 되면 신학교고 뭐고 다 걷어 장을 지져야했다. 이런 한심한 사람들과 이러쿵저러쿵하는 하는 자체가 더 꼴불견이고 비참해지고 있었다.

나는 갑자기 교회라는 신앙세계조차 낯설게 느껴졌고 그저 나 혼자만 조용히 묵상하면서 나 혼자만의 시간을 갖고 예수님을 믿고 싶었다. 그러나 예수님은 그렇게 혼자서 안락하게 신앙생활 하라고 말씀하지 않으셨다. 주님은 요한복음 21장 15절부터 17절까지 말씀을 통해 수제자 베드로에게 "네가 나를 사랑하느냐?" 세 번 물으시고 "내 양을 먹이고 내 양을 치라"고 부탁하셨다. 그렇다면 나는 어떻게 처신해야 하는가?

그로부터 며칠 후 통지가 왔는데 한국에서 목사님들이 오셨기 때문에 신학 1-2기 생들이 연합 영성훈련을 한다는 것이었다. 장소는 오상현 오상진 신건대대 집회장소라고 했다.

나는 어떡하면 좋은가? 가야하는가? 가지 말아야 하는가?

여러 생각이 들었다.

'당연히 가지 말아야지. 또 무슨 농락을 당하려고 그래? 정신이 올바로 박힌 사람이라면 지나간 교훈을 거울로 삼아야지 벌써 그 동안 받은 수모를 잊은 것은 아니겠지.'

'아니야, 그래도 가야 되는 거야. 성령의 아홉 가지 열매 중 오래 참음도 있잖아. 이젠 내 나이도 40대 중반이 됐는데 이런 기회에 안 배우면 또 언제 어디 가서 배운단 말이냐.'

나의 속에서 둘이 서로지지 않겠다고 싸우고 있었다. 그러나 결국 나는 이성적인 사람의 손을 들어줄 수밖에 없었다. 하지만 다시 한 번 생각해보면 난감하기가 그지없었다.

이 말썽 많은 신학생 대열에 다시 다가서려면 그야말로 얼굴에 철판을 깔지 않으면 안 될 것 같았기 때문이었다. 나는 11살 어린 나이에 어머니를 병마에게 빼앗기고 내성적으로 자라난 사람이기에 비위가 약한 사람이다. 중년이 된 지금에 와서도 속마음은 좀처럼 잘 변하지 않고 있다. 그러나 어쩌겠는가? 지나간 나날들을 돌이켜 보면 없는 비위도 내야 했고 추락의 낭떠러지에 서있듯이 약해지려는 자신을 추스르고 용기를 내야했다.

만약 주님께서 생사의 미로 속에 있는 나를 구해주시지 않았다면 1988년 2월 21일 이후로의 나는 이미 이 세상 사람이 아니었을 것이다. 지금까지 내가 주님을 믿으면서 살아있는 자체가 주님께서 나에게 덤으로 주신 삶이라는 것을 나는 고백한다. 그리고 앞으로 내가 주님께서 주신 사명을 다 마치고 주님의 부름을 받고 아름다운 천국으로 갈 때까지 주님의 이 큰 은총을 절대로 잊지 못할 것이다.

요컨대 지금 나의 생명은 주님께서 두 번째로 주신 생명이다. 그런데 뭘 주저할 게 있는가? 칼산과 불바다라 할지라도 주님께서 원하신다면 기꺼이 뛰어들어야 할 나의 입장이다. 하물며 체면이 깎이는 이런 소소한 일을 감내하지 못해서야 되겠는가? 하는 생각이 여기까지 미치자 나는 더 이상 주저하지 않고 지정된 장소로 떠났다. 신건대대 집회건물은 겉으로 보기보다 집안 면적이 훨씬 컸는데 수백 명 사람도 넉넉히 용납할 수 있을 것 같았다. 그런데 시험은 또 나를 기다리고 있었다.

집회 시간이 가까워오자 여기저기서 자유 활동을 하고 있던 신학생들이 학생회장의 인도 하에 자리정돈을 하고 앉아있는데 김 선생이 한국 목사님 세 분을 배동해서 실내로 들어오고 있었다. 그런데 좌중을 훑어보고 있던 김 선생이 갑자기 눈을 뚝 부릅뜨고 고함을 지르는 것이었다.

"여기에 신학생이 아닌 사람이 와있다."

깜짝 놀란 신학생들이 도대체 그 사람이 누구냐 하고 찾아내기라도 할 듯이 여기저기를 훑어보고 시선이 오갔지만 오리무중이었다.

이름을 밝히지 않았기 때문에 정확히 누구인지 알 수 없겠지만 그러나 김 선생이 모욕적으로 지칭한 사람이 바로 나라는 것을 나는 직감하고 있었다. 다른 신학생들에겐 이런 비정상적인 현상이 있을 수도 없었기 때문이었다.

그러나 나는 전처럼 그렇게 거친 흥분은 피할 수 있었다. 물론 얼굴이 뜨거워지도록 모멸감을 받기 하였지만 이미 마음과 정신적으로 준비가 있었기 때문에 물리쳐 버릴 수 있었다.

그날 한국 목사님들로부터 말씀으로 은혜를 듬뿍 받고 하루일정을 마친 후 저녁시간에 나는 목사님들이 묵고 있는 곳으로 찾아가서 김 선생을 만났다. 나는 긴 말을 않고 마침 다른 용처에 쓰려고 간직하고 있던 돈 봉투를 김 선생에게 헌금으로 바치면서 선교부에게 사용해 달라고 부탁했다.

21. 이동식 신학교

제목만 보면 "전쟁 중도 아닌데 장소를 옮기면서 공부하는 신학교도 다 있는가?"하고 의아해하는 분들도 계실 것이다. 그러나 그렇게 할 수밖에 없었던 어려운 배경과 사정이 있었다.

당시 우리는 중국의 기독교 전신인 "3자 애국위원회"인가를 받은 교회가 아니기 때문에 무슨 일이나 신중을 기할 수밖에 없는 환경의 제약을 받고 있었다. 더욱이 신생 무허가 신학교 적나라하게 노출되는 것을 피면해야 했고 신출귀몰한 이동식으로 안전을 도모해야 하는 기지를 발휘할 수밖에 없었던 것이다.

이렇듯 근신을 앞세운 "이동식 신학교"의 첫 행보는 다행스러울 정도로 평안한 분위기를 맞게 되었으며 우리 신학생들에게 장미빛 희망을 한가슴 뿌듯이 안겨주었다.

하지만 수많은 인생행로에 원치 않는 행불행이 뿌려져 있듯이 우리 "이동식 신학교" 앞에도 우여곡절들이 진을 치고 있을 줄은 누구도 예상치 못했다.

학생숫자도 처음 시작 때는 신학 1-2기 생이 모두 합쳐 집회를 하게 되면 100여명을 용납할 수 있는 교회당에 거의 찰 수 있는 규모였다.

그런데 불과 1-2년 사이에 두 개 중심이 선교부와 마찰이 생겨서 이탈하고 떠나가는 사건이 터졌고 그 뒤 또 한 개중심이 선교부를 등지고 나가다보니 신학생수는 대폭 줄었다.(개인사유로 중퇴한 신학생도 여러 명 있었다) 하여 1-2기생 다 합해도 30명 좌우밖에 안되어서 아예 통합하여 활동하기에 이르렀다.

그리고 연령도 20대부터 50대에 이르는 여러 층별의 남녀가 같이 앉아서 공부했으니 그야말로 한 가족과 같은 분위기라고 해도 과언이 아닐 것이다.

또 수업시간은 현장목회에 차질을 빚지 않는 시간대에 맞추다보니 턱없이 짧았다. 수업시간 배당은 1개월에 1주일간으로 결정되어 있었는데 그나마도 농사를 지으며 목회하는 반수이상의 농촌 신학생들 사정 때문에 농번기인 5월과 10월은 휴학할 수밖에 없었다. 그래서 1년에 10개월 신학공부 기간이 되고 일 개월의 7일에서 주일날을 빼면 6일이 된다. 그리고 10개월이면 60일이라는 계산이 나오게 된다.

그런데 신학생들 거주지역이 할빈, 장춘, 아성, 오상, 연수, 수화, 치치할, 목단강, 천진, 북경등 넓은 범위에 분포되어 있다 보니 한 번씩 모였다가 돌아가는 것이 여간 어려운 일이 아니었다.

보통 월요일 밤까지 모여서 개강예배만 드리면 취침시간이 된다 (북경, 천진등 거리가 먼 곳에 있는 신학생들은 화요일 새벽에 당도하기도 했다). 그리고 화요일 새벽부터 금요일 오후까지 4일 동안 신학공부를 한 후 금요일 밤에는 종강예배를 드린다(거리가 먼 곳에 있는 신학생들은 금요일 밤차로 떠나야 주일을 맞춰 목회지에 도착할 수 있다). 토요일 아침엔 식사가 끝난 후 신학생 전부가 떠나간다. 그러다보니 사실상 실제 수업시간은 1개월에 4일밖에 안되었다. 그래서 1년 40일, 3년 기간을 다 합해도 120일이라는 숫자밖에 나오지 않는다.

그리고 교수진은 대부분 한국에 있는 지식과 소양이 구비된 우수한 목회자들을 선발하여 각자의 해당과목을 배정받고 가르치게 했다. 하지만 제한되어 있는 짧은 시간 내에 신론, 기독론, 인간론, 구원론, 교회론, 종말론, 상담학 같은 이 방대한 신학 학문을 모두 다 섭렵한다는 것은 사실상 불가능한 일이었다.

여기서 당시 조선족 기독교 상황의 흐름에 대하여 잠깐 실펴보겠다. 앞에서 기술한 바 있지만 1989년 초엽만 해도 조선족 목사는 동북 3성에 심양 오애은 목사와 연길 김성하 목사 등 단 두 사람밖에 없었다. 그리고 성시고 농촌이고 교회 직분자가 아주 적었고 집사가 곧 목회자였고 집사가 교회의 주력 사역자였다. 그러나 불과 4-5년밖에 안 지난 시점에 와서 교회판도가 완전히 뒤바뀌는 새로운 과도기가 형성되었다. 수많은 교회들이 우후죽순처럼 건립되었고 성도들이 폭발적으로 부흥되었다. 그리고 교회들마다 성도들을 관리하기 위한 직분자들과 시스템이 들어섰다. 그리고 교회의 흐름은 옛날의 케케묵은 구습을 탈피하고 새 시대에 보조를 맞출 수 있는 명실상부한 주의 종을 교회에 세우는 대세로 나가고 있었다.

당시엔 국가인증을 받은 조선족 정규신학원은 유일하게 료녕성 심양시 서탑교회 위치에 세워진 "동북 신학원"밖에 없었다. 그러나 한족신학원은 대도시마다 거의 다 건립되어 있었기 때문에 한족 신학원을 졸업한 조선족 전도사들이 적잖게 배출되어 나왔다. 또 한국 선교사들이 중국의 동북과 관내까지 대거 진출하면서 일꾼들을 양성하기 위해 신학교를 꾸렸고 많은 주의 종들을 키워냈다. 그리고 중국의 유일한 국제신학원인 "남경신학원"은 시험도 영어로 치러야했고 엘리트 교수진으로 이루어졌으며 고급지식인 인재들을 배출하고 있었다. 남경신학원 졸업생들은 북경이나 상해 같은 대도시 신학교 강사로 가게 되는데 조선족도 몇 명이 있다고 한다.

이렇듯 약동하는 중국 기독교의 새로운 국면 앞에서 우리 광야 교회 "아시아를 주님께로"라고 명명한 선교부에서도 신학교를 시급히 꾸려야 할 새 과제에 직면하게 되었다. 그리고 실행 과정에서 위에서 기술한바와 같은 비상식적인 전례까지 출연하게 된 것이었다.

지나간 나날들을 돌이켜보면 하나님 앞에 감사할 일들이 너무도 많았다. 그 중 세 가지만 소개하고자 한다.

1993년 8월쯤으로 기억되는 어느 날 신학 1기생 생도들이 할빈시 태양도에 모여서 미국 목사님들의 은혜를 받는 집회를 갖게 되었다.

우리가 소형륜선을 타고 송화강을 건너간 태양도는 그때 한창 개발의 붐이 일어날 때였는데 여기저기 집을 허문 폐허더미와 송화 강물이 역류하여 들어와 생긴 진펄들이 어지러이 널려있었다. 그러나 이런 장소가 여행객들에겐 볼썽사납겠지만 우리에겐 오히려 안성맞춤한 곳이었다. 왜냐하면 미국 목사님들의 안전을 보장해야 하는 선교부 입장에선 이런 볼모지가 이목을 피하는 안신처로 될 수 있었기 때문이었다.

이윽고 우리는 그런대로 자리를 찾아 빙 둘러 앉았고 난생처음 미국 목사님들로부터 은혜를 받게 되었다.

미국 목사님은 두 분이였는데 통역도 두 분이 서게 되었다. 연세가 중년층으로 보이는 미국 목사님의 통역을 김 선생이 맡아서 먼저 은혜 받고, 나이가 젊어 보이는 미국 목사님의 통역은 미국적 한국인 우성엽 목사가 맡아서 연이어 은혜를 받았다. 옛날 영국 청교도들이 배를 타고 먼 항해를 거쳐 미국 땅에 상륙하여 자신들이 살 집은 뒤로 미루고 하나님께 에배드릴 교회부터 지었다는 역사가 유구한 신앙의 나라 미국의 목사들에게서 은혜 받는 자체가 너무도 감명 깊었다. 그때로부터 오늘까지 20여년의 세월이 흘렀지만 지금도 잊혀지지 않는 것은 성경에 대한 미국 목사님들의 깊은 통찰력과 해박한 지식이었다. 그리고 구구절절 지혜로 점철된 그들의 가르침은 우리들의 신앙의 한계를 한층 더 넓게 틔워주었고 또한 우리들에게 하나님의 영광을 위한 대망의 미래에 대한 도전과 힘찬 용기를 안겨주었다.

이 지구의 5대주 7대양 방방곡곡과 절해고도 오지까지 예수 그리스도의 십자가 복음의 선교사를 이 세상에서 가장 많이 파송한 나라가 미국이라고 한다. 그리고 역대의 미국 대통령 취임식 때마다 성경에다 정중하게 손을 얹고 선서함으로서 하나님의 위상을 공식적으로 온 세상에 알리며 하나님을 최고의 주님으로 인정하는 전 국가적 신앙이 있었기 때문에 하나님은 미국 땅에 엄청난 복을 베풀어 주신 것이다.

그리고 2005년 가을쯤으로 기억되는 어느 날 신학 1-2기 생도들은 흑룡강성 연수현 중심교회에 모여서 신학공부를 하게 되었다. 그 때 미국적 한국인 중년목사(이름을 잊어서 미안하게 생각한다)가 오셨었는데 퍽 인기가 있었고 짧은 시간이었지만 많은 가르침을 받았다.

그는 본래 남들이 부러워하는 좋은 직장인 K 항공공사 직원이었다고 한다. 그런데 몇 년 동안 열심히 직장생활을 해오던 그는 문득 어느 날 부터인가 회의를 느꼈다. 과연 내가 항공공사라는 한 직장에 평생을 묻혀 사는 것이 옳은 일인가하고 두고두고 고민을 거듭하던 끝에 그는 동료들을 비롯한 숫한 주위 사람들의 만류를 뿌리치고 결연히 직장에 사표를 내고 미국으로 건너가서 신학교에 등록했다고 한다. 그는 신학 과정을 마친 후 즉시 자리를 골라서 개척교회를 시작하였고 지금은 미국에서도 꽤 인정받는 한국인교회 목회를 하고 있다고 했다.

그렇게 어려운 결단을 내리고 목사가 된 후 그는 뜨거운 정열로 주님의 구령 사업에 헌신하였기에 교회도 부흥되었고 그의 삶에 일대 갱신이 일어났다. 그야말로 참된 선택이 값진 삶을 가져온다는 철리가 담긴 아름다운 행보라고 아니할 수 없었다. 그가 우리들에게 가르치는 신학수업은 이해하기 쉽고 귀에 쏙쏙 들어오는 그야말로 값지고 귀중한 시간들이었다.

그런데 호사다마라고 하였던가?

우리가 좋은 선생을 만나서 가르침을 잘 받고 있던 이튿날 오후 시간에 연수현 공안국 경찰들이 교회로 진입하는 사건이 일어났다. 우리가 모여 있는 것을 어떻게 차출했는지는 미지수로 남아있지만 그들에게 정보가 들어간 것은 분명한 것 같았다. 그 시간부터 우리는 공안국에 연행되어 가면서 계속 속으로 애통한 기도를 올렸다. 속담에 코에 걸면 코걸이고 귀에 걸면 귀걸이라고 문제가 어떻게 얽혀질지 알 수 없었기 때문이었다.

우리들의 모임은 중국 종교정책 시각으로 볼 때엔 분명 불법적인 행사라고 아니할 수 없었다. 하지만 언제나 우리를 지켜주시는 좋으신 하나님께서 우리들의 기도에 즉시적으로 응답하여 주셔서 종교법 추궁을 피면하게 하여 주셨다. 그리고 형식적으로 신분증 조회를 하고 나서 어디에 있는 아무개가 연수현 교회에 와서 집회에 참가했다는 식으로 공안국 서류에 기록한 후 더 다시 이런 일이 있어서는 안 된다는 경고를 주는 선에서 끝날 수 있었다. 만약 이런 상황에서 연수현 공안국장이 강경하게 나왔다면 최저한도로 벌금만은 톡톡히 물어야 했을 것이다. 실제로 이와 유사한 사건이 일어났던 다른 지방에선 벌금을 받는 일이 비일비재로 있었던 것이다. 그러나 우리는 하나님의 보호 속에서 벌금 한 푼 안내고 순순히 풀려났고 그날 저녁으로 귀로의 행렬에 들어설 수 있었다.

이제 한 가지 이야기만 더하고 이 제목을 마치려고 한다.

신학교든 어떤 종류의 학교든 간에 시험 보는 문제는 학생들에게 있어서 큰 부담이 아닐 수 없다. 그런데 우리 이동식 신학교는 시험마저 옳게 치를 수 없는 여건 속에서 공부하고 있었다.

공부기간이 나흘이기에 일반적으로 선생이 두 명이 오는데 한 분이 먼저 와서 가르치고 과제를 마치기전에 그 다음 분이 와서 대기하고 있는 식으로 진행된다.

그런데 문제는 시간이 너무 짧아서 보통 선생님들은 준비해온 교안을 절반도 강의를 못 한 채 떠나야 할 때가 적지 않다고 호소했다. 그래서 그들은 종료시간 반시간 전까지 돌격식 강의를 한 후 이미 예비해놓고 있던 시험문제를 칠판에다 총망히 써놓고는 부랴부랴 서둘러서 짐을 챙겨가지고 대기해놓고 있는 택시를 타고 공항으로 떠나가는 것이었다. 답안을 채점하는 것은 선교부 선생들의 몫이었다.

그러니 난감한 상황에 봉착하는 것은 우리 학생들일 수밖에 없었다. 시험을 치른다고 할 때 우선 상식적으로 제기되는 것은 복습시간이었다. 배운 것을 반복적으로 읽으면서 중요하다고 생각되는 부분은 암기하는 식으로 시험에 임할 수 있는 준비를 갖춰야하는 것이었다.

그런데 우리에겐 그런 여가가 전혀 없었다. 이틀 동안 새벽부터 취침시간 전까지 강행군을 이어 온 우리가 어떻게 복습할 시간을 짜낼 수 있단 말인가 점심 휴식시간마저 모두 다 체면 같은 것은 꽁꽁 붙잡아 둔 채 여기저기 아무렇게나 쓰러져 누워서 눈을 좀 붙여야 오후 강의 시간을 버텨낼 수 있는 여력을 얻을 수 있었으니 말이다.

상황이 이렇다보니 제출 전 시험문제를 앞에 놓고 시험지에 답안을 삼분의 일도 쓸 수가 없었다. 바늘방석이 따로 없었다. 학생신분이 되가지고 이런 망신스러운 일이 또 어디에 있단 말인가? 시험보는 시간이 한 시간인데 어느 결에 반시간이 훌쩍 지나갔지만 학생들은 애간장만 태우면서 눈 뜬 소경 모양으로 앞이 캄캄해서 앉아있었다. 그 때 어느 남학생이 더는 못 참겠다는 듯이 슬그머니 강의 내용이 적힌 필기장을 꺼내놓고 답안을 베껴 쓰기 시작했다. 그러자 서로 눈치만 힐끔힐끔 보던 신학생들이 더는 다른 방법이 없게 되자 한사람 두 사람 필기장을 꺼내기 시작하더니 나중엔 수험생 전원이 필기장을 꺼내놓고 답안을 쓰기 시작했다.

그렇다고 시험감독관 선생이 없는 것도 아니었다. 그러나 속사정을 빤히 알고 있는 감독관 선생은 아예 뒤로 돌아서서 벽면을 마주한 채 빙그레 웃고 있을 뿐이었다. 한족말로 이런 시험을 가리켜 "깐딩구"라고 한다.

별다른 변화가 없는 이상 마치도 물레방아가 돌듯이 신학수업은 계속 이런 식으로 이어져 나갔고 부끄러운 이야기지만 학생들의 "깐딩구"도 계속 될 수밖에 없었다. 그러던 어느 날 그날도 시험시간이 되어서 모두들 마음 놓고 "깐딩구"를 하고 있는데 신학교 교장인 김 선생이 별안간 문을 열고 불쑥 들어왔다. 그러자 수험생 전체가 깜짝 놀라서 얼굴이 사색이 될 지경이었다. 다른 선생도 아닌 교장 선생에게 부끄러운 치부를 들켰으니 이런 망신이 어디 있단 말인가.

그런데 이마에 핏대를 세우고 고함을 지르며 화를 내도 시원찮을 교장선생이 아이러니 하게도 만면춘풍 같은 웃음을 띠운 채 어서 하던 작업을 계속 하라고 말할 줄이야 누가 알았겠는가? 그리고 우리들의 마음을 안착시키는 제스처로 손까지 흔들면서 한술 더 떠 유머까지 던지는 것이었다.

"내가 당신들 '깐닝구'하는 걸 눈감아줬다고 강 선생(선교부2인자)에겐 말하지 말아. 알았지? 허허허…"

그러나 우리 신학생들은 따라 웃을 수가 없었다. 상황이야 어찌됐던 간에 학생 신분으로서 못할 일을 했기 때문이었다. 단 유일하게 젊은 나이인 미국적 한국인 구 선생만은 장난 끼가 발동하면 감독관 직무를 엄격히 지키는 척 했다. 그는 뒷자리에다 걸상을 갖다 놓고 올라서서 해학적인 목청을 돋우어 소리쳤다.

"자 누가 '깐닝구'하는가 보자. 내가 높은 곳에 서 있는 거 모두 봤지? 여기서는 다 보인다니까 아, 좋다. 아, 재미있다. 아, 시원하다. 하하하…"

지나간 일을 추억하면 마음이 무척 저려온다. 엄숙하게 치러야 할 신학시험을 깐닝구로 넘겨야 했던 우리들의 아픈 사정. 또 이 모든 것을 포용하며 해학적으로 나왔던, 그러나 속으로 눈물을 씹어 삼키며 겉으로 웃어야 했던 선생님들.

아아, 이것이 바로 우리 "이동식 신학교"의 진짜 모습이었다. 이렇게라도 공부하고 이렇게라도 시험을 치고 이렇게라도 신학과정을 마쳐야 우리는 목회 제일선에서 명실상부한 주의 종으로 설 수 있었던 것이다.

22. 장백산 등산과 도문강변

  2,000년 6월 초순으로 기억된다. 우리 신학생들이 장백산으로 산악훈련을 간다는 희소식을 접하게 되었다.

애초에 선교부에서는 신학 1-2기생들을 조직하여 흑룡강성 상지시 모얼산에 가서 등산 훈련겸 집회를 열기로 계획했다고 한다. 그러다가 이왕지사 등산훈련을 할 바엔 천지구경도 할 겸 장백산으로 가자는 쪽으로 의견이 모아지면서 결국 장백산행으로 결정되었다고 한다.

우리가 탄 할빈-도문행 기차가 밤새껏 달려서 길림성 안도현성역에 도착했을 때는 새날이 희붐이 밝아오는 이른 새벽이었다. 안도역 출구를 나가자 선교부에서 예약해 놓은 여행사 버스가 우리를 기나리고 있었다. 우리 일행은 김 선생과 한국목사 두 분, 3기 신학생 회장 등 몇 사람 외에는 전부가 신학 1-2기 생들이었다. 이윽고 우리 30여명 등산객을 태운 버스가 청신한 새벽공기를 헤가르며 장백산을 향해 힘차게 질주하기 시작했다.

안도에서 첫 코스로 이도백화까지 가는 길은 버스로 3시간이상 가야하는 멀고도 단조로운 길이었지만 버스 안에는 생신한 활기와 기쁨으로 꽃피고 있었다. 역사적 유서가 깊은 명산인 장백산을 등산으로 도전하여 정복하게 된다는 지금까지 있어본 적이 없는 야릇한 기쁨이 우리들 마음을 무척 설레게 하였던 것이다. 하여 지난 밤 한어로 "워푸"라고 부르는 기차침대에서 덜컹거리는 소음 때문에 뒤척거리며 밤잠을 설친 피곤도 사뭇 다 잊은 채 모두들 손뼉 치며 찬송가를 불렀고 사기가 충전해 있었다.

또 한국 목사들이 자상하게 준비해 온 맛있는 초콜릿, 고급사탕, 사이다와 음료수 등 먹거리까지 나눠주어서 우리는 감사하게 잘 먹었다.

이윽고 이도백화에 도착하여 식당에 들어가서 아침식사를 마친 후 우리는 다시 버스에 올라서 한참 달린 후 드디어 장백산 밑에 이르게 되었다 버스는 여기까지 종착지였다. 우리는 본격적인 등산 준비를 갖추기 위해 준비해 온 간편한 옷을 갈아입고 신도 등산화 로 바꿔 신었다. 그리고 한국 목사님들이 선물로 가져 온 붉은색과 초록색으로 된 조끼들을 받쳐 입고 보니 등산영화를 찍기 위해 나 선 배우들 못지않게 산뜻해 보였다.

그리고 우리는 빙 둘러 모여서서 합심으로 이번 등산을 주님께 서 인도하셔서 우리들의 의지를 건강하게 단련하는 값진 훈련이 되 게 해주시고 아무런 사고 없이 형통하게 진행되게 해달라고 하나님 께 간절히 기도했다. 그다음 등산준비 마지막 순서로 등산경력이 있는 한국 목사님으로부터 안전사항에 대하여 몇 가지 주의를 받 은 후 곧바로 등산길에 올랐다(거추장스러운 짐들은 버스 안에 남겨두었다).

그러나 용기만 앞세우고 달려든 등산길은 우리예상을 훨씬 초월 한 험난한 시련과 고험으로 가득 찬 길이었다. 우리 신학생 대부분 생활 거주지가 끝 간 데 없이 아득하게 펼쳐진 동북평원에 소속되 어 있기 때문에 등산운동과는 낯설고 생소한 거리감을 두고 있었 다. 연령도 젊은 층보다 40대 후반에서 60대 초반까지의 장년층이 우위를 차지하고 있다 보니 더 난감할 수밖에 없었다.

중국과 북한 땅 경계에 위치하고 있는 장백산은 한국에선 백두산이라고 불리고 있다. 한국의 명산들을 살펴보면 금강산 해발 1638m, 설악산 1809m, 지리산 1915m, 한라산 1947m, 백두산은 2744m로서 산중왕의 위치에 우뚝서있다.

그러나 속담에 우둔한 사람이 곰 잡는다고 우리는 첫 시작만큼은 서로 누구에게 뒤질세라 용기와 사기가 백배로 충천하여 씩씩하게 산을 타기 시작했다. 그러나 반시간도 안 되어 여기저기서 얼굴이 홍시처럼 달아오른 초보등산객들의 헐떡거리는 가쁜 숨소리가 들려왔다. 휴식이 필수적인 목마름으로 다가왔다. 그러나 누구도 섣불리 입을 열 수 없는 이상한 중압감이 우리를 입과 혀에 재갈을 물리고 있었다. 왜냐하면 김 선생이 육중한 가방을 매고(교사들이 버스에 보관해두라고 권고했건만)맨 앞장에서서 다소 숨이 가빠하긴 했지만 근력도 좋게 산을 타고 있었기 때문이었다. 그것도 거리를 단축시킨답시고 암벽 등산하는 것처럼 가파른 쪽으로만 인도했기 때문에 뒤따르는 일행은 당연히 더 힘들 수밖에 없었다.

이젠 죽든지 살던지 오직 앞으로 전진 하는 길밖에 없는데 문제는 몸과 정신이 다 지쳐서 불과 얼마 못 올라가서 풀썩풀썩 주저앉는 것이었다. 그야말로 이 풋내기 등산객들은 온몸의 피가 괴로움으로 역류하는 듯하였고 지친 두뇌는 이 비상사태 앞에서 돌아버릴 지경이 되었다. 그래서 이젠 각 사람이 스스로 자신의 체력과 요령에 따라 시간을 지연시키며 대응할 수밖에 없었다. 그러다나니 30여명 사람들이 넓은 산비탈에 마치도 포물선을 긋는 듯이 흩어져 있었다.

이렇게 한 시간쯤 지탱하고 나자 이젠 모두가 더 이상 전진하기 어려운 탈진상태 직전까지 이르게 되었다.

맨 앞에서 방향을 살피며 힘겨운 산타기를 계속하던 김 선생은 그제야 뒤따라 올라오는 등산객들이 이미 기진맥진하여 한계상황에 이르렀다는 것을 체크하게 되었다. 김 선생은 손목시계를 보고 나서 어디서나 다 보이는 큰 바위위에 올라가더니 편안한 자세로 앉으면서 주위 사람들에게 손을 흔들었다. 이는 모두에게 휴식하라는 신호이자 배려였다.

그제야 지칠 대로 지친 신학생들 대부분은 아예 그 자리에서 네 활개를 펴고 드러누웠다. 하늘엔 흰 구름송이들이 등산객들에게 힘을 내라고 응원하는 듯 미소를 지으며 뭉게뭉게 떠가고 있었다. 또 어디선가 시원한 바람까지 불어와서 땀을 식혀주며 등산객들의 마음을 즐겁게 해주었다. 한참동안 푹 쉰 이 휴식은 그야말로 꿀보다도 더 달고 사막의 오아시스보다 더 시원한 몸을 거뜬하게 해주는 귀중한 재충전의 시간이 아닐 수 없었다. 이렇게 값진 휴식을 통해 에너지를 회복한 우리는 말없이 앞장서서 인도하는 김 선생의 뒤를 따라 장백산 정상을 향한 산타기를 다시 시작했다.

이번 등산에서 유일한 탈락자가 생겼는데 그가 우리 오상 중심 총무 고백덕현 전도사였다. 그는 체력이 너무 약했기 때문에 이렇게 높은 산을 등산하는 자체가 무리였다. 그래도 그는 반 정도까지는 있는 힘을 다하여 땀을 흘리면서 올라왔지만 인력의 한계에 부딪치자 하는 수 없이 큰길에 나와 등산용 자동차를 타고 올라갔던 것이다.

때는 6월 달의 호시절이라 여느 산과 들엔 이름 모를 들꽃이 울긋불긋 피어나고 있으련만 우리가 올라가고 있는 장백산 음지쪽엔 아직도 채 녹지 않은 눈과 얼음이 희뿌옇게 덮여있었다. 그리고 양지쪽엔 샛노란 작은 꽃들이 빙설하고 이웃하고 자라서인지 미풍에 사부작거리는 자태가 너무도 가냘파 보였다.

등산은 계속되고 있었다. 그리고 오르고 또 올라도 까마아득하기만 하던 정상이 시간의 흐름에 따라 점점 가까워 오고 있었다. 하지만 이미 파김치가 된 우리들의 몸은 더 이상 지탱하기 어려운 상황에 처하고 말았다. 스스로에게 채찍을 가해도 스스로에게 그럴 듯한 최면을 걸어도 다 통하지 않았다 누가 와서 업고 올라가면 모를까 이젠 한발자국도 더 올라갈 자신마저 없어진 것 같았다. 이미 온몸의 힘이 죄다 소진되어 버린 것은 아닌지 의문스러울 지경이었다. 마지막 결승전, 불과 100m남짓한 시점에 와서 우리는 거의 다 주저앉고 말았던 것이다.

그때 누군가가 저 위를 보라고 소리쳤다. 정산위엔 언제 올라갔는지 김 선생을 비롯한 몇몇 청년들이 이쪽을 향해 빨리 올라오라는 듯이 외쳐대며 손짓하고 있었다. 그제야 서로 쳐다보며 지친 웃음을 짓고 있던 우리는 마침내 용기를 내어 최후의 진군을 개시했다.

드디어 우리는 최후의 흙 언덕(지금은 시멘트 계단으로 포장되었다고 한다)수십 미터를 있는 힘을 다하여 올라갔다. 순간 우리는 천지의 절경 앞에서 넋을 잃고 말았다. 여기저기서 우와! 하는 감탄사가 쏟아져 나왔다.

전설속의 선녀가 하강하여 목욕재개 한다는 피안의 월계수와 같은 산 정상의 호수, 이름만 듣고 그림으로만 보아오던 만고의 명승지가 우리 눈앞에 활짝 펼쳐져서 그 우아하고 그윽한 자태를 마음껏 자랑하고 있는 것이었다.

뒤이어 천지를 배경으로 우리 모두는 끼리끼리 사진을 찍기에 바빴다(그때는 스마트폰이 출시하기 전이였기에 몇몇 교사들과 전도사들이 들고 온 카메라로 찍었다. 우리는 장백산 중간 중간 경치 좋은 곳에서 많은 기념사진을 찍을 수 있었다). 천지주위엔 예쁘게 생긴 수석과 또 천지가 조성될 때 생겼다는 화석도 간혹 눈에 띄어서 일부 신학생들은 희귀한 기념품으로 생각되어 몇 개씩 수집하여 가방에다 챙겼다.

뒤이어 우리는 적당한 자리를 찾아서 모여앉아 한국 목사님의 인도 하에 간단하게 하나님께 감사예배를 드렸고 예배를 마친 그 즉시로 하산 길에 들어섰다. 올라갈 땐 2시간 30분이 걸렸지만 내려올 땐 1시간 밖에 안 걸렸다고 한다. 하산 길로 급경사가 많은 길도 없는 골짜기를 탔기 때문에 미끄러져 넘어지기도 하고 돌부리에 걸채여 허망 엎어지기도 하면서 다리에 멍이 든 사람들이 적지 않았지만, 그래도 모두가 신나하는 모습들이었다. 올라갈 때 고통에 비하면 신선놀이처럼 쉬웠고 힘이 적게 들었기 때문이었다.

드디어 산 밑 버스가 정차해있는 곳까지 안전하게 도착한 우리는 장백산을 정복 했다는 승리의 희열을 금할 수가 없었다. 장백산 산악훈련은 우리에게 잊을 수 없는 고강도 훈련이 아닐 수 없었다. 하지만 세월이 흘러간 우리들의 추억 속엔 빙설과 가냘픈 노란 꽃이 공존하는 한 폭의 아름다운 수채화와 같은 생신한 그림으로 남아

있으며 때때로 우리들의 마음을 감미롭게 한다.

너무 장황하게 산악훈련을 마친 감이 없지 않았지만 그러나 우리가 가야할 곳이 또 있었다. 두만강변이었다. 다시 출발한 버스는 도문을 향하여 힘차게 달린다. 이왕 연변으로 나온 김에 북한 땅을 강 넘어 먼발치에서라도 구경하고 가자는 우리 민족심의 발로도 있겠지만 이번 길에 동행한 한국 목사님들의 요구가 더 절절했으리라고 짐작된다.

오후 늦게 도착한 도문강(두만강)변에는 꽤 많은 인파가 몰려있었다. 관광객들을 상대로 한 여러 가지 먹거리와 약재, 기념품 장사꾼들이 길손들의 발목을 잡고 있었다. 그리고 강변 여기저기엔 북한 땅 남향을 향한 망원경을 장치해놓고 얼마간의 대가를 받으면서 손님들이 사용할 수 있게 했다(듣건대 두만강변을 찾는 손님들 중 70%가 한국인들이라고 한다). 망원경을 통해 바라본 북한 땅 남향은 황폐하고 거칠어보였고 산은 돌산처럼 벌거숭이 모습을 하고 있었다(북한에선 나무와 풀을 베서 말려가지고 밥도 짓고 화목용으로 구들도 덮인다고 한다). 두만강 하면 1970년대 반도체 라디오로 듣던 한국의 가수 김정구 씨가 열창한 구슬픈 노래 "두만강 푸른 물에 노 젓는 뱃사공"이 연상된다.

지금의 두만강은 작은 개울물같이 수량이 적다. 그러나 1958년 내가 아홉 살 때 어머니와 함께 통행증을 가지고 두만강 다리를 건널 때 본 두만강은 으레 작은 배도 띄울 수 있을 만큼 많은 물이 출렁거렸고 강 너비도 꽤 넓었던 것으로 기억된다.

우리 한국민족의 유구한 역사를 담고 있는 두만강을 바라보고 있노라면 자신도 몰래 기분이 우울해진다.

악한 일본 침략자들의 만행을 피해 살길을 찾아 괴나리봇짐을 지게에 지고 머리에 이고 어린것들의 손을 잡고 두만강을 건너야했던 우리 조상들의 불우한 수난의 역사가 지금도 이 두만강물이 호소하며 흐르고 있는 것만 같았기 때문이다.

국경선 규정상 두만강다리 중간까지 갈 수 있었지만 얼마간의 돈을 지불해야 했다. 솔직히 우리 중국동포들은 굳이 돈까지 내면서 두만강다리 중간까지 가볼 만큼 북한 땅에 대한 애착심이 일어나지 않고 있었다. 그러나 한국 분들은 우리와 완전히 틀렸다. 그들은 기꺼이 돈을 물고(돈은 얼마 안 되지만 감정이 문제였다) 강 중간까지 가서 멈춰선 채(만약 돈을 많이 내고서라도 다리를 건너가서 북한 땅을 지척에서 볼 수 있게 허락해 준다면 아마도 한국 분들은 다 그렇게 했을 것이다) 하염없이 북한산천을 바라보며 망향의 애수를 달래고 있었다.

"피는 물보다 진하다"고 한 격언같이 한국 분들의 분단된 조국에 대한 뜨거운 사랑과 애절하고 절절한 애정표현 앞에서 우리는 같은 동족으로서 저절로 머리가 숙어지는 것을 어찌할 수가 없었다.

두만강 관광까지 마치고 버스에 오른 우리는 연변조선족 자치주 소재지인 연길시에 와서 규모가 꽤 큰 식당에 들어가 큰 대접에 담긴 시원한 평양냉면을 한 그릇씩 맛있게 재낀 후 밤 기차로 귀로에 오를 수 있게 되었다.

23. 선교부 운동대회

2000년 8월 초순의 어느 날 오상교회 김동춘 교사(송화자 교사가 떠난 후 김동춘 장로가 오상 중심 교사로 발탁되었다)로부터 전화가 왔다. 상론할일이 있으니 오상교회로 와 달라는 것이었다. 나는 대뜸 무슨 일인지 직감할 수 있었다. 금년가을에 선교부에서 운동대회를 개최하게 된다고 말이 있었기 때문이었다.

내가 오상교회에 도착하여 집무실에 들어서자 아니나 다를까 초조하게 기다리고 있던 김교사가 나에게 자리를 권하고 나서 단도직입적으로 본론을 꺼내는 것이었다.

이제 9월초에 선교부에서 열리게 될 운동대회 날짜가 한 달로 임박했기 때문에 나를 불렀다는 것이었다(당시 나는 오상 중심 재정책임을 맡고 있었다). 문제는 운동 경비였다. 당장 써야 할 운동복과 축구화, 운동선수들 연습비용 외에도 운동회가 시작되면 지출해야할 금액이 만만치가 않았던 것이다. 운동대회는 할빈에서 하기 때문에 수십 명의 교통비용이며 주식비, 식사비, 과일등속과 음료수 값 및 총결 비용까지 다 대략적으로 계산을 해봐도 우리 오상 중심 현재 재정상황으로는 감당하기가 너무 어려운 많은 액수의 돈이 필요했다.

그런데 이 돈을 어떻게 마련한단 말인가?

김 교사와 나는 하나님께 맡기는 마음으로 간절히 기도한 후 해결책을 찾기 위해 머리를 짜고 고심했으나 몇 시간이 지나도록 이렇다 할 신통한 방안은 나오지 않았다. 그러다가 뒤늦게 생각해 낸 것이 지교회에 잠겨있는 60% 돈이었다.

당시 우리 오상 중심은 4개교구에 20여개 지교회가 있었는데 매월마다 각 교회의 십일조와 연보 수입 중 40%는 중심에 올리고 남은 60%는 본 교회 비용으로 사용하기로 규정지었고 그대로 실천하고 있었다. 그런데 지교회들 마다 대부분 규모가 작은 가정교회이기 때문에 사역자들은 사례비를 받지 않는 것이 전례로 되어있었다. 하기에 60%돈을 주로 사역자들 교통비와 손님 접대비용과 구제비로 지출하는 것 외에는 거의 다 교회에다 비축해놓고 있는 실정이었다. 그래서 그 돈을 걷어오면 급한 몫을 막을 수 있으리라는 생각을 김 교사와 내가 하게 되었던 것이다.

그날 저녁으로 나는 각 교회에 전화로 선교부 운동대회 때문에 우리 중심이 받고 있는 애로점을 설명한 후 교회마다 현재 비축되어 있는 여액을 중심으로 올려오라고 연락했다.

드디어 2009년 9월초순의 어느 날 10개 중심(할빈시 중심, 수화시 중심, 치치할시 중심, 가목사시 중심, 아성시 중심, 연수현 중심, 오상시 중심, 목단강시 중심, 장춘시 중심, 오상시 산하툰진 동광 중심)의 9개 팀으로(장춘 중심에서 첫해엔 교회 사정으로 선수 팀이 못나오고 이듬해에는 선수 팀이 나올 수 있었다) 구성된 선수들과 교회 사역자들과 및 성도들 약 5-600명이 할빈시 동력구 야마탕? 대형 운동장에 운집하게 되었다(운동장은 해당 책임자와 협상하여 합당한 값을 주기로 하고 이틀 동안 기한으로 빌렸다고 한다).

중국에서 교회 운동대회를 연다는 것은 거의 전례가 없는 일이라고 해도 과언이 아니다. 왜냐하면 3자 애국위원회 소속 교회들을 비롯한 많은 교회들이 독립적인 형태를 유지하고 있기 때문에 본 교회 내에서라면 몰라도 타 교회와 교류하여 운동회를 가진다는 것은 사실상 어려운 일인 것이다. 그러나 일명 "광야교회"로 불리던 우리 "가정교회" 선교부 산하 교회들은 조직구성이 잘 짜여있었기 때문에 순리롭게 운동회를 열 수 있었다. 주석단에는 김 선생을 위시로 한 미국과 한국에서 온 목사님들 10여분과 각 중심 책임 교사들이 가지런히 서있었다. 첫 순서로 김 선생이 마이크 앞에 나와서 이번 운동대회 취지에 대하여 격양된 목소리로 이야기 했다. 그 내용을 간추리면 다음과 같다.

이번 운동대회는 선교부에서 오랫동안 심사숙고한 끝에 개최하게 된 것이다. 물론 운동 대회인 만큼 선수들은 "우의제일 승부제이"의 정신으로 최선을 다하여 경기에 임하고 또 소속교회 성원들은 뜨겁게 응원해야 할 것이다. 그러나 여기서 분명히 밝혀야 할 것이 있다. 우리는 하나님께 속한 그리스도인들이라는 것이다. 우리는 이 세상에서 주님의 영광을 위하여 빛과 소금으로 살아야 한다. 그리고 우리에겐 일평생을 다하여 하나님 앞에 준수해야 할 사명이 있다. 그것은 바로 복음전도다. 이번 이 운동대회도 실상은 이 주님의 지상명령을 실천하기 위한 목적에서 열린 것이다.

지금 교회들마다 청년들은 숫자가 적고 대부분 중장년 이상의 늙은 세대들이 유지하고 있다. 계속 이런 식으로 나간다면 우리 광야교회 미래는 암담하게 될 수밖에 없다. 앞으로 노년일대의 계주봉을 받아야 할 청년들이 교회에 있어야만 우리들의 교회가 살아남을 수 있게 된다는 것은 누구나 알고 있는 당연한 이치이다. 때문에 우리는 이번 운동대회 같은 광범위한 활동들을 통하여 청년들에게 예수 그리스도의 십자가복음을 전하고 청년들을 교회에 흡

수함으로 우리들의 교회의 맥락을 이어나가야 하는 것이다.

뜨거운 박수소리 속에서 김 선생이 연설을 마친 후 그 뒤를 이어 미국 목사님 한분과 한국 목사님 한분이 나와서 이번 운동대회의 성공적인 개최에 대하여 열렬한 축사를 했다.

그리고 뒤 끝에 이성근 교사장이 나와서 각 중심 운동원들과 소속인원들의 운동장 자리위치와 투숙하게 될 숙소, 운동장에서 지켜야 할 규율, 위생상식 등등 주의사항들을 이야기하고 구체적 운동 순서는 각 중심 운동선수 대표들이 지금 인차 모여서 제비를 뽑은 후 결정한다고 했다. 이로써 개막식은 끝났다.

운동 종목은 남자 축구와 남자 배구, 여자 배구 등 3가지 종목이었다.

오전 10시부터 드디어 운동경기가 시작되었다. 우리 오상 중심에 선 오상시 고등 중학교 축구선수들을 영입했기 때문에(교회 내 청년들로는 축구팀을 내오기 어려운 실정이었다) 축구는 어느 팀보다 우위를 차지할 것으로 예상되었다. 하지만 운동선수 자격은 믿는 성도라야 한다는 선교부 운동경기 규정을 어기고 있었기 때문에 우리들의 기분은 떳떳하지 못했다.

선수들 중 작은 부분이 전도를 접수했을 뿐 대부분은 신앙과는 무관한 입장에 있었던 것이다. 물론 선교부에서도 이 사실을 알고 있었지만 김 선생부터 묵인하고 있었다. 기독교 운동대회이기 때문에 규정은 그렇게 세웠다 할지라도 우리목표가 청년들에 대한 복음 전도가 우선이었기 때문이었다. 유례없는 신자들만 모인 운동대회인지라 시작부터 모두가 마음 문을 활짝 열고 기쁨의 축제 속에서 진행되고 있었다. 특히 남, 여 배구장에선 폭소가 연해연방 터져 나오고 있었다. 농촌에서 일하다가 올라온 선수들이 대부분이었기에 옛날 학창시절엔 실력깨나 발휘했다는 선수들도 이젠 운동신경이 무뎌져서 헛동작과 반칙이 많은 등 배구치는 것이 가관이라 웃지 않고는 볼 수가 없는 정도였던 것이다.

축구 경기장에선 오전 축구가 종료된 틈을 타서 김 선생과 한국 포항시 교회에서 온 이정호 목사가 100m달리기 경주를 벌려서 사람들을 웃기고 있었다. 건장한 체격을 갖고 있는 김 선생은 힘만 믿고 두 눈썹을 곤두세운 채 주먹을 부르쥐고 있는 힘을 다하여 뛰었지만 일정한 운동경력을 갖고 있는 이정호 목사에게 간발의 차이로 우승 자리를 내줄 수밖에 없었던 것이다. 더욱이 숨이 차서 헐떡이면서도 우승 자리를 빼앗겨 분해하는 김 선생과 급해하지도 않고 슬금슬금 뛰는 것 같은데도 실력 있게 우승 자리를 차지한 이정호 목사의 침착한 태도가 너무도 대조되어서 숨을 죽이고 이 광경을 지켜보던 여교사들과 성도들은 너무 우스워 포복절도할 지경이 되었고 눈물까지 짜면서 허리를 못 폈다.

축구 선수들의 운동경기도 가관이었다. 팀원들의 조직이 질서가 잡히지 못하여 배합이나 연락이 잘 안 되는 팀들이 반수이상을 차지했고 헛다리질 하고 똥볼을 차는 선수들이 있는가 하면 프리킥, 반칙이 비정상적으로 일어나서 웃지 않고는 볼 수가 없는 경기들이었다. 그럴 수밖에 없는 것은 학교를 졸업하고 사회에 나온 청년들이 축구 같은 운동경기에 접촉할 수 있는 기회가 거의 없었다 해도 과언이 아닐 것이다. 또 가정교회 청년들이 교회 운동대회 때문에 축구팀을 묶긴 했어도 환경여건상 발을 맞추고 연습을 제대로 한다는 것은 무척 어려운 일이었기 때문이다. 한편 우리 전도사들은 축구, 배구 등 운동선수들의 음료수와 먹거리 공급과 또 구경 온 성도들의 뒤치다꺼리까지 하면서 무척 바쁘게 보냈다.

이튿날 오전에 선교부 봉사인원들이 주석란 무대 위에다 숫한 자전거를 가져다가 가지런히 세워놓았다. 상품으로 자전거를 선정했는데 그 뜻은 자전거를 타고 다니면서 심방과 전도를 많이 하라는 것이란다(그때는 자전거가 교회 사역자들의 근거리 심방에서 주요 교통도구였다. 이틀째 되는 날 늦은 오후 시간에 전례 없는 가정교회 선교부 첫 운동대회는 성공적으로 폐막식을 가졌다. 하나님의 은혜 속에서 아무런 사고 없이 모두가 생신한 즐거움을 마음껏 누린 복된 운동회였다. 상품도 운동점수가 낮은 중심에까지 섭섭지 않게 분배되었다).

우리 오상 중심은 남자축구 1등과 남자배구 3등을 하여 자전거 4대를 상으로 받았다. 승리의 기쁨을 안고 돌아온 후 김동춘 교사의 제의로 자전거를 4개교구 교구장들에게 한 대씩 분배했는데 역시 심방을 비롯한 하나님의 일을 많이 하라는 격려였다.

그때 나에게도 자전거 한 대가 차려졌다. 당시 나는 타고 다니던 자전거가 너무 낡아서 폐기하고 새로 장만하려고 하던 차에 새 자전거가 생겨서 우리 신흥교구를 비롯한 근처교회에 심방 다닐 때 효력 있게 타고 다닐 수 있어서 너무도 기뻤었다.

유례없는 교회 운동대회가 첫해에 교회 안팎으로부터 열렬한 호응과 인기를 받았고 또 교회들마다 청년들이 부흥되는 효과가 났기 때문에 선교부에선 이듬해 2001년 9월 중순에 연이어 운동대회를 개최하게 되었다.

두 번째 운동대회는 첫 번보다 성숙되고 더 화기애애한 분위기속에서 연출되었다. 운동선수들도 지난해 운동경기 교훈을 경험삼아서 해당 훈련과 연습들을 게으름 없이 해왔기 때문에 배구경기나 축구경기가 왕년과는 훨씬 눈에 띄게 실력들이 향상되었음을 보여주었다.

그러나 그 후엔 여러 가지 원인으로 교회 운동대회가 더 열리지 못했다. 하지만 "우리도 능히 할 수 있다"는 씩씩한 기백을 보여준 선교부 운동대회는 우리들의 기억 속에 아름다운 추억으로 남아있다.

24. 손오현 한족교회 집회

2006년 9월 중순 할빈 중심 교회에서 열렸던 신학 1-2기생 영성훈련이 끝나는 날이었다. 김 선생의 지시를 수행하기 위하여 교사들과 전도사들이 몇 개 팀으로 나뉘어서 선교부 소속 한족교회들의 집회를 인도하는 임무를 맡게 되었다. 하여 목단강 중심 최영철 전도사와 치치할 중심 신용국 교사, 그리고 나까지 한 팀으로 묶여졌고 며칠 후에 열리게 될 흑룡강성 손오현 한족교회 집회의 강사진으로 배정받게 되었다.

처음으로 가게 되는 한족성도들을 상대로 하여 머나먼 손오현까지 가는 길은 나에겐 전혀 의외의 일이었다. 나는 하나님께 감사기도를 드리고 성령님께서 책임져주시고 인도해 달라고 간절히 기도를 올렸다.

그날 집으로 돌아온 후 나는 각별히 신경을 써서 설교준비부터 착수했다. 집회일정은 3일이고 우리 세 사람은 각자 하룻밤 하루낮씩 분담하기로 했다. 나는 설교 자료를 이틀 분으로 넉넉히 작성하여 가방에다 챙겨 넣었다. 그런데 이상하게도 마음에 불안이 찾아왔다. 도대체 무엇이 결여되어 있는 것인가? 왜 나의 마음이 안정감을 찾지 못하고 있는 것인가? 곰곰이 사색의 실마리를 찾던 나는 그제야 마음에 지펴오는 것이 있었다. 통역을 세워놓고 하게 되는 한족교회 설교는 통역자의 편리를 위해 말을 기억하기 쉽게 짧게 해야 하고 연속적으로 뒷말을 이어가야 하기 때문에 무척 부자유스러운 설교라고 어느 경험자가 한 말이 생각났던 것이다.

제 조선족 성도들 앞에서는 일단 설교감이 잡히면 능수능란하게 구사할 수도 있고 이따금씩 기발한 임기응변으로 집회를 인도할 수도 있겠지만 한족교회 집회는 어쩌면 각본을 짜놓은 시나리오같이 한정된 틀 속에 매일 수밖에 없다는 생각을 금할 수가 없었다. 그러나 나는 이런 불안한 우려를 하나님께 맡기고 만약의 경우를 대비하여 전에 사용하던 설교노트 한 권을 가방 안에 더 첨가하고서야 오후 버스를 타고 할빈으로 떠났다. 할빈교회에 가서 여비도 받고 손오현 한족교회 상황도 알아볼 겸하여 시간을 앞당겨 출발하게 되었다. 할빈 교회에 들어가서 예정대로 볼일을 마친 후 나는 손오행 밤기차를 타고 할빈을 떠나서 이튿날 오전 9시가 되어서야 손오현성에 도착하게 되었다. 손오현은 조선족을 포함한 소수민족은 찾아보기 어려울 정도로 적고 대부분 거주인은 한족들이라고 한다.

초행길이라 주소를 들고 만나는 행인들에게서 수차 탐문하고서야 목적지인 한족 교회를 찾아들어가 보니 한족 자매님들 몇 분이 채소를 다듬고 쌀을 씻으면서 집회 참석 인들의 점심식사 준비를 하고 있었다. 나는 그들과 인사를 하고 잠깐 대화를 나누는 가운데서 이곳 교회 건물은 하나님의 은혜로 불치병을 치유 받은 왕xx 가정에서 하나님께 감사예물로 바친 집이라는 것을 알게 되었다. 그리고 이 곳 대부분 성도들은 수입이 적은 농민들이기 때문에 자연히 교회 재정 상황도 여의치 못하여서 이번 집회 비용도 왕xx가정에서 반 정도 부담하게 된다고 했다(왕xx는 손오현성에서 상점을 경영하고 있는데 규모가 작지만 하나님의 은혜로 괜찮은 수입을 올리고 있다고 한다).

집회는 오후 1시부터 시작하기로 했는데 내가 첫 번째 순서의 집회인도자로 서게 되었다. 참석인 들은 손오현성에서 수십 리 씩 떨어진 인근 농촌교회 일꾼들이라고 한다.

점심식사가 끝난 후 불과 얼마 안 되어 7-80명되는 한족교회 제직 일꾼들이 교회당 안에 질서정연하게 앉아서 찬송을 부르기 시작했다. 그들의 찬송은 한국의 복음성가 곡처럼 그 선율이 너무도 구성지고 은은한 매력을 풍기고 있었다. 어느덧 내가 강단에 서야 하는 시간이 가까워오고 있었다. 통역은 여러 교회 현장에서 실력을 인정받고 있는 할빈교회 청년 김 집사가 서게 되었다. 문득 어제 저녁 할빈교회에 갔을 때 경험 있는 전도사가 나에게 충고 한 말이 떠오른다.

"한족교회 집회에서 설교할 때는 반드시 말을 천천히 해야 한다. 만약 빠른 템포로 설교했다간 당신이 준비한 설교 자료는 예정시간에 반도 되기 전에 바닥이 나고야 말 것이다."

그리하여 나는 될 수 있는 한 나의 빠른 설교패턴을 바꾸어서 빠르지도 느리지도 않은 템포로 설교를 시작했다. 첫날 오후 나의 설교주제는 믿음 장이었다. 나는 중생, 즉 거듭남의 중요성을 먼저 설명했다. 그리고 우리 눈에는 보이지 않지만 실존해계시는 하나님을 잘 믿으려면 성경을 통하여 우리에게 언약하신 하나님의 언약을 굳게 믿어야하며 또한 반드시 기도를 통한 하나님과의 실질적인 교제가 이루어져야만 주님으로부터 성령님의 능력을 부여받고 신앙생활을 온전히 지켜나갈 수 있게 된다고 강조했다. 한족 제직 일꾼들은 40대 이상이 간혹 보였을 뿐 대부분이 2-30대의 새파란 청년들이었다. 그들은 티 없이 맑은 눈으로 나와 통역원 김 집사를 쳐다보면서 온정신을 집중하여 듣는 한편 중요한 내용들은 빠른 속도로 필기하고 있었다. 그러면서 은혜로운 말이 나올 때마다 우렁찬 목소리로 "아먼"(한국말 아멘을 중국어로는 아먼으로 발음한다)을 열창하면서 설교자의 사기를 북돋우어주고 있었다.

나는 그들의 순진무구한 면경알 같은 밝은 믿음 앞에서 순간순간 무거운 책임감을 느끼지 않을 수 없었다. 지금 나의 말 한 마디 한마디가 이들에게 많은 영향력을 주고 있기 때문에 나는 도정신

하고 최선을 다하여 알아듣기 쉬운 표현으로 진리의 말씀을 또박
또박 증거 해나갔다.

그리고 휴식시간이 되면 곧바로 기도실에 가서 무릎을 꿇고 하
나님께 간절히 매달렸다.

"주님 저는 너무도 부족합니다. 주님 성령께서 이 집회현장에 운
행하여 주시고 저에게 말씀의 대언의 영을 부어주시옵소서 주님
저에게 지혜의 말씀의 은사와 지식의 말씀의 은사를 풍성히 부어
주시고 이곳 주님의 귀한 한족교회 일꾼들에게 말씀의 참된 진수
를 넉넉히 가르칠 수 있게 하여 주시옵소서…"

나는 애원하다시피 하나님께 구하고 또 구했다. 그 후 성령님의
역사는 놀랍게 임했다. 간절히 기도하고 강단에 서자 나의 온몸과
정신이 날것같이 가벼워졌고 또 전혀 생각지도 않았던 주옥같은
주님의 말씀들이 나의 기억의 창고 속에서 기적같이 쏟아져 나왔
다. 시간의 흐름에 따라 집회 참석자들의 얼굴은 성령님의 뜨거운
열기로 하여 붉게 타올랐고 우렁찬 "아멘"의 화답소리는 온 교회 안
에 더욱 쩌렁쩌렁하게 울려 퍼졌다. 정말 기도는 우리 그리스도인
들의 강력한 무기임에 틀림없었다. 기도하기와 안 하기가 천양지차
로 같지 않게 하나님의 역사가 임한다는 것을 나는 새삼스럽게 다
시금 체험하게 되었으니 말이다.

그런데 늦은 오후시간에 목단강 중심 최영철 전도사에게서 뜻밖
의 전화가 걸려 왔다. 급한 사정이 생겨서 손오현 한족교회 집회에
못 가게 되어서 미안하다는 내용이었다. 이거야말로 나에겐 너무도
당황스러운 소식이 아닐 수 없었다. 치치할 신용국 교사는 내일 오

후 늦게야 오기로 되어있었기 때문에 어쩔 수 없이 내가 최전도사의 몫까지 떠안아야 할 상황으로 변해버렸기 때문이었다. 하지만 하나님이 하시는 일을 내가 불복할 수는 없었다. 나는 하나님께 우선 감사기도부터 올렸다.

"저같이 부족한 종을 믿고 주님께서 저를 더 사용하여 주셔서 감사합니다."

나는 그제야 왜 집에서 떠나기 전부터 마음이 불안했는지 이해가 되었다. 하나님께서 나에게 사전준비를 시키신 것이었다. 본래는 오늘저녁 기차 편으로 돌아가게 예정되어 있었지만 이젠 오늘밤과 내일 하루를 더 집회인도를 해야 했기 때문에 나는 다시 기도실에 가서 하나님 앞에 무릎을 꿇었다.

"주님 저를 잘 아시지 않습니까? 저는 너무도 부족합니다. 주님 저의 연약한 부분을 주님의 강한 것으로 바꿔주시고 저의 혀를 온전히 주님께서 사용하여 주시옵소서. 오늘 저녁부터 내일 오후까지 집회일정을 주님의 불꽃같은 눈동자로 지켜 주시옵소서."

"일을 맡기시는 주님께서 그 일을 짊어질 수 있는 어깨도 주신다"는 말과 같이 저녁집회를 맞이하게 되자 주님이 놀라우신 능력의 역사가 줄기차게 일어났다.

내가 의식적으로 언어의 장단을 조절할 필요도 없이 성령님께서 시간 시간 개입하셔서 말씀의 은혜가 폭풍우같이 쏟아지게 하여 주신 것이다. 통역하는 김 집사와 나는 정신없이 땀을 흘리며 성령님이 주시는 말씀을 연해연방 선포해야했다. 이렇게 이날 밤과 이틀날 오후 끝나는 시간까지 그야말로 기적 같은 말씀의 강행군은

지속적으로 이어나갔다. 솔직히 이런 주님의 강권적인 역사가 없었다면 나는 결코 두 사람 몫의 설교를 해내지 못했을지도 모른다.

이튿날 늦은 오후 신용국 교사가 도착했다. 그는 30대중반의 젊은 사역자였지만 선교부 산하 중심 치고도 제일 큰 치치할 중심의 책임목회를 하고 있었다. 그때 누군가가 최영철 전도사가 사정이 생겨 오지 못해서 김전도사가 그의 몫까지 감당했다고 말하자 신교사는 씩 웃으면서 나의 손을 잡고 수고가 많았다고 하면서 치하했다. 그러나 사실 하나님의 은혜로 말씀을 전했을 뿐이지 내가 치하 받을 것은 아무것도 없었다.

저녁식사가 끝난 후 젊은 한족청년 세 명이 나를 기차역전까지 호송해 주겠다고 나섰다. 나는 그럴 필요가 없다고 거듭 사양했지만 그들의 성의를 물리칠 수 없었다. 한명은 기차표를 뗀다고 먼저 앞장서 가고 두 명은 마치 그 어떤 귀한 인물을 대접하듯이 나의 양쪽에 붙어서더니 각기 나의 팔을 하나씩 옆구리에 끼고 가기 시작했다. 역전이 별로 멀지 않기에 걸어서 가기로 한 것이다. 순간 나는 코끝이 찡하고 저려 옴을 느꼈다. 내가 뭘 한 게 있다고 이렇게 과분한 대우를 받는단 말인가? 역전에 도착한 후 나는 그 한족청년들에게 무슨 과일이라도 좀 사주려고 했지만 그들은 굳이 사양하고 나와 정중하게 작별의 인사를 나눈 후 총총히 떠나갔다. 저녁 집회시간이 다 되었던 것이다.

나는 그들이 나의 시야에서 사라질 때까지 그 자리에서 전송하며 서 있다가 뒤늦게 플랫트홈을 나와서 기차에 올라 침대차의 내

자리를 찾아서 앉을 수 있게 되었다. 그제야 지난이틀간의 피로와 긴장이 풀리면서 온몸이 녹작지근해왔다. 얼마 후 기차는 손오현성을 뒤로하고 떠나가기 시작했다. 나는 눈을 감고 조용히 하나님께 기도를 올렸다.

'오, 주님 손오현 땅에 복음의 세찬 불길을 지펴주시고 수많은 생명들이 구름떼처럼 모여서 예수님의 십자가 복음을 믿고 구원받게 하여 주시옵소서. 특별히 이번 집회에 참석한 한족교회 귀한 복음의 일꾼들에게 주님의 은총을 베풀어주시고 주님의 영광을 나타내는 큰 그릇들로 키워 주시옵소서. 그리고 물질경제로 주님의 교회를 섬기는 왕xx형제 가정과 그의 사업 터에 큰 복을 내려주시옵소서. 신용국 교사님에게 영력을 7배를 더하여 주시고 남은 집회시간도 말씀의 대잔치를 베풀어 주시옵소서. 예수님 이름으로 간절히 기도를 드립니다.'

25. 명성교회

 순서가 좀 바뀌었지만 명성교회 이야기를 하고 넘어가는 것이 좋을 것 같다.

길림성 반석현 명성진에 자리 잡고 있는 명성교회는 말씀 충만 성령 충만, 복음전도 제일의 기치를 높이 추켜들고 탄탄한 기반을 다져온 교회였다. 그러다가 언제부터인가 신유은사까지 임하면서 한층 더 각광을 받기 시작하였으며 좋은 소문이 점점 사방으로 퍼지면서부터 수많은 사람들이 몰려드는 호황과 인기를 차지하게 되었다. 명성교회 창고 안에 쌍지팡이를 비롯한 병자용 각종 지팡이가 수십 개나 구석에 세워져 있었다고 한다. 그것은 병든 다리와 몸을 지팡이에 의지하고 명성교회에 왔던 많은 병자들이 하나님의 은혜로 깨끗이 치유함을 받고나서 쓸모가 없게 된 지팡이를 던져버리고 씽씽 걸어서 돌아갔다는 증표가 되는 것이었다.

그렇다면 명성교회의 치유은사는 언제 어떻게 시작된 것인가? 그 해답을 내놓으려면 명성교회 담임 목회자인 차경숙 권사님(1943년생이라고 기억된다)에 대한 내력을 잠깐 기술하지 않을 수 없다.

차 권사님은 본래 반석현 명성진 한족 중학교의 평범한 교원출신이었다고 한다. 그런데 워낙 튼튼치 못한 몸에 7-8가지나 되는 고질병이 있어서 병원을 제 집 드나들 듯이 했고 약도 한보따리씩 달고 있었지만 병은 나아지기는커녕 점점 심해가고만 있었다. 그리고 나중엔 약으로 인한 연쇄 부작용이 일어나서 약도 먹을 수 없는 극한 상황으로 치닫게 되었다. 예컨대 폐와 간이 다 나빠서 약을 써야 하는데 폐에 관한 약을 쓰면 그 약은 폐와 상극의 위치에 있는 간을 더 나빠지게 한다. 그런데 문제는 이런 상극이 오장육부 전체를 살벌하게하고 치명적인 위협을 주고 있기 때문에 병원 의사들이 차권사만 나타나면 쩔쩔매는 상황에 이르렀다는 것이었다. 그렇다고 의사를 나무랄 일도 아니었다. 그 후 얼마 안 되어서 병이 점점 깊어져 운신하기조차 어려운 위독한 상태가 되자 차 권사는 행여나 살길이 열리지 않을까하는 실낱같은 희망마저 포기한 채 침대에 누워서 죽을 날만 기다리는 한심하고 기막힌 신세로 전락되고 말았다.

그러던 어느 날 하나님이 보내신 귀한 천사 같은 할머니 한 분이 차 권사네 집에 나타났다. 그는 차 권사네 이웃집 xx여인의 친정어머니였다. 산동성에 집이 있는 이 할머니는 연세는 70이 되었지만 독실한 기독교 신자였다. 그때 딸집에 놀러와 있던 할머니는 딸을 통하여 이웃집 조선족여인의 기구한 운명이야기를 듣고 찾아온 것이었다. 외모를 보면 주름살투성이의 늙은 한족 할머니에게서 바라볼 것이 아무것도 없었지만 속담에 "이웃사촌"이라고 딸의 안면을 보고 병문안을 온 할머니를 무시할 수 없어서 차 권사는 뼈밖에 안남은 가냘픈 몸을 간신히 일으켜 침대머리에 기대어 앉은 후 할머니에게 자리를 권했다.

그런데 할머니는 "자네같이 병원약도 쓸 수 없는 이런 질병은 하나님만이 치유할 수 있기 때문에 자네는 반드시 예수님을 믿어야 한다"고 말하면서 차권사의 두 손을 모아서 자신의 두 손에 포개어 잡고 1시간이상 기도를 해주었다. 그리고 할머니는 진지한 표정으로 차 권사에게 예수그리스도의 십자가와 부활에 관한 복음의 진리를 설명해주었다.

그러나 삶의 여력을 다 잃고 있는 차권사로서는 할머니가 기도를 해준다고 해서 마지못해 두 손을 맡겼을 뿐이지 하나님과 예수님의 관한 이야기는 한마디도 귀속으로 들어오지 않았다. 그러나 그 한족 할머니는 연속 3일 동안 하루에 3번씩 찾아와서 차권사의 두 손을 붙잡고 정성껏 기도해주고 복음전하는 일을 꾸준히 반복했다.

그리고 나흘째 되는 날 아침에는 찾아와서 기도도 더 길게 해주고 또 "자네는 꼭 예수님을 믿어야 병도 고치고 영생구원의 은혜를 받게 되며 하나님의 귀한일꾼이 될 수 있다"고 하면서 간곡한말로 재차 부탁한 후 산동성에 있는 아들집으로 돌아가 버렸다.

그런데 그 할머니가 떠나간 이튿날부터 차 권사에게서 놀라운 일이 일어나기 시작했다. 입에 들어가는 음식을 다 토하기 때문에 영양주사로 생명을 유지해오던 그가 죽을 마시기 시작하였으며 3일 뒤에는 밥까지 한 공기를 거뜬히 먹을 수 있게 되었다. 그리고 하루하루가 다르게 온갖 난치병이 호전되기 시작하더니 불과 보름이라는 짧은 시간에 모든 장기에 둥지를 틀고 있던 고질병들이 깨끗이 치유되는 기적을 맞게 되었다. 물론 약은 한 번도 먹은 적이 없다.

이런 전설 같은 신기한일을 치유 받은 차 권사 본인마저 꿈만 같아서 만약 꿈이라면 깨지 말게 해달라고 빌고 싶을 지경인데 병원 의사들이 어떻게 믿을 수 있겠는가? 차권사가 병원에 가서 전신검사를 받던 날 몸에 병들었던 장기가 깨끗이 치료되었다는 과학적 검증이 나오자 의사들은 모두다 너무 놀라서 입을 딱 벌린 채 병어리가 되고 말았다.

차 권사는 한족 할머니가 말씀하시던 하나님의 아들 예수 그리스도가 자기 몸의 모든 병을 깨끗이 치료하여 주셨다는 것을 직감적으로 99%도 아닌 100%로 확신하고 있었다. 한족 할머니의 기도가 아니었다면 이런 불가사의한 기적이 일어날 수가 없었을 것이다.

그래서 한족 할머니가 그렇게 간곡하게 수차 권면하던 기독교 예수님을 꼭 믿어야 할 상황인데 문제는 십자가와 부활이라는 기독교 교리였다. 2천 년 전에 십자가에서 죽으신 예수님의 피가 죄를 용서하고 또 죽은 예수님이 삼일 만에 부활했다는 얘기가 어딘가 석연치 않았고 액면그대로 받아들이기는 달통이 안 되었던 것이다. 그러나 사려 깊고 주도면밀한 차 권사는 예수그리스도는 하나님의 아들이신 만큼 인간의 식견을 훨씬 뛰어넘는 초자연적인 깊은 경륜의 비밀이 반드시 내재되어 있을 것이라는 판단을 하기에 이르렀다.

그래서 그는 조급한 마음을 가라앉히고 기독교가 세계적인 대종교로 틀을 잡게 된 그 배경과 원리를 알아보기로 작심했다. 그리고 하나님의 아들이 왜 이 세상에 와서 사람 몸으로 태어났고 왜 십자가와 부활이라는 전대미문의 사건을 일으켜야만 했었는지 이 신비한 비밀을 알아보는 것이 우선적인 과제라고 생각하게 되었다.

그 후 차 권사는 반석현 내의 여러 교회를 두루 섭렵하면서 예배에 참석하여 말씀을 들었다. 그리고 목회 사역자들을 만나서 평소에 의문을 품고 있던 난제들을 질문하였고 그들로부터 예수 그리스도의 동정녀탄생, 십자가와 부활에 관한 해석과 해답을 받게 되었다.

그 후 그는 정식으로 한족교회에 출석하게 되었고(그때는 조선족 교회가 없었다고 한다) 교회에서 조직하는 성경학습과 영성훈련 프로그램에 열심히 참석했다. 하지만 이상한 것은 이 모든 성경원리가 귀에는 옳다고 들려왔지만 정작 마음에는 뜨겁게 와서 닿지 않는 것이었다. 그리고 이따금씩 눈에도 안 보이는 하나님을 단순히 성경의 이론으로 받아들이고 믿는 것이 과연 옳은 일인가하는 석연치 않은 의문까지 슬그머니 다가왔다.

　그러던 어느 날 그는 먼저 믿은 이xx 선배의 권고를 받고 하루 종일 금식하면서 히브리서 11장 믿음에 관한 말씀을 붙잡고 하나님께 간절히 부르짖으며 기도했다. 그러다가 어느 한순간 그는 성령님의 뜨거운 불을 받고 몸부림치면서 회개의 눈물을 쏟게 되었으며 거듭남의 중생체험을 하게 되었다. 그리고 그는 남은 일생을 하나님께 바치고 하나님의 일을 하기로 마음속으로 굳게굳게 결심하기에 이르렀다. 그 후 차 권사는 그동안 병가로 휴직이 되어있는 자신의 교원직 때문에 아예 학교로 가서 퇴직신청서를 제출하고 홀가분한 기분으로 돌아왔다. 그리고 다니고 있던 한족교회를 그만두고 조선족 개척교회를 시작했다. 당시 명성진 시내와 주위 농촌에는 많은 조선족들이 살고 있었던 것이다. 하지만 정작 개척교회의 첫 시발점인 단병접전의 복음전도는 생각보다 훨씬 가파르고 매끄러운 길이였으며 첫날엔 발이 부르트도록 다녔지만 냉대만 받고 서럽게 돌아오는 고배를 마셔야했다
　그렇다고 위축을 받거나 움츠러들 차권사가 아니었다. 그는 오히려 더 투지를 다지고 하나님께서 인도해달라고 간절히 기도하면서 하루도 거르지 않고 매일매일 끈질기게 쫓아다녔다. 속담에 지성이면 감천이라고 차 권사는 마침내 하나님의 은혜로 한 명 두 명씩 전도의 열매를 거두게 되었고 개척교회 교두보를 세워나가기 시작했다.

차권사는 낮에는 정신없이 전도하러 다니고 밤에는 피곤을 무릎쓰고 성경공부와 설교준비를 했다. 그리고 주일날엔 자신의 집에서 몇몇 성도들과 함께 예배를 드렸다. 그렇게 한 동안의 시간이 지나자 성도들이 점차 부흥되면서 교회당 건축이 시급한 문제로 나서게 되었다. 하지만 불과 10여명밖에 안 되는 성도들의 힘으로 과연 교회당 건축을 이루어낼 수 있을지 너무도 힘겹고 어쩌면 너무도 무모한 시도같이 보였다.

그러나 무슨 수를 써서라도 하나님께 예배드릴 장소인 예배당은 꼭 지어야했다. 그래서 성도들 전원이 제 집일처럼 나서서 자금을 빌려왔고 국가대출도 은행에 가서 내오게 되었다. 그리고 높직한 지대를 선택하여 좋은 집터를 넉넉히 마련했고 한시가 급한지라 서둘러 집기소를 판 후 집지을 재료들을 사들었다. 하지만 거의 다 남의 돈을 빚내다하는 교회당 건축이기 때문에 비용을 절약하기 위하여 성도들 가족식구들까지 동원하여 자체의 힘으로 교회를 짓기 시작했다. 그리고 차권사와 일부 자매님들은 리어카를 빌려다가 건설현장에서 버린 파벽돌을 실어다 벽을 쌓아올리는데 보태기도 했다. 마침내 성도들의 지성어린 노력과 수많은 땀으로 교회당은 완성되었고 성도들은 널찍한 교회당에서 마음 놓고 편안하게 예배를 드릴 수 있게 되었다.

그 후 교회는 비약적으로 부흥의 일로를 달렸고 차 권사는 최선을 다하여 말씀과 기도 및 심방으로 하나님의 교회를 인도해 나갔다. 그러다가 주님의 은총을 입고 치유은사까지 받은 차 권사는 지금까지 지내온 것보다 더욱 겸손하게 열심히 목회를 하면서 치유봉사까지 병행하는 삶을 하나님 앞에 헌신적으로 살게 된 것이었다.

내가 명성교회의 이런 소문을 듣게 된 것은 우리교회 허일남 형제가 무릎에서 고름이 질질 나오는 골결핵병을 명성교회에가서 치유 받고 온 후부터였다. 병든 남편과 함께 다녀온 류용순 집사(그는 우리교회 핵심 일꾼 중 한사람이었다)의 말에 의하면 명성교회는 병 치유 때문에 오는 성도들이 매일 문전성시를 이루고 있기 때문에 손님접대가 여간 큰일이 아니라고 한다. 명성교회에 일단 발을 들여놓았다하면 기도원처럼 대부분 삼일 금식하는 것이 상례처럼 되어있었다. 그런데 금식이 끝난 성도들에게 최저한도로 쌀죽과 김치찌개와 된장국은 대접해야 하는데 그중에서 제일 구하기 어려운 것이 된장국에 들어갈 시래기 재료였다.

매일 수많은 사람들에게 된장국을 공급해야 하는데 어디 가서 그렇게 많은 시래기를 구해온단 말인가? 그래서 고심하던 끝에 성도들 두세 명은 소 수레를 몰고 명성진 농촌을 다니면서 돈을 주고 사기도하고 성도들 집 시래기는 무상으로 걷어 들이면서 실어 와야 외지에서 온 성도들 밥상에 시래기 된장국을 올려놓을 수 있다는 것이었다. 그야말로 현실 속에서 들어보기 어려운 코미디 같은 이야기가 아닐 수 없었다. 그러나 명성교회에선 결코 코미디가 아니라 엄연히 벌어지고 있는 현실이었다.

속담에 열 번 듣는 것보다 한번 보는 것이 낫다고 나는 소문으로만 듣고 있는 것이 너무 궁금하여 직접 방문하는 기회를 만들게 되었다. 나의 처갓집이 길림성 영길현 수등잔향에 있었기 때문에

1993년 겨울 처갓집에 가서 음력설을 쇠고 오는 길에 길을 좀 돌아서 길림성 반석현 명성교회로 드디어 찾아가게 되었다.

교회는 듣던 소문같이 높은 언덕 집터위에 벽돌 기와집으로 반듯하게 잘 지어져 있었는데 면적은 200제곱미터쯤 돼보였다.(처음 건축했던 교회가 작아서 새로 건축했다고 한다.)그리고 교회와 10m가량 근접해 있는 남쪽에 또 교회 건물만큼 크기의 건물이 지어져 있었는데 남쪽건물은 주로 금식 기도하러 온 외지 성도들의 투숙 장소로 사용되고 있었다. 내가 도착한 오후시간엔 넓은 방안에 많은 성도들이 둥그렇게 원을 지고 앉아서 어느 자매님으로부터 새로 나온 복음성가를 배우고 있었다.

일단 명성교회에 들어서면 삼일금식기도 하는 것을 이미 알고 있었고 또 오랜만에 금식기도를 원하고 있었던 나였기에 나는 그날부터 금식하게 되었다.

그날 저녁 예배시간이 되자 소문으로만 듣던 차경숙 권사님이 설교하러 왔다. 보통 키와 호리호리한 체격에 옷매무새가 정갈했고 깔끔한 모습을 한 50세쯤 되어 보이는 장년의 차 권사님은 온화하면서도 어딘가 모르게 상대방을 압도하는 위엄을 다분히 풍기고 있는 것 같았다. 그날 저녁 차 권사는 시편 50편 14-15절 말씀을 봉독한 후 "환난 날에 나를 부르라" 하는 제목으로 은혜를 풀었다.

그는 먼저 누가복음 12장 16-21절 어리석은 부자의 비유를 차근차근 설명했다.

"한 부자가 농사를 잘 지어서 소출이 많게 되자 곳간을 크게 짓고 곡식과 물건을 많이 쌓아두고 평안이 쉬고 먹고 마시고 즐거워하자 하되, 하나님은 이르시되 어리석은 자여 오늘밤에 네 영혼을 도로 찾으리니 그러면 네 준비한 것이 누구의 것이 되겠느냐? 하셨고 자기를 위하여 재물을 쌓아두고 하나님께 대하여 부요하지 못한 자가 이와 같으니라."

경고의 말씀이었다. 차 권사는 성경말씀 그대로 이야기 했지만 이상하게도 듣는 우리는 온몸에 진땀이 나도록 감동과 은혜를 받았다.

"그래 딱 맞는 진리의 말씀이다. 너무도 귀한 은혜다"하고 나는 자신도 모르게 혼자말로 되뇌었다. 성령님의 놀라운 역사였다.

또 환난 날에 우리가 주님께 부르짖을 때 주님은 우리를 건져주시고 우리행위가 주님을 영화롭게 해드리는 결과가 된다는 것이었다. 이날 저녁은 성경말씀 구절구절마다 큰 은혜로 다가왔다.

이튿날 아침 나는 차 권사님 사무실에 찾아가서 신앙상담을 하게 되었다. 사무실엔 젊은 여 집사 두 명이 차권사와 함께 나를 반가이 맞아주었다. 그런데 겉보기와는 달리 차 권사는 입이 무척 무거운 편이여서 혹 가다가 한마디씩 끼어들 뿐 침묵으로 일관하는 자세였다. 하여 이야기는 주로 두 여 집사와 나 사이에서 진행되었고 여기서 두 가지 사실만 소개하겠다.

명성교회에는 딸집에 와서 신앙생활을 하는 60대중반의 노 자매님 한분이 있었는데 그는 고혈압 중풍으로 하여 반신불수가 되어 있었다. 아들과 며느리가 외국에 가게 되어서 딸집에 온 그는 주님을 영접한지는 3-4년 되었지만 신앙생활에서 재미를 못 느끼고 교회도 나가며 말며 하면서 살아왔다고 한다. 그 후 특별히 심방을 온 차 권사님으로부터 안수기도를 받고나서 거듭남의 놀라운 체험을 했고 그는 정신을 차리고 열심히 신앙생활을 하게 되었다. 그런데 딸집에온 지 반년쯤 되었을 무렵 그는 혼자 속으로만 끙끙 앓는 답답한 고충을 갖고 있었다. 그것은 교회에서 한 번씩 집회가 열릴 때마다 남들은 병원에서 못 고치는 불치병도 곧잘 치유 받는데 자신의 병은 하나님이 치유해주시지 않는 안타까움 때문이었다.

이런 소외감을 수차 겪으면서 그는 남몰래 눈물도 많이 흘렸고 자격지심도 수없이 가졌다. 그러다가 지난 성탄절 예배때에는 회개를 많이 하라는 딸의 권고를 받고 그 어느 때보다 더 애통하게 눈물을 쏟으면서 철저하게 회개기도를 하고 집회에 참석했다. 이번 성탄예배는 성령님의 놀라운 역사로 시간 시간마다 말씀의 대 잔치가 벌어졌으며 수십 명의 새 신자가 주님을 영접하고 교회에 등록하는 귀한 은혜가 임했다. 그리고 주님의 치유의 역사도 강하게 나타나서 6명이나 되는 중풍병자, 봉사, 귀머거리, 팔다리 못 쓰는 소아마비 장애인들이 깨끗이 치유함을 받고 온 장내는 격동과 감동과 환희의 도가니로 변해버렸다. 그러나 이번에도 그의 몫은 없었다. 또다시 그의 희망은 물거품으로 돌아갔다.

어느덧 성탄절 축제도 결속되어서 모두들 귀로에 들어서게 되었다. 하지만 실망스러운 슬픔을 참고 또 참으면서 자신을 억제하고 있던 그는 마침내 집으로 가는 봉고차 안에서 대성통곡하며 하나님께 울부짖었다.

"하나님도 사람을 차별 하느냐고 다른 병자들은 다 고쳐주면서 왜 내 병은 치료해주지 않느냐고 나는 하나님의 자식이 아니냐고 아이고 나는 이젠 속상해서 못살겠다고…"

이는 숫제 기도가 아니라 하나님에 대한 원망과 항변이었다. 그런데 어느 누가 상상인들 할 수 있었으랴. 그가 집에 도착하기 직전에 하나님의 놀라운 치유가 임할 줄을 그것은 순식간에 벌어진 일이었다. 갑자기 혈기가 안 통하는 왼쪽 반신에 강한 전류가 흐르며 뜨거운 불에 살이 데여 번져지는 듯이 뜨겁게 임하더니 그토록 무지무지 고통을 주던 반신불수질병이 감쪽같이 사라지고 그는 깨끗하게 치유함을 받았던 것이다. 봉고차가 집 앞에 도착하자 그는 호신부처럼 갖고 다니던 지팡이를 집어던지고 이번엔 너무 기쁘고 좋아서 어린애마냥 엉엉 울면서 "할렐루야!" 하고 두 손을 높이 들고 하나님을 찬양하면서 집으로 달려 들어갔다고 한다.

두 번째 이야기는 길림성 연변조선족 자치주 화룡시의 어느 자매님 가정에서 발단된 일이다. 이야기 주인공 박xx는 아내가 기차를 타고 밤새껏 가야하는 먼 거리에 있는 길림성 반석현 명성교회를 제 친정집보다 더 자주 다니면서 신주 모시듯 섬기자 은근히 화가 머리끝까지 치밀어 오르게 되었다. "순진한 아내를 꼬여서 돈을 가져다 바치게 하고(이는 그의 억측이었다)또 근본 존재하지도 않는 하나님을 믿도록 부추기고 농간을 부리는 그 명성교횐가 나발이교횐가 하는 데를 찾아가서 모조리 짓이겨 부시고 요절을 내고야 말겠다"고 그는 매일같이 옥벼르고 있었다.

그러던 어느 날 그는 날이 시퍼렇게 선 도끼를 가방 안에 넣고 안가겠다고 애원하는 아내를 윽박질러서 앞세우고 명성교회를 향하여 갔다. 사실 박xx는 성질도 대단했지만 내로라하는 깡패들도 그 앞에서는 꼬리를 사릴 정도로 화룡시의 소문난 싸움꾼이었다.

그의 아내는 명성교회에다 급보를 띄우는 한편 어떻게 하든 저지해보려고 남편에게 손이야 발이야 싹싹 빌며 만류했지만 한번 한다고 하면 결판을 내고야마는 박xx에겐 마이동풍이었다.

　명성교회 쪽에서는 급하게 걸려온 전화를 받고 그날 저녁부터 교회 제직들이 금식과 철야기도로 들어갔다. 하나님의 성전을 주님께서 당연히 지켜주시겠지만 만에 하나 도끼를 든 흉한이 정말 교회 강대상이라도 부시는 날에는 교회에 미칠 악영향이 여간 큰일이 아니기 때문에 결코 방심할 수 없었던 것이다.

　드디어 박xx부부가 명성진에 도착하여 곧 교회로 와서 대예배실 문턱을 넘는 시간이 되었다. 차 권사를 비롯한 많은 교회 제직들과 성도들이 숨을 죽이고 주시하고 있는데 전혀 생각 밖의 괴이한 일이 벌어질 줄이야 누가 상상인들 할 수 있었겠는가? 수호전에 나오는 흑선풍 이규처럼 도끼를 들고 강대상을 부셔야 할 이 호한이 도끼는 잊은 채 강대상 앞에가 서서 한참동안 이맛살을 찌푸린 채 얼빠진 사람처럼 십자가 붉은색 표시만 바라보고 있다가 갑자기 그 붉은 십자가 앞에 넙죽 무릎을 꿇더니 눈물을 펑펑 쏟고 있었으니 말이다. 이 기괴하기 그지없는 천방야담 같은 돌발적인 사태 앞에서 그의 아내조차 도무지 믿을 수가 없고 이해가 안된다는 듯이 입을 딱 벌리고 서있었다.

　하지만 차 권사와 명성교회 제직들의 얼굴엔 기쁨과 승리의 미소가 아지랑이처럼 피어올랐다. 이런 불가사의한 일은 결코 인력으로 되는 것이 아니다. 좋으신 하나님께서 명성교회 제직들이 금식 철야기도에 응답하여 주셨고 성령님께서 바위같이 굳은 박xx의 완

악한 마음을 봄바람에 눈 녹듯 녹여주신 것이었다(그 당황스러운 와중에도 박xx의 아내는 재빠르게 남편의 가방을 들고 밖에 나가서 도끼를 꺼내가지고 쓰레기통에다 버렸다고 한다. 혹시라도 남편이 마음이 변할까봐 선손을 쓴 것이었다). 그러나 아내의 걱정과는 완전 다르게 박xx는 완전히 다른 사람으로 탈바꿈해있었다. 그 사납고 광기에 가깝도록 포악하기 그지없던 무서운 모습은 온데간데없이 완전 사라져버리고 이 남자가 정말로 예전의 내 남편이 맞느냐싶게 친절하고 온순한 사람으로 새롭게 거듭난 것처럼 변모되어 있었던 것이다. 그는 금식하러온 성도들과 함께 동일하게 삼일동안 금식하면서 매일 세 번씩 드리는 오전오후와 저녁예배까지 빠짐없이 참석했다. 그리고 금식 삼일 째 되는 날 저녁에는 차 권사님으로부터 전도를 받고 눈물을 흘리면서 예수님을 영접했다.

그 후 길림성 화룡시 집으로 돌아간 박XX는 아내와 함께 교회에 출석하면서 변함없이 신앙의 삶을 진실하게 지켜나갔다. 그리고 하나님을 모르고 주먹을 휘두르며 살던 지난날 친구들에게 복음을 전하여 교회로 인도하고 있다고 한다.

나의 삼일금식이 끝나던 마지막 날 저녁이었다. 그날 밤 따라 많은 성도들이 몰려오고 있었다.(장춘, 길림, 구시, 연변 등 여러 지방에서 온다고 한다.)그때 연변 돈화시 산골에서 왔다는 한 젊은 자매가 성경을 읽고 있는 내 옆에 와서 앉더니 성경에 대하여 한 가지 문의해도 되겠느냐고 말을 부쳐왔다. 어서 그렇게 하시라고 하자

"신약성경의 마태복음 제목이 무슨 뜻이냐?"고 묻는 것이었다. 나는 그런 이상한 질문을 하는 그녀의 저의를 알 수가 없어서 "자매

님 무슨 뜻이라고 생각하느냐?"고 반문하게 되었다. 그러자 자기는 "마리아가 잉태한 복음이기 때문에 생략하여 마태복음이라고 한 것 같다"고 아무런 주저도 없이 생긋 웃음까지 지으며 대답하는 것이었다. 그러자 옆에서 대화를 경청하고 있던 몇몇 성도들이 포복절도하며 한바탕 웃음판을 터뜨리고 말았다.

그 자매님은 산골교회에 있은 데다 신앙경력이 너무 짧은 탓으로 이런 헤프닝이 다 생겼던 것이다. 그제야 나는 정색하고 "4복음서의 제목은 마태, 마가, 누가, 요한 등 성경을 기록한 4명 저자의 이름을 따서 붙인 것이다"라고 알려주었다. 그리고 앞으로는 주석성경을 구입해서 참조해 보라고 덧붙여 권유했다.

하지만 이런 헤프닝과는 전혀 상관없이 그날 밤 모인 300여명 자매님들은(남자 성도들은 가뭄에 콩 나듯 드문드문 한명씩 끼워있었다) 두 손을 번쩍 처들고 "할렐루야! 할렐루야! 할렐루야!…"하고 집안이 떠나가게 환호성을 지르면서 새벽 두시까지 찬양과 율동으로 하나님께 영광을 돌렸고 마음껏 천국잔치를 베풀었다.

이튿날 집으로 돌아오는 길에서 나는 도무지 발걸음이 잘 떨어지지 않았다. 이토록 멋있고 아름다운 명성교회에서 단 하루라도 더 엊저녁처럼 뜨거운 열정이 활활 불타는 자매님들과 함께 천국잔치를 즐기고 싶었기 때문이었다.

천국은 사도바울이 이끌려갔던 셋째 하늘(고후 12:2)에 실재하고 있지만 또한 우리들 마음속 심령천국(눅 17:21)과 주님의 몸 된 교회천국도 엄연히 존재한다. 그리고 우리가 뜨거운 마음으로 하나님을 찬양하고 주님과 함께 즐거워할 때 천국의 아름다운 기쁨이 우리들 마음속에 충만하게 임하는 것을 느낄 수 있는 것이다. 그렇다. 그 기쁨은 하나님이 우리에게 주시는 영원한 기쁨이다.

26. 산하툰 한족교회 간증

(1) 임이순 목사

임이순 목사는 여자 키 치고는 큰 키인 170cm가 넘는 훤칠한 체격에 항상 친절하고 싹싹한 좋은 성품과 단아하고 반듯한 용모를 가진 범상치 않은 인상을 주는 분이다.

그는 흑룡강성 오상시 산하툰 진에서 한족 중심교회 목회를 하고 있었는데 일꾼들을 잘 배양했기 때문에 복음전도가 잘되었고 교세가 눈에 띄게 나날이 번창하고 있었다. 그래서 어지간한 일에는 밑에 사람들을 잘 칭찬하지 않는 김 선생마저 "임이순 목사는 존경할만한 분이라"고 칭찬을 아끼지 않았다.

1990년도 초반부터 교통이 비교적 편리한 우리 신흥교회에서 중심에서 조직한 제직집회, 청년집회, 성탄절, 부활절축제를 비롯한 여러 가지 모임을 많이 가졌다. 또 그때는 중국 56개 민족 가운데서 대다수 인구를 차지하고 있는 한족전도에 대한 비전이 불붙고 있었기 때문에 한어에 능숙한 청년들을 10여명 뽑아서 한족일꾼 배양세미나도 여러 번 갖게 되었다. 그때 매번마다 강사로 오시는 분이 임이순 목사님이었고 장소는 우리 신흥교회였기 때문에 나는 틈이 날 때마다 같이 앉아서 한족전도에 대한 강의도 듣고 임 목사님과 교제를 갖기도 했다.

그런데 그때가 어제 일같이 기억 속에 생생히 살아있는데 거침없는 세월의 흐름은 20년이란 긴 공간을 훌쩍 뛰어넘은 듯이 지나와버렸고 나는 이곳 절강성 이우시에서 신앙원고 집필에 착수할 수 있는 계기를 갖게 되었다. 그리고 어느 날 임이순 목사를 우연히 기억 속에서 떠올렸다.

2000년도 초반쯤 때 일로 기억된다. 우리 신학 1-2기생들이 할빈교회에 모여서 영성훈련을 했는데 임이순 목사가 와서 한족교회 성도들의 간증이야기를 한 적이 있다. 그때 그 간증이 너무도 인상적이고 은혜로웠기 때문에 나는 잊지 않고 있었던 것이다. 급기야 나는 임목사의 핸드폰번호를 수소문하여 전화를 걸기에 이르렀다. 통화신호가 되자 나는 수인사를 나눈 후 그렇지 않아도 바쁘게 보내고 있을 그에게 미안한 마음이 앞서면서 글감 부탁을 했다. 그동안 오랜 세월이 지났건만 그의 친절하고 열정적인 성품은 여전했다. 그는 남들처럼 까다롭게 굴거나 허식에 가까운 지나친 겸손을 떨 줄도 몰랐다. 전화내용 파악이 되자 임 목사는 아무런 주저도 없이 나의 취재를 협력해 주기로 선선히 역속해주는 것이 아닌가? 나는 그의 시원스러운 마음씨가 너무도 고마웠다.

그로부터 일주일 후 나의 위팩사이트에 임목사가 보낸 장문의 글이 들어와 있었다. 한족 성도들이 하나님께 받은 은혜의 간증들이었다. 나는 임 목사에게 전화를 걸어 감사의 뜻을 전한 후 한술 더 떠서 임 목사 본인의 간증을 요청했다. 그러자 이번에도 그는 선선히 승낙했고 예수님을 믿게 된 경위를 진솔하게 이야기해주는 것이었다. 나는 이 지면을 빌어서 임이순 목사님에게 다시 한 번 나의 고마운 심정을 전하는 바이다.

사실의 배경을 설명하다나니 서두가 너무 길어진 감이 든다.

1990년도에 예수님을 믿기 전까지 임 목사 부부는 농사일과 소소한 장사를 겸해하면서 가정생활을 영위하기 위한 평범한 삶을 살아왔다. 그러다가 약장사가 수입이 짭짤하다는 정보를 쥐게 된 임 목사는 남편과 상의한 후 평소에 안면 있던 운전기사 조 씨의 해방표 화물자동차를 삯 내어 타고 싸린발이라는 곳으로 떠나게 되었다. 임목사의 가방 안에는 그들 부부가 수년간 비축해온 돈뭉치 몇 다발이 두둑이 들어있었다. 그런데 가는 도중 어느 산골마을 갈림길에서 길을 물어보려고 차를 세웠다가 같은 방향으로 간다고 자칭하는 행객 다섯 명을 만났는데 그들이 매인당 얼마간의 차비를 내겠다고 하면서 차를 타게 해 달라고 사정사정 하여서 마음씨 고운 임 목사는 화물차 뒷 바구니에 태워가지고 가게 되었다. 그런데 누가 알았으랴 이자들은 오상시 공안국에서 붙잡으려고 공문까지 작성한 5인조 강도무리 일 줄을.

이 강도들은 시내바닥에서 더는 배겨 어렵게 되자 돈이 많은 약재 장사들이 적잖게 다니는 싸린발 길목에 포진하고 있으면서 약재 장사꾼들을 목표물로 노리고 있었던 것이다. 그런데 차가 떠난 지 반시간도 못되어서 이상하게도 험하지도 않은 평탄한 길에서 차가 길옆 낭떠러치로 전복되는 사고가 날줄은 누구도 몰랐다. 이 사고로 강도들 중 괴수되는 자가 머리를 정면으로 바위에 충돌하면서 순식간에 즉사하였고 운전기사와 임 목사는 정도 부동하게 부상을 입고 병원으로 가게 되었다. 검사결과 운전기사는 척추에 심한 타박상을 입어서 입원치료를 받게 되었고 임 목사는 머리를 차체에다 모지게 부딪힌 탓으로 뇌진탕이라는 진단이 나왔다.

그런데 그날 임 목사는 병원 대기실에서 우연히 성이 하 씨라고 하는 50대 한족 아주머니를 만나 이야기를 하던 중에 복음전도를 받게 되었다. 난생 처음 듣는 하나님의 아들 예수 그리스도에 관한 이야기였지만 그는 흥미진진하게 마음속으로 받아들여지게 되었다. 또 하 씨 아주머니가 며칠 후 산하툰 한족 교회에서 성경을 잘 가르치는 선생님이 와서 집회를 하게 되는데 참가할 수 있겠느냐고 묻자 임 목사는 선뜻이 그렇게 하겠다고 대답했다.

그 이튿날아침 임 목사는 머리가 울리는 것처럼 아파나서 집에서 구들장을 지고 누워있는데 전부터 가까운 사이로 지내던 친구 이 씨가 찾아서 요즘 산하툰에 용한 점쟁이가 와서 인기를 끌고 있다는데 한번 같이 가보자고 끄는 것이었다. 임 목사는 그런데는 별로 취미가 없어서 가고 싶지 않았지만 친구가 오랜만에 와서 청을 드는데 뿌리치기도 어려웠고 또 최근에 일어난 사건이 예사롭지 않았기 때문에 한번 가보기로하고 따라나섰다. 점쟁이는 머리가 백발이 된 영감이었는데 이미 점 보러 온 사람들이 적잖게 대기하고 있었다. 한참 후 임 목사 차례가 되어 점쟁이가 시키는 대로 산가지를 뽑았더니 "앞뒤에서 범이 달려드는데 하나님의 신이 살렸도다" 하는 점괘가 나올 줄이야 어찌 상상인들 할 수가 있었겠는가? 이

거야 말로 귀신이 곡할 노릇이었다.

"앞뒤의 범"은 분명 5명의 강도들을 지칭한 것이고 "하나님의 신이 살렸다."는 괘는 하나님이 임 목사를 예수님을 믿게 하시기 위해 그 험지에서 구원해주셨다는 뜻이 아니고 뭔가? 때문에 병원에서 하 씨 아주머니를 통해 전도를 받은 것도 결코 우연한일이 아닐 것이다.

속담에 꿈보다 해몽이 중요하다는 말이 있듯이 이렇게라도 나름대로 점괘를 해석하고 나니 임 목사는 마음이 한결 가벼워졌다. 그날 오후 임 목사는 허리에 상처를 입어 병원에 입원해있는 운전기사 조 씨가 걱정되어 병문안을 가게 되었다.

다행히 조 씨는 치료를 받고 많이 호전되어 있었다. 그런데 그조 씨가 임 목사를 조용한곳으로 데리고 가더니 이상하기 그지없는 비밀 같은 이야기를 할 줄이야 어찌 알았으랴

그날 사고는 자기 잘못이 아니라는 것이었다. 사고 직전에 갑자기 차 앞에 한복두루마기 같은 기다란 흰 옷을 입은 몸집이 엄청나게 큰 사람이 나타나서 두 팔을 벌리고 막아섰기 때문에 길이 안보여서 그만 차가 뒤집어지는 사고가 났다고 한다. 이건 또 무슨 갈래판인가? 그렇다면 그때 벌써 하나님이 간섭하셨단 말인가? 임 목사는 너무도 어이없고 놀라워서 할 말을 찾지 못하였고 또 무슨 정신으로 조 씨와 갈라져서 집으로 돌아왔는지도 모를 지경으로 당혹감에 젖어있었다.

그 후 얼마 안 되어 하 씨 아주머니와 약속한 날짜가 다가왔고

임 목사는 난생처음 기독교 교회집회에 참석하게 되었다. 그날 하씨 아주머니를 따라 교회당에 들어서자 이미 숱한 사람들이 빼곡히 자리를 잡고 앉아있어서 자리를 찾을 수가 없었다. 그래도 하씨 아주머니가 민첩하게 움직이더니 앞쪽으로 자리를 찾아주어서 임 목사는 편히 앉을 수 있게 되었다. 집은 별로 크지 않았지만 모인 인원수는 100명도 더 되어보였다.

그런데 임 목사는 갑자기 자신도 모르는 사이에 온몸의 힘이 쫙 빠지는 듯한 노곤한감을 느끼면서 이상한 감정의 체험을 하게 되었다. 그것은 지금까지 인생을 살아오면서 그 어디에서도 느껴본 적이 없는 평안함이었다. 도대체 신비스러운 이 평화가 어디서 오는 것인지 알 수가 없었지만 마치도 오랜 세월을 정처 없이 방랑생활로 보내다가 이제야 고향집의 따뜻한 아랫목 구들로 꿈속에서도 오매불망 그리던 아늑한 요람의 안식처로 찾아온 듯 두 눈까지 태평스럽게 스르르 감겨졌다. 그리고 심령 속 깊은 곳에서 안도의 한숨까지 후-하고 올라오는 환각에 빠졌다.

그때 장내를 뒤흔드는 뜨거운 박수소리에 후다닥 깨어난 임목사가 정신을 차리고 앞 쪽을 보니 유도선수처럼 신체가 웅장해 보이는 40대 중반의 남자가 나와서 좌중 여기저기에 묵례를 보내면서 인사를 하고 있었다. 이윽고 그 남자분이 손에 마이크를 잡고 강대상 앞에 서더니 자신을 미국적 한국인 우성열 목사라고 한국말로 소개했고 그 옆에선 단발머리 한 젊은 자매님이 중국말로 통역했다.

이어서 우목사의 설교가 시작되었다. 설교주제는 예수 그리스도였는데 그 줄거리가 너무도 흥미롭고 초자연적인 이야기여서 임 목사는 자신도 모르게 설교에 흠뻑 끌려들어갔다. 완전한 하나님이신 예수님이 완전한 사람으로 이 세상에 이중신분으로 오셨다는 자체가 처음으로 설교를 접하고 있는 임 목사에겐 너무도 충격적인 신비였다. 사람이 세상에 한번 태어났다가 목숨이 끊어져 죽으면 그것으로 영원히 끝나서 암흑 속에 묻히는 줄로만 알았는데 어떻게 이렇듯 신화와 같은 영생의 비밀이 엄연히 존재할 수 있었단 말인가? 그날 우목사의 말씀주제는 요한복음 3장 16절이었다.

우 목사는 오전과 오후시간에도 연이어 예수님에 관한 이야기를 처음 참석한 임 목사까지 쉽게 받아들일 수 있는 정도로 재미있게 그리고 장중하게 엮어나갔다. 예수님이 이 땅에 십자가를 지러 오셔야만 했던 창세기 3장의 배경과 또 예수님이 온 인류의 속죄양이 되셔서 십자가에서 생명까지 바치신 이야기는 그야말로 이 세상의 전대미문의 사랑이야기 임에 틀림없었다.

그런데 그 예수님이 삼일 만에 부활하셨고 승천하셨으며 이제 멀지않은 앞날 공중 재림 하셔서 하나님의 자녀들을 천국으로 데려가신다고 한다. 참으로 완벽한 하나님의 구원계획이셨다.

임 목사는 인류의 희망은 오직 이 예수님을 믿는 길밖에 없다는 것을 절실히 깨닫게 되었다. 그런데 자신이 어떻게 믿음의 첫 발자국을 내디뎌야 할지를 아직 모르고 있었다.

그때 우성열 목사가 고린도전서 6장 19-20절 성경말씀을 봉독했고 통역원도 중국어로 그 말씀을 읽었다. 그리고 우 목사는

"우리 몸은 우리 것이 아니라 예수님의 십자가에서 흘리신 피 값으로 사신 성령의 전입니다" 하고 선포했다. 그 순간 임목사의 귀에는 천둥 벼락 치는 소리가 들려오는 것 같았다.

"그렇다 바로 이것이다. 예수님이 십자가의 피로 나를 사셨기 때문에 나는 예수님을 믿어야한다."

번갯불 같은 말씀의 섬광이 임목사의 영혼을 단 순간에 예수님과 접목시켰고 그는 하나님의 딸로 거듭나게 되었다.

그날후로 임 목사는 완전히 새사람이 되었다. 이 세상에서 제일 기쁜 소식인 예수님의 구원의 복음을 아직 주님을 모르는 사람들에게 전하고 교회로 인도하는 것이 그의 생활신조가 된 것이다. 그래서 그의 매일의 삶은 언제 어디서 누구를 만나든지 지혜롭게 영혼구원에 초점을 맞추게 되었다.

그 후 임 목사는 남편과 상의한 후 논과 집을 판 돈으로 위치가 좋은 곳에 작은 병원 진료소를 꾸리게 되었다. 병원이 개업한 후 환자들이 몰려들어서 초청해 온 의사와 임 목사 부부는 무척 바삐 보내게 되었지만 영혼구원을 위한 임목사의 뜨거운 열정은 식을 줄 몰랐다. 병원에오는 환자들은 임목사의 전도대상이 되었고 그 중 일부 사람들은 전도를 접수하고 교회로 나가게 되었다. 그러나 임 목사 남편은 이를 못마땅하게 생각하고 핍박하기 시작했다.

"병원을 꾸렸으면 병원일이나 잘해야지 왜 그런 하등 소용없는 종교선전이나 하면서 시간 낭비하느냐."

그러나 그때마다 임 목사는 지혜롭게 남편에게도 전도의 공세를 펼쳤다.

"당신이 아직 예수님이 어떤 분이신지 몰라서 그런 말을 하지만 당신도 그분을 알게 되면 믿을 수밖에 없다."

그런데 그 후 전혀 뜻밖에도 임목사의 남편이 중병에 걸려 병원 경영을 포기할 수밖에 없게 되었고 하나님이 그의 마음을 움직여 주어서 임 목사 남편은 주님을 영접하고 1년 동안 신앙생활을 잘 하다가 소천 했다.

그 후 임 목사는 남편이 두고 간 생활의 짐을 고스란히 받아 안고 늙은 어머니와 딸과 그 밑에 두 아들의 생계를 책임져야했다. 아침 일찍부터 생활전선에 뛰어들어야 하는 임목사의 삶은 무척 고달팠지만 그는 피곤을 무릅쓰고 저녁시간을 이용하여 교회 학습반에 참가하여 성경공부를 시작했다. 하나님의 일을 하려면 열성도 있어야하지만 기본적인 성경지식을 갖춰야 한다는 것을 임 목사는 전도현장에서 절실히 깨달았던 것이다.

임 목사 가정은 한족들이 집중해있는 동네서 살았기 때문에 민족은 조선족이지만 임 목사는 거꾸로 되어 정작 알아야 할 모국어는 구사할 줄 모르고 한족 말은 중국한족 토박이와 동일하게 잘했다. 그리고 문화지식이 구비한데다 복음전도의 은사를 받고 많은 새 신자들을 교회로 이끌고 왔기 때문에 임 목사는 교회의 제직일꾼으로 쓰임 받게 되었다.

세월의 어려움 속에서 임 목사의 솔선수범하는 리더십이 또한 널리 알려지게 되었고 그동안 하나님의 은혜 속에서 피나는 노력으로 이룩한 말씀을 가르치는 능력도 공인받아 마침내 그는 한족 중심교회 목회자 자리에로 추대되었다.

그 후 임목사의 딸이 혼인연령이 되어 믿음이 좋은 조선족 청년과 약혼했다. 그런데 문제는 딸의 결혼식을 치러줘야 할 돈이 임목사에게 없는 것이었다. 교회에서 주는 사례비는 가정생활 비용 외 남는 돈은 심방비로 사용하기 때문에 다른 수입원이 있을 수가 없었다. 그래서 결혼식을 올리지 말고 가까운 친척들만 모여서 식당에서 식사나 한 끼 하는 것으로 대체하려고 했는데 뜻밖에도 한국에 일하러 간 형제 한분이 결혼식 비용을 부쳐왔기 때문에 딸의 결혼식을 무난히 올릴 수 있게 되었다. 그리고 아들이 장가갈 때는 교회 성도들이 결혼식비용은 물론 각가지 가재도구까지 부족함이 없이 갖춰져서 임 목사는 오직 하나님 앞에 감사기도를 드리고 또 드리게 되었다. 임목사가 몸을 내던지고 주님사역에 헌신하자 주님께서는 임 목사 가정을 책임져주신 것이다.

임이순 목사도 어느덧 60대중반의 나이가 되었고 95세가 된 어머니를 모시고 있다. 하지만 그는 오늘도 변함없이 뜨거운 활력과 보다 성숙된 자태로 그동안 부흥된 200여개 가정교회의 수천 명 성도들을 이끌고 주님이 주신 더욱 아름다운 꿈과 비전을 향해 힘찬 발걸음을 내딛고 있다.

(2) 폐결핵환자 왕 형제

길림성 서란현 길서진에 살고 있는 왕성인(30대중반)은 폐결핵 병으로 몇 년 동안 고생하다가 길림시 큰 병원에 가서 엑스레이 사진을 찍게 되었다. 그런데 검사결과 양쪽 폐에 동공이 엄중하게 생긴

데다 결핵균이 이미 잠식할 대로 잠식했기 때문에 오래 못산다는 의사의 최종결론이 내려졌다.

그런데 이젠 삶이 끝나게 되었다고 낙망하고 집에 돌아온 왕성인에게 그날 밤 범충이라고 부르는 기독교신자가 찾아와서 복음을 전했다. 하지만 종교에 대해선 전혀 관심이 없는 왕성인은 당연히 거절하고 땅이 꺼지라 하고 한숨만 푹푹 쉬고 있었다. 그러나 범충 신자는 이 불쌍한 영혼을 구원하고야 말겠다는 뜨거운 집념을 갖고 그 후 33차례나 매일같이 끈질기게 찾아와서 기도해주고 복음의 진수인 예수 그리스도의 사랑을 전했다. 마침내 뜨거운 감동을 받은 왕성인은 마음 문을 열게 되었으며 주님을 영접하고 신앙생활을 시작하게 되었다.

그러던 어느 날 의사의 예언과 같이 왕성인의 병이 급속도로 악화되면서 사경을 헤매는 지경이 되었다. 하여 범충 형제는 당시 산하툰진 경내에서 신유은사로 활약하고 있는 류소분 자매를 초청해왔다. 그런데 류 자매가 병자에게 안수기도를 하자 기적 같은 치유의 역사가 일어날 줄이야 누가 알았으랴! 당장 하루 밤도 못 넘기고 운명할 것 같던 왕성인 신자가 소생하기 시작했던 것이다. 일단 죽을 고비는 넘긴 셈이었다. 그 후 류소분 자매가 3일 동안 더 기도해주자 왕성인 성도는 깨끗하게 고침을 받고 병석에서 일어났다.

그 뒤 믿음에 확신을 갖고 하나님께 열심히 기도하면서 신앙생활을 잘 지키게 되자 왕 성도는 점점 몸이 가벼워지고 힘이 솟구쳐 올라옴을 느꼈다. 하여 그는 예전과 같이 농사일에 착수하여 무슨 일이든지 닥치는 대로 다 하여도 아무 탈이 없이 정상인의 삶을 살 수 있게 되었다. 그리고 그의 집에서 교회까지 왕복 10리길이 되었지만 그는 신체단련을 위해 자전거도 이용하지 않고 매번 도보로 다녀왔다. 특히 왕 형제는 타고 난 목청이 좋은데다 하나님으로부터 찬양은사를 받고 교회찬양대를 지휘하면서 열심히 봉사하였다. 그리고 성탄절 같은 교회 절기 때엔 특송을 하였는데 구성진 음성으로 부르는 그의 아름다운 찬양은 매번마다 성도들의 뜨거운 박수갈채를 받았다.

이렇게 신앙생활을 잘 하다가 11년째 되는 어느 날 왕성인 형제는 몸이 안 좋아서 병원에가 검사를 받게 되었다. 그런데 서란현 병원원장이 흉부사진 검판을 보더니 병균이 살을 다 파먹은 탓으로 폐가 얼마 남지 않았으며 심장마저 제 위치에 있지 않다면서 그의 입원조차 허락하지 않았다. 그리고 집에 가서 먹고 싶은 음식이나 마음껏 먹으라며 실제상의 사형판결을 내렸다. 그러자 왕 형제는 담담한 표정을 지으면서 "나는 이미 11년 전부터 이런 말을 들어왔소. 하지만 나는 주님의 은혜로 지금까지 잘 살고 있소. 생사화복은 하나님이 주장하시기 때문에 주님이 내가 이 세상에서 사는 것을 허락하신다면 그 누구도 내가 죽는다고 단언할 수 없소"하고 침착하게 응수했다.

그러자 원장은 가소롭다는 듯이 냉소를 짓더니 "좋소. 당신이 이런 식으로 내말을 우습게 안다면 내가 이 자리에서 장담한번 해보지. 당신의 폐가 이지경이 되었는데도 정말 당신이 죽질 않는다면 내가 대신 죽어주지. 알겠소? 무슨 말인지?" 그리고는 씩씩거리며 휑하니 가버렸다.

그러던 2012년 어느 날 이상한 일이 벌어졌다. 그 병원 원장이 40대 한창나이에 특별한 병도 없이 돌연히 사망했던 것이다. 말이 씨가 된다는 속담과 같이 말이란 함부로 하는 것이 아니었다.

왕 형제는 그날 집에서 어머니와 아내, 아들 그리고 이미 결혼한 두 여동생과 함께 하나님께 가정예배를 드렸다. 그리고 그날도 우아한 목청으로 가족들과 함께 마음껏 주님을 찬양했다.

그 후 2014년 10월의 어느 날 왕 형제는 주님의 부름을 받고 천국으로 갔다. 왕성인 형제는 폐가 거의 없다 할 정도로 폐인이 된 상황에서 의학적으로 사형선고를 받은 몸이었지만 예수님을 믿고 하나님의 은혜로 이 세상에서 13년을 더 살다가 갔다.

(3) 주화자매님의 이야기

주화자매님은 수년간 무당노릇을 한 경력을 갖고 있다. 그런데 집안이 풍비박산이 날 정도로 파멸의 고통이 임한 뒤에야 자신이 우매무지한 삶을 살았다는 것을 깨닫게 되었다.

불과 일개월도 안 되는 사이에 남편이 특별한 연고도 없이 극약을 먹고 자살했고 아들까지 고칠 수 없는 희귀병에 걸려 아버지 뒤를 따라 이 세상을 떠났던 것이다. 게다가 며느리까지 태어난 지 4개월밖에 안된 애기를 뿌리치고 뛰쳐나가버렸기에 집안은 말 그대로 쑥대밭이 되고 말았다. 애기와 단둘이 남게 된 그날 밤 주 자매는 배고프다고 밤중까지 울어대는 애기를 안고 대성통곡을 터뜨리고야 말았다. 지옥이 따로 없었다.

그녀는 언젠가 누구에게서 하늘에 이 세상을 관장하는 신이 있다고 들은 바 있었기 때문에 하늘을 쳐다보며 울부짖었다.

"하늘에 계신 신이시여 우리 집의 모든 불행은 다 제가 지은 죄로 인한 인과응보라고 생각됩니다. 하지만 이 어린 생명에겐 죄가 없습니다. 하늘에 계신 신께서는 자애롭고 광명정대하시다고 들었습니다. 부디 이 어린애기를 불쌍히 보시고 자비를 베풀어 주시옵소서. 이 어린 애기에겐 먹을 것이 필요합니다."

애기는 계속 허기가 져서 울었지만 동네 소매점엔 우유가루 파는 것도 없었다. 이 한밤중에 어디 가서 애기가 먹을 수 있는 것을 구해온단 말인가 정말로 애간장이 끊어지는 일이었다. 애기는 나중에 울 힘조차 없어서 새벽녘에야 가까스로 잠들었다.

그런데 이튿날아침 주 자매 몸에서 도무지 믿을 수가 없는 기적 같은 이변이 일어날 줄이야 누가 알았겠는가? 주 자매의 젖꼭지가 딱 마치도 산모의 젖꼭지같이 불어나면서 젖이 나오기 시작했던 것이다. 세상에 어떻게 이런 일이 생길수가 있단 말인가? 주 자매는 막내딸까지 시집간 47세가 된 중년부녀였기에 그야말로 어불성설이었다. 그러나 현시점에서 주 자매에겐 손녀 애기에게 젖먹이는 일이 너무 시급했기 때문에 작은 비닐봉지에 젖을 조금 짜서 넣어가지고 향 위생소로 찾아갔다. 위생소 의사는 그 젖을 상세히 검사해 보더니 이는 정상적인 순수한 모유이기 때문에 애기에게 먹일 수 있다는 결론을 내려주었다. 그래서 주 자매는 이 젖은 분명 하늘에 계신 신이 자신의 기도에 응답하여 내려주신 것이라는 것을 깨닫게 되었고 하늘의 신이야말로 진짜로 좋은 신이라는 것을 알게 되었다.

그로부터 수개월이 지난 초겨울의 어느 날 중년남녀 두 사람이 마을 동구 밖에서 나타나더니 만나는 사람들에게 복음을 전했다.

"안녕하십니까? 좋은 소식을 알려드리겠습니다. 우리는 산하툰 교회에서 온 기독교 신자들인데 우리가 믿는 신은 하나님의 아들 예수님이십니다. 이 예수님을 믿으면 누구든지 영생구원의 은혜를 받게 됩니다. 오늘 이 좋은 기회에 여러분들 예수님을 영접하고 큰 복을 받으시기 바랍니다."

그 때 고 씨 성을 가진 동네 할머니 한분이 믿겠다고 자원하여서 중년남자가 그 할머니 손을 붙잡고 기도했다.

"하나님 아버지 오늘 이 고순영 할머니가 주님을 영접합니다. 이 분의 모든 죄를 우리 주 예수님의 보혈로 깨끗이 씻어주시고 하나님 아버지의 귀한 딸이 되게 하여 주시옵소서 이 시간 성령님께서 충만하게 임하여 주셔 이 귀한 새 생명의 신앙과 삶을 책임져 주시옵소서. 예수님 이름으로 기도합니다."

그때 문밖에 나와 서서 이 모든 상황을 눈 여겨 보고 있던 주 자매는 기도가 끝나자마자 달려가며 소리쳤다.

"나도 하나님의 아들 예수님을 믿겠습니다. 이제 더 다시는 귀신에게 속지 않겠습니다. 나도 기도해 주십시오."

그리하여 주 자매는 그 남자에게서 영접기도를 받고 그리스도인이 되었다.

그 후 며칠이 지난 어느 날 저녁 주자매가 애기에게 젖을 먹이고 있는데 갑자기 기분 나쁜 찬 냉기 같은 바람이 오싹하고 불어오는 것 같더니 그녀 앞에 괴상망측하게 생긴 귀신이 흉물을 들어내고 출연했다고 한다. 붉은색 조끼까지 받쳐 입은 짐승 두 마리였는데 퍼뜩 보면 개와 흡사했지만 다시 찬찬히 보니 몸집이 여우나 족제비같이 보이기도 했다. 그 짐승들은 귀를 쫑긋거리면서 주 자매의 주위를 몇 바퀴 빙빙 돌다가 돌연히 그녀 앞에 와 무릎을 꿇고 엎드리면서 입을 열었다.

"우린 오늘 당신께 간청할 일이 있어서 왔습니다. 제발 예수를 믿지 말아주십시오. 당신이 정말 예수를 믿게 되면 우리는 있을 곳이 없답니다."

그때 주 자매는 짐작되는바가 있었다.

'내가 예수님을 믿자 이 귀신들은 안절부절 하고 있을 곳이 없다고 나에게 와서 호소한다. 그러니까 예수님은 이따위 짐승들과는 비교할 수 없이 높은 분임이 틀림없다.'

그래서 주 자매는 대담하게 따지게 되었다.

"나는 예전에 너희들이 나에게 부탁하는 것은 무슨 일이든지 다 들어줬다. 그런데 오늘은 너희들에게 말 좀 물어야겠다. 너〈보가선〉아 너는 왜 어째서 내 남편이 극약을 먹을 때 막지 않았느냐? 또 내 아들이 병에 걸려 죽게 되었을 때에도 왜 치료를 안했느냐? 그리고 내 며느리가 가출하여 떠나갔어도 너희들은 막지 않고 수수방관만 하고 있지 않았느냐? 너희들이 도대체 나에게 해준 것이 무엇이 있느냐? 지금 내 손녀가 먹는 젖도 하나님이 나에게 주신 것이다. 때문에 나는 하나님의 아들 예수님을 믿는다. 나는 더 이상 너희 짐승들과 상종하기 싫으니 지금당장 이 자리에서 꺼지고 두 번 다시 내 눈 앞에 나타나지 마라."

그러자 그 짐승들은 슬픈 울음소리를 내면서 떠나가고 말았단다.

 그로부터 사흘이 지난 날 저녁 9시경이었다.

 주자매가 방금 하나님께 기도를 드리고 방을 닦고 있는데 갑자기 창밖에서 대낮보다 더 환한 눈부신 빛이 집안으로 비쳐 들어왔다. 그녀가 너무 놀라서 구석 쪽에 피해 있다가 빛 속에서 앞을 보니 신체가 엄청나게 웅장한 사람이 불꽃같은 눈동자로 주 자매를 보면서 집안이 쩌렁쩌렁 울리는 입체적 음성으로 말했단다.

 "귀한 딸아, 네가 충성을 다하여 예수님을 따라가면 영원한 생명과 천국의 복을 받는다."

 그래서 주 자매는 용기를 다하여 소리쳤다.

 "당신은 누구신가요? 당신이 바로 예수님이신가요? 아니면 천사인가요?"

 그런데 그는 어느 곁엔가 가뭇없이 사라져서 보이지 않았다. 하지만 주 자매의 가슴엔 말로 형용할 수 없는 큰 기쁨이 물 밀 듯 안겨왔다. 그 뒤로 주 자매는 그 귀중한 체험을 오매불망 잊을 수 없었다. 더욱이 그녀에게 약속한 그 전무후무한 입체적 음성은 언제나 그녀의 심장과 함께 뛰고 있는 것만 같았고 매일매일 주 자매에게 큰 힘과 소망을 안겨주었다.

 그 후로부터 주 자매에겐 놀라운 두 가지 변화가 일어났다. 그 첫째는 복음 전도였다. 그녀는 매일같이 시간을 내어 인근 각처로 다니면서 복음을 전했는데 많은 사람들이 그녀를 통해 주님을 영접하고 영혼구원의 은혜를 받았다. 둘째는 주 자매에게 하나님의 병치유의 은사와 귀신을 쫓는 은사가 임한 것이었다.

그녀는 같은 동네에 사는 장 자매에게 붙은 귀신을 쫓아내었고 또 산후 풍으로 인하여 20여년 동안 걷지도 못하는 환자 조 자매를 예수 그리스도의 이름으로 명하여 깨끗하게 치유함을 받고 일어서서 뛰기까지 하게했다. 또 인근교회에서 찾아온 유방암환자, 비암환자, 전립선암환자등 세 명의 암환자를 주님의 능력으로 깨끗이 치유했다. 그 후 주 자매는 가까이는 수십 리, 멀리는 수백 리 밖까지 많은 교회의 초청을 받고 집회인도를 하면서 수많은 불치병자들을 하나님의 능력으로 치유하는 봉사를 적극적으로 하게 되었다.

주자매가 이렇듯 예수님을 믿고 은혜 받은 지 3년째 되는 해에 그녀의 손녀도 3살이 되어 젖을 끊고 밥을 먹을 수 있게 되었다. 그런데 손녀가 젖을 안 먹은 지도 20일이 되었건만 젖이 가지 않고 계속 나와서 주 자매는 매일 젖을 짜서 버려야했다. 이 사정을 지켜보던 이웃집 한씨 성을 쓰는 자매님이

"우리같이 기도하여 하나님이 주신 젖을 걷어가게 하자"고 제의하여 두 사람이 합심으로 간절히 기도하였더니 그날 밤으로 젖이 깨끗이 가버렸다.

그 후 주 자매는 이웃동네에 있는 한 노 자매님의 소개로 두 번째 남편을 만나서 부부 인연을 맺고 살게 되었다. 그런데 남편은 불신자였고 골초여서 하루에도 독한 초담배를 수십 개비씩 종이에 말아서 피웠다. 담배가 몸에 해로운 것은 두말할 것도 없는 일이기

도 하고 더욱이 남편의 영혼구원을 위하여 주 자매는 하나님께 남편이 담배를 끊게 해달라고 간절히 기도했다. 그러자 며칠이 안 되어 그녀의 남편은 담배만 피우면 머리가 어지러워서 부득불 담배를 끊을 수밖에 없게 되었다. 남편 왕 씨는 아내의 기도 때문에 이런 일이 생겼다는 것을 눈치 채고 아내에게 제발 술 끊는 기도만은 하지 말아달라고 부탁했다. 왕 씨는 유달리 술을 즐기는 애주가였던 것이다. 그러나 그렇다고 남편의 영혼구원에 방해되는 요구를 들어줄 수는 없었다. 그래서 이번에는 남편이 술을 끊게 해달라고 하나님께 간절히 기도를 드렸다. 그러자 이번에도 왕 씨는 술만 마시면 토하고 어지럽게 되어서 마침내 술까지 끊고 아내의 요청대로 예수님을 영접하고 신앙생활을 하게 되었다.

그 후 오상시 교회 문지룡 전도사가 김성훈 목사를 모시고 산하툰 한족 중심교회에 와서 세례식을 베풀게 되었는데 그날 주 자매 남편 왕 씨도 세례를 받았다. 그런데 그 세례식에서 왕 씨 몸의 성 기능장애 질병이 치유 받는 기적의 역사가 일어날 줄이야 누가 알았으랴! 본래 왕 씨는 어린아이 세 살 때 몹시 앓은 적이 있었는데 그때 왕 씨 부친이 의사에게 묻지도 않고 어린 아들에게 사향을 먹었다. 그런데 불행히도 그 원인으로 왕 씨는 성불구가 되었고 첫 결혼도 파토가나고 말았던 것이다. 주 자매와 만났을 때 왕 씨는 첫 결혼의 실패를 교훈으로 삼고 이 사실을 숨김없이 주 자매에게 고백했지만 오직 신앙생활에만 열심하고 있던 주 자매는 그런 문제를 별로 개의치 않고 대범한 마음으로 결혼을 허락했던 것이다. 그런데 하나님의 은혜로 기적적인 고침을 받았으니 이제야말로 명실공의 부부가 될 수 있었다. 예수님을 잘 믿는 아내를 만나서 이토록 꿈에도 생각지 못했던 큰 복을 받은 왕 씨는 그 후 궂은일 마른일 가리지 않고 하나님께 충성하는 교회의 훌륭한 일꾼이 되었다.

새 봄이 왔다. 주 자매 부부가 부부 인연을 맺은 후 첫 농사를 같이하게 되었다. 그들은 아침 일찍부터 저녁 늦게까지 논농사와 밭농사를 신근하게 착실히 경작해나갔다. 어느덧 논판에는 모내기가 끝나고 모살이 까지 한 볏모들이 산들바람에 수줍게 춤을 추며 푸릇푸릇 생기를 띄고 있었다. 밭에 심은 옥수수모도 일매지게 잘 올라와서 그동안 땀 흘리며 고생한 첫 보람과 기쁨을 주 자매 부부에게 선사하고도 남음이 있었다. 그런데 여기까지는 잘 나갔는데 그 직후 어처구니없는 인재로 하여 시험을 당하게 될 줄이야 누가 예측이나 할 수 있었겠는가?

주 자매와 남편 왕 형제 두 사람 다 학교 문에도 못가본 문맹이다 보니 농약을 사다가 밭에 사용해야 할 농약을 논에 뿌리고 논에 써야 할 농약을 밭에다 바꿔 사용한 탓으로 논과 밭의 푸른 모들이 해를 입고 하루 밤 사이에 다 죽어서 큰 피해를 입었던 것이다. 그러자 동네의 하나님을 믿지 않는 불신자들은 때를 만났다는 듯이

"저 집 부부는 유별나게 예수를 잘 믿는다고 설쳐대더니 농사는 초장부터 절단이 났다"고 하면서 조롱하고 비웃어댔다. 주 자매는 농사가 타격을 입은 것도 기막히게 괴로웠지만 그 보다 더한 것은 자기들의 무지로 하여 하나님께 폐와 욕이 돌아가게 된 것이 가슴

이 찢어지도록 고통스러웠다.

하여 그녀는 교회 강대상 앞에 무릎을 꿇고 괴로운 눈물을 흘리면서 기도를 드렸다.

"하나님아버지 우리부부가 문맹이다 보니 이런 한심한 실수를 하여 주님의 영광을 가렸습니다. 주님 앞에 죄송하다는 말밖에 드릴 것이 없게 되었습니다. 주님께서는 저같이 부족한 사람도 주님의 일꾼으로 사용하여주셨는데 이번 일로 하여 저는 주님을 대할 면목조차 없게 되었습니다. 죄송합니다. 너무도 죄송합니다. 주님 더 다시는 이런 일이 발생되지 않도록 우리부부가 이제부터라도 글공부를 할 수 있게 하여 주시옵소서."

그 이튿날 그들 부부는 옥수수 종자를 사다가 다시 파종했다. 그러나 논에는 이미 볏모를 구입할 시기가 지났기 때문에 그대로 방치하고 아예 논에 가볼 생각조차 단념하고 있었다.

그런데 기적 같은 일이 일어날 줄이야 그 누가 꿈엔들 생각할 수가 있었겠는가!

그 후 10여일이 지난 어느 날 주 자매네 논과 이웃하고 있는 조씨가 마을 어귀에서 주자매 부부를 만났는데 "왜 당신들은 논에 가서 돌피를 뽑지 않느냐?"며 싱글싱글 웃으면서 말을 걸어왔다. 그러나 그들 부부는 이 자가 또 사람을 놀리려고 허튼소리를 하는 줄로만 알고 아예 상대도 안하고 돌아서버렸다. 그때 이 광경을 보고 있던 동네사람 류 씨가 "농담이 아니라 정말로 당신네 논에 벼가 잘 자라고 있다. 어서 가서 논김을 매주는 게 좋을 것 같다"고 정색하며 알려주었다.

그래도 주 자매 부부는 믿어지지 않았다. 다 죽은 볏모가 살아날 수가 없었으니 말이다. 하지만 사람의 마음이란 이상했다. 두 사람이 연이어 증언을 하자 주 자매는 갑자기 행여나 하는 실낱같은 미련이 생기면서 빨리 속 시원히 가서 확인해 보고 싶은 마음이 불같이 일어났다. 그러나 마을 앞 농토 길로 가다가 사람들의 눈에 띄면 비웃음을 당할 것 같아서 동네 뒷길로 빙빙 돌아서 가보기로 생각하다가 조 씨, 류 씨 두 사람이 눈앞에서 사라지자 그녀는 두 주먹을 불끈쥐고 달려갔다.

그런데 이게 무슨 꿈같은 일인가! 논밭에 채 닿기도 전에 저 앞 자기네 논이 녹색바다가 된 것을 주 자매는 발견했다.

하나님께서 약해를 입고 다 죽은 볏모를 살려 놓으셨던 것이다. 이 논판의 볏모가 정말 우리논의 볏모가 맞느냐싶게 넋을 잃고 논판을 바라보던 주 자매는 논둑에 무릎을 꿇고 엎드린 채 아이들처럼 엉엉 눈물을 터뜨리며 감사기도를 드렸다.

"하나님 아버지 우리 부부가 무식하고 우둔하여 볏모를 다 죽였는데 주님께서 살려주셨습니다. 주님의 이 크신 은혜를 우리부부가 어떻게 갚아야합니까? 우리가 주님께 드릴 수 있는 것은 감사밖에 없습니다. 주님 감사합니다. 주님 고맙습니다. 주님 크신 영광 받아주시옵소서. 주님께 찬양을 드립니다."

어느덧 황금파도가 출렁이는 가을이 왔다. 벼 가을이 끝나고 탈곡까지 마친 후 결산해보니 알알이 잘 영근 벼가 전 동네 치고도 상위권에 속한 높은 산량을 거두었다. 옥수수 농사도 두벌파종 하였기 때문에 좀 늦되긴 하였지만 옥수수 대마다 두 개씩 달려서 한 들판을 아름답게 장식하였는데 그야말로 어거리대풍 이었다. 농사판세가 이렇게 극적으로 뒤바뀌자 예수 믿고 폐농했다고 빈정거리던 동네 불신자들의 안목도 달라졌다.

"저 집은 하나님이 도왔기 때문에 화가 변하여 큰 복을 받았다"고 하면서 한 사람 두 사람 교회로 나와서 예수님을 믿기 시작했다. 하지만 호사다마라 했던가? 옥수수를 늦게 수확하다보니 일이 밀려서 따놓은 옥수수 뭉치를 미처 실어들이지 못하여 하루 밤을 밭에다 방치할 수밖에 없었다. 그런데 이튿날 아침 주 자매 남편 왕 씨가 밭에 가보니 옥수수 몇 무더기가 간데 온데 없이 사라져버렸다.

"도적은 뒤에서 잡아야 한다."

그날 밤 왕 씨는 손전등을 들고 동네에서 손버릇이 나빠 평판이 안 좋은 채xx네 집의 옥수수둥지를 조사했다. 아니나 다를까 채xx는 속에는 도적질해온 왕 씨네 옥수수를 숨겨놓고 바깥 둘레에다는 자기네 옥수수를 쌓아놓았다. 왕 씨네 옥수수는 황금색이고 채xx네 옥수수는 흰색 이였기에 제아무리 꼼수를 썼어도 한눈에 들어났던 것이다.

분명 이자가 도적이라는 증거물까지 장악했기 때문에 왕 씨는 이튿날아침 향정부 파출소에 신고하려고 하였지만 주자매가 한사코 못 가게 말려서 두 사람은 한바탕 다투기까지 했다. 마음이 비단결같이 고운 주 자매는 이렇게 말했다.

"여보세요 당신이 신고하게 되면 채 씨가 벌금을 물어야할 뿐만 아니라 그 집 사람들은 명성이 더러워져서 얼굴을 못 들고 다니게 되잖아요. 그렇게 되면 결국 그들은 이 동네를 떠날 수밖에 없어요."

그때 주 자매네 집에서 가정교회를 꾸리고 있었는데 주 자매는 끝까지 내색을 내지 않고 그 집 식구들을 전도하여 자기네 집에 와서 예수님을 믿게 했다.

그 후 주 자매는 한 동네에 사는 고xx네 경운기차를 샀 내어 자기 집 자류지에 심은 감자, 무, 양파, 호박 등 채소를 팔려고 시장으로 떠나게 되었다. 그런데 늦가을비가 많이 온 탓으로 호박길이 된 험한 농토에서 그만 차가 뒤집어지는 사고가 났는데 운전기사는 무사했지만 그녀는 이마를 심하게 다쳐 피범벅이 되었다. 마침 지나가는 동네 28형 고무바퀴 트랙터를 세워 타고 병원으로 가는 동안 주 자매는 모래흙까지 까발려진 상처에 적삼을 벗어서 동여맸지만 상처에선 계속 피가 스며들었다. 그러나 하나님께 계속 기도하며 갔기 때문에 그녀는 조금도 아픔을 느끼지 못했다. 산하툰 진병원에 도착하여 적삼을 풀자 상처가 너무 험악하여 의사는 어쩔 바를 몰라 했다. 그녀는 처치를 마친 후 즉시 수술실에 들어가서 일곱 바늘을 꿰메는 수술을 받고 입원하게 되었다.

근데 이틀 밤을 지나고 나서 그녀는 아직 위험기도 벗어나지 못했고 의사도 만류했음에도 불구하고 퇴원수속을 한 후 집으로 돌아왔다. 그것은 사고를 낸 차주인집이 빈곤하기 때문에 계속 그녀의 치료비를 지출할 형편이 못되었던 것이다. 그녀는 진병원에서 빈몸으로 나온 후 약국에 가서 며칠 동안 먹을 소염제와 소독약을 제 돈으로 사가지고 집으로 오게 되었다. 그런데 그 후 2-3일도 안

되어서 주 자매의 눈썹과 이마상처의 꿰맨 부위가 곪으며 고름이 나오고 있었다. 그러나 그녀는 차 주인에게 돈 한 푼 요구하지 않았고 오직 남편과 함께 하나님께 기도로 간구했다.

그 뒤 주 자매는 하나님의 은혜 속에서 덧났던 상처가 깨끗하게 치유함을 받았고 정상적인 일정을 회복하게 되었다. 또 주 자매 부부는 게으름 없이 시간을 짜내어 자습공부를 했기 때문에 이미 적잖은 글자를 습득할 수 있었다. 그리고 교회도 20여명밖에 안되던 성도가 80여명으로 부흥됐다. 이제 주 자매 부부에겐 새 기도제목이 생겼다.

"교회당을 건축할 수 있게 해 주옵소서."

(4) 복음전도자 류소분

오상시 장산향 한 마을에 류소분이라고 부르는 젊은 여인이 있었는데 그의 시어머니가 폐암으로 하루하루 위중해가고 있어서 그녀는 잠도 얼마못자고 밤낮없이 시중들고 있었다. 그러던 어느 날 그의 이웃집에 있는 윤미향이라고 하는 교회 다니는 자매가 용기를 내어 찾아오게 되었다. 지난날 두 집은 집 경계 때문에 싸운 일이 있어서 원수 같은 사이였기에 무척 어려운 걸음을 한 것이다. 윤미향 자매는 신앙생활을 열심히 하면서

"이웃을 내 몸과 같이 사랑하라"고 하신 주님의 계명을 실천하기 위해 이날 류소분에게 진심으로 잘못을 빌고 양해를 구했다. 그러자 류소분은 우리도 잘못한 게 많다고 하면서 그녀의 화해를 받아들였고 이로써 두 집은 서로 용서하면서 화목을 찾게 되었다.

그 이튿날부터 윤 자매는 매일 이웃집을 찾아가 암환자를 위하여 하나님께 간곡히 기도를 올렸다. 뿐만 아니라 밀려있는 빨래도 빨아주고 청소와 주방일 까지 성의를 다해 도와주었다. 그리고 병자에게 예수님의 십자가 구원의 복음을 열심히 전했다. 마침내 류소분의 시어머니는 윤 자매의 전도를 받아들이고 주님을 영접한 후 7일 만에 안온한 모습으로 하늘나라로 가셨다.

시어머니 장례까지 치른 뒤 류소분은 그동안 쌓인 피곤과 긴장이 풀리면서 몸살이 온 탓으로 자리에 드러눕고 말았다. 하지만 대수롭지 않게 생각했던 몸살 기운이 며칠이 지나도록 좀처럼 호전되지 않았고 옛날 지병까지 도지면서 병세가 더 심해져 식음을 전폐한 채 점적주사로 하루하루를 버티고 있었다. 윤 자매는 이번에는 류소분을 매일같이 찾아가서 병시중을 들어주면서 차근차근 복음의 말씀을 전했다.

류소분은 시어머니가 예수님을 믿고 평화로운 모습으로 임종을 맞는 모습을 보았고 또 윤자매가 선전하는 예수님에 관한 이야기가 도리가 있다고 생각했기 때문에 별 주저 없이 주님을 영접했다.

그런데 놀라운 일이 일어날 줄이야 누가 알았으랴! 심각할 정도로 병세가 깊어져서 그녀의 몸을 괴롭히던 모든 질병이 류소분이 주님을 믿고 삼일 째 되던 날 깨끗하게 치유함을 받았고 그녀는 거뜬하게 자리를 털고 일어날 수 있었다. 이 꿈과 같은 기적의 체험 속에서 한량없이 기쁜 감사의 마음을 한입으로 다 표현할 수 없게 된 류소분 자매는 오직 예수님을 잘 믿는 신앙의 삶으로 하나님께 보답하겠다는 결의를 속으로 다지게 되었다.

그 후 그녀는 열심히 교회예배에 출석하면서 말씀의 은혜를 풍성히 받았을 뿐만 아니라 산하툰 한족 중심교회의 임이순 목사가 조직하는 평신도 성경학습 세미나에 참가하여 복음전도의 사명을 깊이 깨닫게 되었다. 류소분 자매는 주님의 이 지상명령을 행동으로 실천하기 위해 뜨거운 열정을 품고 본 동네는 물론 인근마을을 돌면서 매일같이 복음을 전했다. 그리고 예배드릴 장소를 옮겨야할 사정이 생기자 류 자매는 선뜻이 자기 집 한 칸을 비워놓고 가정교회 처소로 사용하게 했다.

그러던 어느 날 류 자매는 교회일꾼들과 함께 버스를 타고 오상시 민의향 어느 마을에 가서 복음을 전하게 되었다. 그 동네엔 늙은 노인 부부가 이웃하고 살고 있었는데 류 자매네 전도 팀은 먼저 동쪽 집 노인 부부에게 전도하여 그들이 주님을 영접하게 되었다. 그러자 이 노인부부에게 붙어있던 귀신들이 쫓겨나가서 서쪽 집 노인부부 속에 들어가 미친 듯이 행악질했다. 이 소식을 접한 전도 팀은 인차 서쪽 집으로 옮겨와서 노인부부 몸에 붙은 귀신들을 예수님의 이름으로 쫓아냈다.

또 서쪽 집 노인부부에게도 복음을 전하여 마침내 두 집 노인들이 다 주님을 믿는 그리스도인들이 되었다. 그리고 그 동네 40대 초반의 한 남자는 문둥병자였는데 병이 전염되는 것을 막기 위하여 집식구들이 있는 본채와 따로 떨어져있는 바깥 창고에다 구들을 놓고 기거시키고 있었다. 그가 있는 창고에 들어가면 살 썩는 냄새가 진동하여 숨이 막히게 하였고 파리 떼가 들끓어서 그야말로 아수라장을 이루고 있었다. 그러나 전도 팀 일행은 오직 주님의 사랑으로 그 문둥병자를 찾아가서 열심히 하나님께 치유해달라고 간구했다.

류 자매가 문둥병자의 상처에 손을 얹자 피고름이 그녀의 손가락 사이에서 줄줄 흘러나왔다. 그러나 전도 팀 일행은 아랑곳 하지 않고 다 같이 상처부위에 손을 얹고 하나님께 간절히 기도를 올렸다. 그 후에도 전도 팀이 수차례 찾아가 기도해주자 그 문둥병자의 상처가 하루하루 쾌유를 보이기 시작하더니 드디어 어느 날 하나님의 은혜로 놀랍게 치유 받는 역사가 일어났다.

그 후 그 치유 받은 환자네 가족 여섯 식구가 전부 주님을 영접하였고 본채에 있는 넓은 칸에다 가정교회 처소를 세우게 되었다. 그리고 그 동네에 예수님에 대한 좋은 소문이 쫙 퍼지게 되었고 너도나도 교회로 나와 등록하는 열조가 일어났다. 그 뒤 그 마을 대부분 사람들이 다 주님을 기꺼이 영접하는 큰 복을 받았다.

그 후 주님께서는 류소분 자매를 놀랍게 들어서 사용하여 주셨다. 어느 하루는 공교롭게도 3명의 앉은뱅이 환자가 류 자매님 가정교회로 연이어 들이닥쳤는데 류소분 자매가 예수그리스도의 이름으로 기도하며 "일어서라"고 명령하자 두 명이 그 자리에서 벌떡 일어나 고침 받고 집으로 돌아갔다. 남은 한명은 비록 고침은 못받았지만 이 기적적인 광경을 보고나서 분명 예수님이 살아계신다는 것을 깨닫게 되었고 확신을 가지고 신앙생활을 잘 할 수 있게 되었다.

그 뒤로 매일같이 류소분 자매님의 가정교회로 병자들이 몰려들었는데 그때마다 류 자매님은 오직 하나님의 능력으로 귀신을 쫓아내고 봉사, 귀머거리, 암환자 등등 온갖 불치병들을 치유했다. 심지어는 죽은 사람에게 손을 얹고 기도하자 반시간 만에 살아나는 기적의 역사까지 일어났다.

또 한사람은 극약을 마시고 뒤늦게 병원에 실려 갔는데 의사들이 검사해보고 나서 이미 구급시간이 너무 많이 지나서 도무지 손을 써 볼 여지조차 없기 때문에 빨리 집에 돌아가서 장례준비나 하라고 했다. 그러나 그때 급한 연락을 받고 병원에 찾아온 류소분 자매가 예수님이름으로 소생하여 일어나라고 명령하며 기도하자 다 죽은 것과 다름없던 그 사람이 갑자기 정신이 돌아오면서 자리에서 벌떡 일어났다. 의사들은 이 전설과 같은 기적 앞에서 입을 딱 벌리고 경악할 뿐 찍소리 한마디 못했다.

그 후 류소분 자매에 대한 수많은 이야기가 한입 두입 걸려 널리 알려졌는데 그 이야기를 듣는 사람마다 엄지손가락을 내밀며 "류 자매가 믿는 예수님은 진실로 우주의 왕이시다"고 극찬을 아끼지 않았다(여기서 한 가지 부언을 남기고 넘어가려고 한다. 물론 하나님께 받은 생생한 간증이기에 필요 없는 언급이긴 하지만 극소부분이라도 오해를 사는 일을 피면하기 위하여 적는 바이다. 「하나님이 덤으로 주신 삶」 이 책의 처음부터 끝까지 모든 내용은 사실 그대로를 진솔하게 적은 것이다. 특히 "산하툰 한족교회 간증"은 임이순 목사가 이 이야기에 나오는 주인공들에게 전화로 사건의 진실여부를 일일이 체크하고 거듭 확인한 후 필자에게 자료를 보내왔기 때문에 의심의 여지조차 없는 것이다. 다만 일부 등장인물들의 개인적인 요구에 의해 그들의 이름만 가명으로 바꿨음을 이 자리를 통해 밝히는 바이다).

(5) 절망 속에서 태어난 주의 종 가족

흑룡강성 오상시 산하툰 진에는 림업국에 출근하는 리성요라는 청년이 있었다. 그는 항렬이 둘째였기에 동네에서는 그를 리로얼이라고 불렀다. 그런데 언제부터인가 그의 왼쪽 다리에 예사롭지 않은 탈이 생겨서 그는 출근을 못하고 림업국 병원에 다니면서 침구치료를 받았으나 동통은 날로 더해가고 있었다. 인내가 한계에 이르던 리성요는 마침내 할빈시 의과대학 병원에 가서 검진을 받게 되었다. 그런데 검사결과는 너무도 참담했다. 다리뼈가 썩어 들어가는 일종의 난치병으로서 현대 의학으로서도 속수무책이라는 것이었다.

그때로부터 리성요와 그의 가족의 앞길에 어두운 구름이 덮이기 시작했다. 용하다는 의사는 다 찾아다니고 약도 숫하게 썼지만 효험이 없었다.

그때 외가친척이 되는 어느 지인이 산서성 모병원에서 이런 난치병을 다루고 있다는 정보를 알려줘서 리성요는 머나먼 원정길을 떠나 산서성 병원에 가서 진료를 받게 되었고 그 후 6년이라는 긴 시간을 그 병원에서 입원치료를 받으며 16만원이라는 거금을 탕진했다. 하건만 야속하게도 병세는 점점 더 심해지기만 했고 나중엔 다리피부까지 검은색으로 변하면서 급속도로 악화되자 의사는 다리를 끊어야 한다는 최종적인 진단을 내렸다. 다리의 흑사균이 전신에 퍼지면 생명이 위험하다는 것이었다.

그러나 리성요는 "죽으면 죽었지 다리는 못 끊겠다"고 왕고집을 부렸다. "외다리 병신이 되는 것보다 차라리 죽는 게 낫다"고 마음을 모질게 먹은 것이었다. 그리고 그날로 퇴원하고 집으로 돌아오고 말았다.

하지만 정작 집에 돌아오고 보니 마음은 더욱 괴로움 속에 묻히게 되었다. 그동안 리성요의 동창생들과 직장동료들은 다 결혼하여 가정을 이루고 사업도하고 장사도하면서 깨알이 쏟아지게 살고 있었다. 그러나 이성요 자기 자신은 어찌된 운명의 작희로 망망대해의 난파선 같은 파국을 맞았단 말인가? 그리고 평온하던 가족 식구들은 또 어떻게 됐는가?

지난 7-8년 동안 있는 돈 없는 돈을 몽땅 자기에게 쏟아붓다보니 부모형제 모두가 털면 먼지밖에 없는 빈털터리가 되어있었고 셋째 여동생은 사범학교에 시험을 쳐 합격됐지만 학비가 없어서 못가고 있었다. 더욱 통탄할 일은 이 못난 둘째아들 때문에 노심초사하시던 어머니가 불면증에 시달리다가 정신분열증까지 걸린 것이다. 이 불초 죄를 무엇으로 어떻게 갚는단 말인가? 이 모든 액운의 장본인은 리성요 자신이고 더 이상의 가정 불행은 용인할 수 없었다. 이미 산서성을 떠나올 때부터 각오한 바 있었던 그였기에 치사량이 되고도 남을 수면제를 준비해놓고 이성요는 연속 며칠 동안 저녁 잠자리에서 입에다 털어 넣으려고 시도했지만 그때마다 불쌍한 부모가 자식의 횡사를 감당하지 못하고 불행하게 운명이라도 한다면 이야말로 장강, 황하물을 다 쏟아 부어도 씻을 수 없는 불효 죄가 된다는 두려운 예감 때문에 감히 마지막 한발자국을 내딛지 못하고 있었다. 그렇다고 포기한 것은 아니다. 언제고 다가오게 될 기회의 찬스를 기다리고 있을 뿐이었다.

그러던 어느 날 이성요의 집으로 중년 여인과 젊은 남자 두 명으로 구성된 전도 팀이 들이닥쳤다. 그들은 이 동네에 와서 집집마다 다니며 전도하다가 이집에 불치의 다리병 환자가 있다는 소식을 듣고 급히 찾아온 것이었다. 그날 집에는 리성요 부모와 둘째누이, 셋째누이와 리성요까지 다섯 식구가 있었다. 전도 팀 일행은 친절하게 수인사를 나눈 후 거실걸상에 앉아서 한참동안 열심히 기도부터 했다.

　기도가 끝난 후 중년여인이 자신의 이름이 진석결이라고 소개하고 나서 정중한 표정을 짓고 예수 그리스도의 구원의 복음에 대하여 진지하게 이야기하기 시작했다. 리성요는 난생처음 듣는 이야기였지만 너무도 경이로웠다. 사람이 한번 세상에 태어났다가 죽으면 그것으로 끝나는 줄 알았는데 전설과 같은 이야기이긴 하지만 천국과 지옥이 있다고 하고 또 하나님의 아들인 예수그리스도가 인간의 죄 문제를 해결하기 위하여 십자가에서 피 흘려 죽으셨다고 하니 세상에 이렇게도 기막히게 신비한 비밀이 있었단 말인가?

　단 한 가지 눈에 안 보이는 하나님의 신을 어떻게 믿어야 하는지가 무척 당혹스럽긴 하였지만 그러나 이상하게도 이성요의 마음은 예수님의 이야기 앞에 마음 문이 활짝 열려져있었다. 하여 그는 주저하지 않고 "나의 이름을 당신들 교회 명단에 올려 달라 예수님이 그렇게 훌륭한 인격을 가진 하나님의 아들이라면 나도 한번 믿어보겠다"하고 선뜻이 얘기했다. 리성요가 이렇게 적극적으로 나오자 전도자들은 이구동성으로 환영하였고 그 즉시 영접기도를 했다.

　그리고 그들 세 사람은 리성요의 병든 다리에 손을 얹고 간절하게 합심기도를 했다. 그런데 잠시 후 놀라운 기적 같은 효과가 나타날 줄이야 누가 알았으랴 그렇게 견딜 수 없게 아프던 다리의 극심한 통증이 거짓말같이 딱 멎었던 것이다. 이성요는 다리가 병든 이후로 이토록 통쾌한 치료효과를 받아보긴 처음이었다. 그는 너무 기뻐서 전도자들의 손을 붙잡고 연해연방 "감사합니다. 감사합니다." 하고 되뇌었다.

이날 하나님의 신기한 능력을 자신들의 눈으로 목격한 사람들은 물론 딴 집에서 살고 있는 큰 형 부부와 큰누이 부부까지 다 청해서 전 가족 9명이 전부 주님을 영접하는 큰 경사를 갖게 되었다.

그 다음 주일부터 이성요는 쌍지팡이를 짚고 가정식들과 함께 교회로 나갔다. 교회생활은 첫날부터 그에게 날 것 같은 즐거운 기분을 안겨주었다. 희망이라고는 찾아볼 수도 없이 외계와 단절되었던 그의 피폐한 삶은 해방되었고 하나님께 드리는 찬양, 기도, 설교말씀등 주일예배가 너무도 은혜스러웠고 신선했다. 그리고 교회 성도들마다 그에게 뜨거운 배려와 관심을 보여주었다. 이성요의 얼었던 마음은 주님이 머리가 되시는 이 교회라는 사랑의 공동체 속에서 감미롭게 녹아들고 있었다.

그 후 두 번째 주일 교회에 가서 이성요는 임이순 목사의 요한복음 3장 1절에서 8절까지의 설교말씀을 통해 실제로 기적 같은 거듭남의 체험을 갖게 되었다. 어느 한순간에 영혼심처까지 강력하게 부시고 들어온 이 중생의 경이로운 탄생은 인간의 힘과는 전혀 무관한 주님의 거룩한 선물이었다.

이날 이후로 성경에 기록된 생명의 말씀은 영의 피와 살로 이성요의 영혼 속에 주입되었고 그는 온전한 예수님의 사람이 되었다.

어떻게 되어 이런 전설과 같은 일이 일어날 수 있단 말인가? 답은 하나다. 하나님의 아들이신 예수 그리스도가 십자가에서 사탄의 권세를 부수고 인간의 죄 문제를 해결하셨기 때문에 누구든지 이 예수님을 믿기만 하면 예수님의 보혈의 공로로 하나님의 자녀가 되는 엄청난 권세를 받게 되고 영생을 유업으로 받게 되는 것이다.

한편 교회에서는 이성요의 다릿병 치유를 위해 산하툰 중심교회 기도목록에 올렸고 매일 200여 교회 수천 명 성도들이 이성요를 비롯한 불치병자들과 난치병자들을 위해 하나님께 울부짖으며 기도를 올렸다. 그들의 기도는 결코 헛되지 않았다. 이성요는 그 후 일 개월 만에 지팡이 하나를 버리고 한쪽 지팡이로만으로 걸을 수 있었고 반년이 되자 지팡이가 필요 없이 걸어서 교회를 다닐 수 있게 되었다. 현대의학으로서도 속수무책이던 이성요의 병들었던 다리는 주님의 은혜로 깨끗하게 치유함을 받았다.
지금도 그의 다리가 상처자국은 남아있어서 색깔이 거무스름하고 성한다리보다 가늘었지만 걷고 뛰며 활동하는 데는 조금도 지장이 없었고 성한다리와 똑같은 기능을 갖고 있다. 그리고 그의 병은 두 번 다시 재발되지 않았다.

이성요는 자기의 다리병을 치유하여 주시고 영생을 주신 주님의 하늘보다 더 높고 바다보다 더 깊은 사랑과 은혜에 보답하는 길은 오직 자신의 남은 일생을 하나님께 바치는 길밖에 없다는 것을 잘 알고 있다. 하여 그는 "아시아를 주님께로" 선교부에서 신학생 모집을 하자 선참으로 자보하여 입학했고 그 후 열심히 공부하여 신학

과정을 삼년 만에 마친 후 산하툰 중심교회 부 교역자로 초빙을 받고 취임한 후 임이순 담임목사와 손잡고 열심히 봉사하고 있다. 경사스러운 일은 연이어 일어났다.

다리병 때문에 결혼 같은 건 꿈도 못 꾸던 그에게 하나님의 은혜로 꽃 같은 처녀성도가 소개 들어왔고 성도들과 가족 식구들의 축복 속에서 임이순 목사의 주례로 아름다운 결혼식을 올렸다. 그리고 그 후 달덩이 같은 딸을 둘이나 낳았다.

이성요가 처음 신학공부를 시작했을 때 어떤 사유로 신학생 한 명이 비게 되자 이성요는 둘째누나를 권고하여 그 빈자리를 채우고 공부를 할 수 있도록 주선해주었다. 그 후 신학교를 졸업한 이성요의 둘째누나는 남편과 함께 오상시에 나가 개척교회를 시작했는데 처음 한동안은 교회가 부흥되지 않았고 여러 가지 애로점도 많았지만 불철주야로 하나님께 매달리며 기도하고 아파트 전도를 열심히 한 보람으로 개척교회 6년 만에 200여명의 성도를 섬기는 열정이 넘치는 목회를 하고 있다.

그리고 할빈 사범학교에 시험을 쳐 붙고도 돈이 없어서 못 갔던 막내 여동생도 뒤늦게 선교부 신학수업을 마치고 전도사 남편을 만나서 결혼한 후 오상시와 인접되어 있는 길림성 유수시에 가서 개척교회를 하게 되었다. 아는 사람이 한 명도 없는 생면부지의 시내에서 월세를 잡고 강대상을 비롯한 교회 성물들을 두루 갖추고 보니 손에 남은 돈마저 몇 푼 안 되었다. 그러나 그들은 물심양면으로 오는 온갖 쓴맛과 고생을 낙으로 삼으면서 긍정적인 믿음으로 밀고나갔다. 그들은 오직 말씀으로 오직 기도로 오직 전도로 주님의 지상명령을 실천하기 위하여 청춘의 열정을 불태워갔다. 개척교회 2년이 되는 시점에서 70여명의 성도들을 섬기고 있는 그들이었지만 결코 현실에 안주할 수 없었다. 그들 부부는 시편 81편 10절의 "네 입을 크게 열라 내가 채우리라"는 말씀을 붙잡고 보다 큰 꿈과 비전의 앞날을 위해 오늘도 주님 앞에 피터지게 부르짖고 있다.

한편 자식들을 다 내보내고 집에 남아있는 이성요의 부모님은(둘째 아들 다리병 때문에 타격을 받고 정신질환을 앓던 어머니는 주님을 믿고 나서 깨끗이 치유함을 받고 정상인으로 돌아와 있었다) 하나님의 하해 같은 은혜에 감지덕지하는 마음으로 산하툰 림업국 근처에 있는 자신들의 집을 깔끔하게 리모델링한 후 교회처소로 사용하게 하였는데 현재 50여명 성도들이 정기적으로 예배를 드리고 있다.

지난 날 절망과 어둠속에서 신음하던 리성요 가족은 인간의 언어와 문자로 다 표현할 수 없는 하나님의 사랑과 은혜 속에서 아름다운 임마누엘 가족이 되었고 도 꿈에도 상상치 못했던 주의 종이 세 가정이나 배출되는 주님의 큰 은총을 받았다.

27. 시련을 이긴 참 목회자

흑룡강성 할빈시 교향구교회 권종순 목사는 현재77세의 고령임에도 불구하고 변함없이 담임목사의 중책을 짊어지고 황혼목회의 열정을 끊임없이 불태우고 있다.

지난날 중국의 대부분 사람들이 그랬듯이 권 목사도 40대 후반까지 예수님에 대해 전혀 생소했고 관심을 가질 그 어떤 기회도 없었다. 그리고 종교에 관해선 백지상태나 다름없었던 그의 눈에는 종교단체가 별 볼일 없는 이상한 사람들이 집결한 허무한 집단쯤으로 비쳐졌을 뿐이었다.

당시 40대 후반이 된 권 목사는 건강문제로 하여 맥을 잃고 자포자기한 상태까지 이르러 있었다. 위, 간, 신장, 취장, 방광 등 오장기관에 생긴 온갖 고질병으로 하여 할빈시의 이름 있는 병원들과 용하다는 의사는 다 찾아다녔고 약도 수없이 먹었지만 병은 좀처럼 낫지 않았고 더 중해가고 있었던 것이다.

그러던 어느 날 권 목사는 시장에 나갔다가 성이 한 씨라는 젊은 한족 아주머니를 만나서 전도를 받았다. 난생처음 예수 그리스도의 십자가와 부활에 대한 이야기를 접하고 나니 권 목사는 헛웃음이 나왔다. 사람이 한번 태어났다가 죽으면 그것으로 끝나는 것이 정해진 이치인데 어떻게 죽은 사람이 다시 살아나서 천국에가 영원히 살 수 있단 말인가? 그리고 천국과 지옥이 존재하고 있는 것을 누가 본 사람이라도 있는가? 그런데 이상한 현상이 일어났다.

그의 심령 속 깊은 곳에서 이성적인 판단과는 상반되는 '저 여자를 따라 교회를 가보라'하는 불가항력적인 마음이 올라오고 있었던 것이다. 지금껏 있어본 적이 없는 모순된 감정 속에 못 배기던 권 목사는 "에라 믿겨야 본전밖에 더 되겠는가. 까짓 거 뭐 수틀리면 돌아오면 고만이 아닌가?"하고 생각을 정하고 그다음 주일날 한 씨 아주머니를 따라 교회로 가게 되었다. 그런데 처음에 가졌던 선입견과는 달리 권 목사는 교회에 간 첫날부터 무척 재미를 붙이게 되었다.

강단에서 설교하는 목사의 예수 그리스도에 관한 이야기가 그녀를 확 사로잡았던 것이다. 믿음이란 이성을 초월한 초자연적인 하나님의 선물이다. 누구든지 진심으로 하나님의 아들인 예수님을 믿고자하면 하나님께서는 반드시 영적으로 새롭게 태어나는 중생을 선물로 주신다는 것이다. 그리고 예수그리스도는 하나님의 능력이요 하나님의 비밀이라고 했다. 알 듯 말듯 한 말이다. 그러나 선천적으로 재빠른 이해력을 갖고 있는 권 목사는 이 중요한 말씀 속에 엄청난 비밀이 있다는 것을 깨닫게 되었다.

그 후 그녀는 한 달 동안 주일예배뿐만 아니라 삼일예배와 오일예배도 참석했고 교회에서 조직하는 부흥집회까지 빠짐없이 참석했다. 그러는 동안 권 목사에게서 놀라운 변화가 일어났다. 성령님의 놀라운 은혜로 그녀는 완전히 새롭게 거듭난 참 그리스도인이 되었던 것이다. 그뿐만 아니라 오랜 기간 동안 그녀의 몸을 괴롭히던 여러 가지 고질병들은 약도 별로 쓰지 않았건만 주님의 은혜로 깨끗하게 치유함을 받았다.

세상의 안목으로는 미천하게만 보이는 기독교라는 종교 안에 이렇듯 엄청난 비밀이 숨어 있을 줄은 권 목사로서는 상상도 못한 일이었다. 매일 매일을 감격과 축제 같은 기쁜 기분으로 신앙생활을 하다 보니 일 년이라는 세월이 너무도 빠르게 후다닥 지나갔다.

그러던 어느 날 부터인가 권 목사에겐 남모르는 한 가지 고민거리가 생기게 되었다. 그것은 자기는 운 좋게도 예수님을 믿고 한족 교회에 다니면서 영생구원과 엄청난 은혜를 받았지만 조선족들이 많이 살고 있는 할빈시 고향구에 조선족 교회가 없어서 동족들이 구원을 못 받고 있는 것이 눈에 걸렸고 너무도 가슴이 아팠던 것이다. 권 목사는 생각하다 못 해 출석하는 교회 담임목회자를 찾아가 상론하게 되었다. 담임목사는 그녀의 심정을 충분히 이해해주었고 권 목사에게 조선족들을 상대로 개척교회를 해보라고 제안하기에 이르렀다. 하지만 아직 신출내기 때를 못 벗은 권 목사에게 개척교회는 너무도 무거운 짐이 아닐 수 없었다. 그러던 어느 날 성경을 펼쳐서 읽고 있던 권 목사는 로마서 8장 12절 말씀 "그러므로 형제들아 우리가 빚진자로되 육신에게 져서 육신대로 살 것이 아니니라"를 통해 크게 깨달음을 얻었다.

사실 권 목사는 주님 앞에 엄청난 빚을 지고 있다는 것을 잘 알고 있다. 무릇 관계의 법칙이란 오는 것이 있으면 가는 것이 있어야 하는 것이 당연지사이다. 주님으로부터 영생구원을 받고 병 고침까지 받았으면서도 손발을 묶어놓고 가만있어서야 되겠는가? 하나님이 기뻐하시겠는가? 속담에 벼룩도 낯짝이 있다는데. 그렇다 바로 이거다.

내 사정 따위 안락한 옛 관습은 한쪽 켠에 밀어놓고 오직 하나님께 빚진 것을 만분의 일이라도 갚겠다는 심정으로 담대하게 개척교회를 시작해보자. 믿는 자에게는 능히 하지 못할 일이 없다고 주님이 말씀하셨는데 오직 믿음으로 주님을 의지하고 나서보자 이렇게 자신을 설득한 권 목사는 드디어 큰마음을 먹고 자신의 진로를 결정했다.

과감한 행동력을 갖고 있는 그녀는 당장 그 이튿날부터 복음전도에 나섰다. 우선 사람부터 모집해 와야 교회가 될 것이 아닌가. 교회당은 임시 자신의 집에다 차리기로 했다. 그런데 이상한 것은 자신은 별로 어렵지 않게 주님을 영접했건만 다른 사람들은 아무리 붙잡고 두 번 세 번 설명해줘도 좀처럼 이해를 못했고 피식피식 김빠진 웃음만 날릴 뿐 도무지 믿으려고 하지 않는 것이었다. 그야말로 맥 빠지는 일이었다.

이런 상황이 연이어 며칠째 계속되자 그제야 권 목사는 교회에서 전도는 사탄과의 싸움이기 때문에 기도의 제단을 많이 쌓아야 한다고 하던 목사의 설교가 생각났다. 그 후부터 그녀는 많은 시간을 기도에 투자하기 시작했다.

미국의 유명한 대통령이었던 링컨은 이런 말을 남겼다.

"굵은 나무를 찍는데 10시간이 소요된다면 나는 8시간을 투자하여 도끼날을 날카롭게 갈 것이다."

권 목사는 먼저 믿은 선배들, 특히 목회자들을 찾아다니며 조언을 구하기도 했다. 또 그들의 조언에 따라 기도의 도끼날을 날카롭게 갈기 위해 작정기도, 새벽기도, 금식기도, 철야기도 등 뼈 깎는 기도의 제단을 쌓아나갔다.

좋으신 하나님은 결코 그녀의 가상한 용기와 노력을 외면하지 않으셨다. 그 후 한명 두명 전도의 열매가 맺히기 시작하더니 불과 두 달도 안 되어 10여명의 새 신자가 모여들었고 반년이 지나자 30명으로 부흥되어 실내공간이 작은 개인집에서는 더 이상 용납할 수 없는 상황에 이르렀다. 그제야 권 목사와 성도들은 남강구에 있는 값이 비교적 싼 세 집을 구하고 내부 장식을 한 후 헌당예배를 드릴 수 있게 되었다. 당시 재정상황이 빈약했기 때문에 새 교회건물에 들어간 비용 절반이상은 국가대출을 낼 수밖에 없었다.

새 교회로 이주해 와서 어느 정도 자리가 잡히자 교회에서는 제직구성을 다시 편성하게 되었다. 성도들은 한결같이 권 목사를 목회자로 선거했지만 그녀는 자신의 설교재능이 부족하고 신앙경력이 짧다는 이유로 연변에서 이사 온 석동출이라는 사람을 목회자로 세웠다. 석동출은 신앙경력 4년에 입담이 좋아서 설교도 제법 번지르르하게 잘하였던 것이다. 그리고 권 목사 자신은 목회자를 섬기면서 전도부 책임을 맡고 교회를 부흥시키는데 전력하기로 했다.

그런데 누가 알았으랴. 처음 한동안은 교회가 100여명으로 부흥되고 잘나가는 양상을 보였지만 그 후 1년도 안 되는 사이에 교회가 두 번이나 쪼개져 나가는 불상사가 일어날 줄을. 권 목사가 수차 중재에 나섰지만 목회자와 첨예하게 대립된 성도들을 돌려세우는 데는 실패하고 말았다. 두 번의 난동을 겪고 나니 성도 수는 30여명 밖에 안 되었고 교회에 더 남아있을 면목이 없게 된 석동출은 목회자직을 내놓고 떠나가 버렸다.

그때 권 목사가 깨달은 것이 주님의 양떼를 치는 목회는 결코 세상지식이나 신앙경력, 및 설교재간 같은 것으로 하는 것이 아니라는 교훈이었다. 남은 성도들이 모여서 목회자를 새로 선거하게 되었는데 만장일치로 권 목사를 세우기로 했다. 성도들은 설교는 미끈하게 못해도 괜찮으니 제발 교회를 맡아달라고 간청하다시피 부탁했다. 두 번째로 갈라져나간 사람들 중에 재정 책임자가 있었는데 교회헌금을 한 푼도 안남기고 다 갖고 갔기에 당장 집세걱정부터 해야 했다. 권 목사는 두 번 다시 성도들의 기대를 저버릴 수 없었고 용기를 내어 대담히 목회자 책임을 수락하기로 했다. 그리고 오직 주님의 거룩하신 뜻을 따라 영적인 목회를 하리라고 속다짐하게 되었다.

그 후 한국에 있는 시집 친척으로부터 초청장이 와서 권 목사는 교회를 집사들에게 맡기고 남편과 함께 한국 여행길에 나섰다. 권 목사는 한국에서 김 선생을 비롯한 훌륭한 주의 종들을 만났고 그들의 도움으로 삼개월간 성경공부와 함께 특별히 목회자 영성훈련을 받게 되었다. 그 삼 개월은 권 목사에게 있어서 남은 일생을 목회사업에 헌신해야 하겠다는 비전을 확실하게 갖게 한 그야말로 가문 땅에 단비 같은 귀중한 시간들이었다.

한국에 다녀온 후 권 목사는 본격적으로 목회사업에 헌신하기 시작했다. 지나간 과거를 교훈과 거울로 삼은 그녀는 어머니의 마음을 품고 성도들의 아픈 애로점들을 위해 기도하고 심방하면서 있는 정성을 다하여 주님이 주신 사랑의 계명을 실천해 나갔다. 특히 자기 자신이 늦깎이로 주님을 영접한 것을 거울로 삼고 청년들 배양에 더 큰 심혈을 기울었다. 늙은 세대들의 계주봉을 받아 쥐고 먼 장래까지 주님의 교회를 이끌고 나갈 사람들은 바로 지금의 청년들인 것이다.

이런 취지에서 권 목사는 김철이라는 신앙이 좋은 청년을 청년회장으로 세운 후 교회 청년부를 조직해 주었다. 그리고 권 목사 자신이 선봉장이 되어서 제직들과 성도들을 이끌고 시도 때도 없이 열심히 전도한 보람으로 불과 1년도 안되어 교회는 다시 100여 명 성도로 부흥되었고 그중에 끌끌한 청년들만 20여명이 되었다.

　권 목사는 교회에서 주는 사례비를 한 푼도 개인의 용처에 쓰지 않고 생활이 어려운 성도들의 구제와 청년들의 활동경비로 아낌없이 사용했다. 그리고 청년들의 활력을 돋구어주고 그들을 주님의 일꾼들로 키우기 위해 권 목사는 청년회장과 함께 제자양육 훈련, 찬양집회, 야외활동, 교회 운동대회 등 다양한 프로그램을 조직하여 청년들의 활동무대를 만들었다. 그리고 당시만 해도 주머니사정이 여의치 못한 청년들의 실체를 감안한 권 목사는 청년들에게 성경책, 필기장, 연필, 세면도구, 신, 옷, 먹거리 등 생활필수품들을 경상적으로 공급해 주면서 그들을 친자식같이 사랑하였고 매일같이 그들의 손을 잡고 기도해 주었다. 권 목사의 노력은 결코 헛되지 않았다. 이 청년들 속에서 적잖은 우수한 주님의 일꾼들이 배출되었고 그들이 훗날 새 시대 교회의 주력군들이 되었다는 사실이다.

　그 후 남강구 교회집 건물주가 집을 비워달라는 통고가 왔다. 저쪽사정은 이미 예상되었던 일이었다. 권 목사는 그 이튿날부터 조선족이 많이 살고 있는 고향구에 가서 교회로 사용할 합당한 매물을 찾기 위해 부지런히 쫓아다녔다. 그는 길을 가면서도 끊임없이 하나님께서 인도해주시고 해결하여 달라고 간구했다. 목회자나 성도들에게 있어서 가장 중요한 일 중의 하나인 교회당 건축을 위하여 권 목사는 기도를 많이 해왔고 자금도 어느 정도 비축하고 있었다. 하나님께 예배드리는 정소인 예배당을 개인집 살림처럼 월세로 전전해서는 안 될 일이었다. 발이 닳도록 애타게 찾아다닌 지 삼일 만에 드디어 고향구 다리 옆에 있는 허름한 단층 건물이 권 목사의 시야에 들어왔다.

그리고 마음속에서 '바로 저 집이다.'하는 반응이 즉시 올라왔다. 그가 마음속으로 그림을 그리고 있던 꽤 많은 평수를 갖고 있는 낡은 집이었다. 그런데 정작 집주인을 찾아서 교섭해보니 부르는 값과 갖고 있는 금액이 왕창 차이가 났다. 그렇다고 물러설 권 목사가 아니었다. 이 집터에다 교회당을 꼭 짓고야 말겠다는 집념을 갖게 된 그는 또다시 수십 차례를 끈질기게 쫓아다니던 끝에 마침내 집주인의 마음을 감동시켰고 일반시세보다 훨씬 싼값으로 그 집을 매입할 수 있게 되었다. 그 후 권 목사는 선교부의 후원과 국가대출을 내서 외양도 보기 좋고 성도들을 수용하고도 남음이 있는 멋진 교회당을 건축하고야 말았다.

하지만 속담에 호사다마란 말이 있듯이 그가 한창 잘나가고 있을 때 원치 않는 시험이 다가오고 있을 줄은 꿈에도 생각지 못했다. 2003년 초가을 일이다. 그때 교회 성도들에게 여러 가지 문제가 생겨서 권 목사는 밤잠도 제대로 못자면서 기도하며 심방을 다니고 있었다. 그런데 종래로 있어본 적이 없는 이상한 갈증이 생겨서 그는 하루에 적어도 큰 보온병으로 두 보온병의 더운물을 마셔야 했다. 그리고 하루가 다르게 온몸의 힘이 다 빠져나가는 것 같았고 맥이 없어서 걸음걸이조차 힘들었다. 그러던 어느 날 뒤늦게 이 사실을 알게 된 교회 최광 전도사가 강권적으로 권 목사를 모시고 할빈시 의과대학 병원으로 가게 되었다. 그런데 병원 검진결과가 혈당수치 20을 초과하는 당뇨병으로 나올 줄이야 누가 알았으랴.

그날 병원에서 지어준 한약과 양약 한보따리를 갖고 집에 돌아온 권 목사는 하나님 앞에 무릎을 꿇고 회개기도를 간절히 드렸다. 그리고 최 전도사가 집으로 돌아간 뒤 그는 약이 아니라 믿음으로 당뇨병에 도전하기로 마음을 단단히 먹고 약보따리를 들고 벌벌 기다시피 2층에서 밑에 층으로 내려가 쓰레기통에다 던져버렸다.

그날 저녁부터 권 목사는 3일 동안 금식하면서 주님 앞에 간절히 매달리며 애통한 기도를 드렸다. 너무도 힘들고 견디기 어려운 3일 금식 기도를 간신히 마치는 날 놀라운 일이 일어났다. 지난 두 주일동안 매일 컵 두 개에 더운물을 붓고 양손에 잡은 후 연신 마셔야 했던 그 지독한 갈증을 가라앉히고 다시 물을 그렇게 마시지 않고도 견딜 수 있었던 것이다. 그리고 아들이 당뇨병 초기에 쓰는 밀방 한약을 구해 와서 그 약을 복용하고 병이 많이 호전되었다.

하나님께서 병원 의사들도 깜짝 놀랄 정도로 권 목사의 혈당수치를 6으로 낮춰주셨고 치유의 은혜를 베풀어 주신 것을 훗날 병원에 가서 재검사를 한 후에야 알게 되었다. 그리고 지금까지 권 목사의 당뇨병은 계속 그 상태를 유지하고 있으며 더 이상 발작하지 않고 있다. 하지만 시험은 거기서 끝나지 않았다. 2007년 가을 더 무서운 시험이 대기하고 있었던 것이다. 그 당시 고향구 권 목사네 교회 주위에 아파트단지 건설이 시작되어 그들도 교회로 쓰던 집을 비우고 임시로 예배드릴 장소를 구해야했다. 또다시 셋집을 구하러 돌아다니다가 다행히 쎈청쇼취에서 교회로 사용할만한 건물을 발견한 권 목사는 건물주를 찾아가 계약을 하고 그 건물에서 예배를 드릴 수 있게 되었다. 집이 고향구에 있는 권 목사는 매일 새벽 3시 반이면 잠에서 깨어나 새벽예배 드리러 8리길 되는 거리를 걸어서(새벽시간이기 때문에 버스가 없었다) 다녀오군 했다.

사건이 생긴 그날도 권 목사는 교회의 여러 가지 문제들과 특히 새로 짓고 있는 아파트교회 내부 장식비용 등 경제문제 때문에 열심히 기도하며 걸어가고 있었다. 그리고 임시교회 건물 앞에 거의 당도할 무렵 눈을 감고 마무리 기도를 했다. 그런데 바로 그때 화물차 운전기사가 차에 시동을 걸고 뒤로 후진하다가 아직 날이 채 밝지 않은 희미한 새벽이여서 뒤에 사람이 있는 것을 보지 못하고 그만 눈을 감고 무방비 상태에 있는 권 목사를 뒷바퀴로 깔고 넘어가고 말았다. 그 운전기사가 고의적으로 뺑소니쳤는지 아니면 사고 난 것을 모르고 떠났는지는 불명확하지만 십중팔구는 뺑소니인 것 같았다.

권 목사는 피투성이 된 채 건물 옆에 쓰러져 있었다. 그때 마침 지나가던 두 행인이 이 참상을 보고 경찰에 신고하여서 이내 경찰차가 올 수 있었다. 차에서 내린 경찰관이 의식을 잃고 있는 권 목사를 간신히 깨워서 집주소를 물었다. 그래도 어떻게 가물가물 정신을 차린 권 목사는 최근에 바뀐 자신의 집 전화번호를 가까스로 알려준 후 다시 그 자리에서 실신하고 말았다. 그리고 권 목사가 정신을 차렸을 때는 병원 입원실이었다.

그동안 이미 수술까지 끝났고 마취상태에서 벗어난 뒤였다. 수술은 4시간 만에 끝났는데 상처는 척추 두 곳이 골절되었고 갈비뼈가 오른쪽 세 개, 왼쪽 두 개가 끊어졌으며 경부는 분쇄성 골절이었다. 특히 척추신경은 여간 민감한 곳이 아니었기에 같은 병원에 입원해있던 정씨 할머니는 척추 상처가 권 목사보다 훨씬 경했지만 신경을 잘못 건드려놔서 평생 불구가 될 위험을 안고 있었다. 하지만 큰 사고를 당한 권 목사는 하나님의 은혜로 신경 하나 무리가 안가서 후유증 걱정은 안 해도 된다고 했다.

권 목사는 병원에서 40일 동안 입원치료를 받은 후 출원하여 집에 돌아와서 2개월간 휴양을 하게 되었다. 그런데 자칫 생명의 위험까지 감수해야 할 뻔했던 이번 큰 사고가 아이러니하게도 권 목사에겐 오랜만에 가져보는 긴 휴식으로 되었다. 그동안 너무 분망하여서 휴식다운 휴식한번 못 가져봤던 것이다. 권 목사는 상처의 동통을 극복하면서 주님 앞에 열심히 기도의 제단을 쌓았고 또 주제별 성경연구와 목회학 학습을 하는 등 주어진 시간을 귀하게 활용하고 있었다.

그런데 엉뚱하게도 교회에서 문제가 터질 줄이야 누가 알았으랴. 권 목사가 삼개월간 교회를 비우는 동안에 130여 명 되던 성도 중에 50여명이 떨어져 나가서 80여명밖에 안 남았고 새벽예배와 금요일 철야예배 때마다 50여 명씩 나오던 성도들이 지금은 그 절반도 안 나오고 있다는 것이었다. 하여 그동안 교회를 맡고 있던 조상복 전도사가 허겁지겁 찾아와서 "우리교회는 권 목사님이 안계시면 안 되기 때문에 주일날 교회로 나와서 걸상에 앉아 설교해도 좋으니 제발 나와 달라"고 통사정을 했다.

그다음 주일날 권 목사는 아들에게 업혀서 택시를 타고 교회로 나가게 되었다. 그리고 조전도사 말처럼 걸상에 앉아서 아직 채 회복되지 못한 상처로 하여 진땀을 흘리며 설교했다. 권목사가 다시 교회로 나오자 다른 교회에 갔던 성도들이 돌아오기 시작하였고 불과 한 달도 안되어 130여명 성도로 원상복귀 되었다.

앞부분에서 잠깐 언급한바 있지만 권 목사는 교회 청년들에게 각별한 중시를 돌렸고 그들을 주님의 일꾼들로 키우기 위해 많은 심혈을 기울여왔다. 왜냐하면 다음세대의 교회 주인공들은 바로 청년들이기 때문이었다. 권 목사는 자신이 점을 찍고 배양한 청년들을 일단 시기가 성숙되었다고 판단이 서면 과감하게 그들에게 알맞은 선교지를 정해주고 내보냈다.

그리고 교회에서 전폭적인 후원을 아끼지 않았다. 현재 권 목사가 파송한 청년 사역자들이 일곱 개 지역 도시로 나가서 목회하고 있고 이들을 위해 권 목사는 불철주야로 수도 없이 기도하고 있다. 이들의 명단은 아래와 같다.(본인들의 요구에 의해 이름을 약간 고쳤음을 밝힌다.)

내몽고 우르무치시의 박형숙, 최경은 부부, 상해시 조영곤 김홍월 부부, 산동성 청도시 김철봉, 흑룡강성 할빈시 향방구 이영옥, 할빈시 강북구 배성광, 흑룡강성 오상시 박춘봉, 길림성 연길시 김철 등이다. 이들은 다 권 목사의 분신과 같은 영적인 자식들이며 아끼고 아끼는 제자들이었다. 이들은 현재 각자들이 맡은 사역지에서 괄목할만한 풍성한 복음의 열매를 거두고 있다. 그리고 더 다시는 영적인 어머니인 권 목사의 물질적 후원을 받지 않고도 사역을 감당할 수 있는 정도로 자립하고 있다. 그러나 권 목사는 지금도 제자들이 선교지에서 말 못할 고충을 겪고 있는 것을 알기만하면 빚을 내서라도 후원하고야 만다.

권 목사의 목회철학 방침을 한마디로 요약한다면 투명목회라고 할 수 있다. 즉 어느 누구도 의심할 여지가 없이 들여다 볼 수 있는 투명목회를 말한다. 목회자라 하면 어느 누구나 겸손과 사랑과 뜨거운 마음으로 주님을 섬기고 성도들을 섬겨야한다고 말한다. 그러나 목회자 자신이 근원적으로 투명하지 못하다면 즉 청결한 마음의 모범이 되지 못한다면 뒤따라오는 성도들에게 올바른 영향력을 행사하기가 어렵다는 것이 권 목사의 지론이다.

그래서 권 목사는 목회의 길에 들어선 애초부터 스스로 자신에게 엄격한 규범 세 가지를 세웠다. 그 첫째는 교회에 주는 사례비를 한 푼도 개인이 점유하지 않고 100%로 구제, 제자양육 등 교회의 공적인일에 사용한다. 그 둘째는 교회적으로 나가던 개인적으로 나가던 권 목사 자신의 심방비는 개인부담 한다(이 항목에서 경제래원은 아들과 세 딸이었다). 마지막 세 번째, 어떤 이유로 받았던 간에 주의 종을 섬긴다고 주는 돈을 막부득이한 경우에 받았을 때는 100%로 고스란히 연보 통에 가져다 넣는다는 것이었다(이 항목은 권 목사가 워낙 많이 심었기 때문에 많이 받을 수밖에 없었지만 이 또한 에누리가 없었다).

권 목사가 자기 자신에게 제정한 이 세 가지 100%야말로 의문의 여지가 없는 투명목회에 대한 답이 되는 것이다.

목회자가 이런 식으로 마음의 청결을 실천할 때 그 뒤를 따르는 성도들도 세상의 온갖 오염을 떨쳐버리고 목회자를 본받기 마련이다. 여호수아 14장 12절에서 갈렙이 "이 산지를 내게 주소서"하고 호기 있게 외친 것 같이 할빈시 고향구 교회 권종순 목사도 하나님 앞에 "저를 주의 종으로 오래오래 사용하여 주소서"하고 간구하면서 오늘도 씩씩하게 사역의 힘찬 발걸음을 내딛고 있다.

28. 선교의 거목 김 선생

1980년대 중반 이후로 동북삼성을 주 무대로 삼고 가정교회 선교영역에서 현대판 허드슨 테일러 같은 획기적인 한 획을 그은 큰 인물이 있었는데 그가 바로 김 선생이라고 호칭하는 〈아시아를 주님께로 선교회〉 회장이다. 만약 김 선생을 만나본 사람들에게 그의 첫인상이 어떻더냐고 묻는다면 두말 할 것 없이 "얼핏 봐도 비범하게 생긴 큰 인물 같더라"고 대답할 것이다. 사실 김 선생은 준수하고 건장한 인물체격에다 뛰어난 리더십까지 골고루 갖춘 탁월한 인재형 인물임에는 틀림없었다. 언젠가 김 선생은 공개석상에서 무슨 말 끝에 격앙된 모습으로 이런 말을 한 적이 있다.

"만약 내가 하나님의 부름을 받지 않았더라면 지금쯤 정치판에 뛰어들어 대통령 후보로 나섰을 것이라."

우리들 눈에도 만약 그가 정말 한국대선에 나선다면 모든 정치판 적수들을 단연히 찍어 누르고 역대 어느 대통령 못지않은 하늘을 찌르는 인기를 한 몸에 안고 한시대의 풍운을 휘어잡는 한국

대통령으로 추앙될 것이라는 믿음을 안겨주었다.

　그러나 겉보기와는 왕창 다르게 김 선생에게도 그 당시 민족의
불운이 겹친 고난의 연대를 감수해야 했던 수많은 사람들과 별로
다를 바 없는 너무도 가슴 아픈 수난의 과거가 있었다. 1943년 남
한 땅에서 태어난 김 선생은 다섯 살 어린나이에 하늘같은 아버지
를 병마에게 빼앗기고 고아원에 가서 10년이라는 세월을 애환의
삶속에서 보내야했다.
　연약한 어머니의 혼자 힘으로는 여러 자식들을 키울 수 없었기
때문이었다. 속담에 가난한집 아이가 셈이 빨리 든다고 철부지 어
린 나임에도 불구하고 아버지가 없는 가정의 맏아들로서의 책임감
을 항상 작은 가슴속에 간직하고 있던 김 선생은 1958년 16세의
소년으로 자라나자 분연히 고아원을 떠나 집으로 돌아왔다.
　그때는 남한 땅 그 어디에나 빈곤의 잿빛 구름이 덮여있던 암울
한 시절이라 10년 만에 가족으로 돌아온 상봉의 기쁨도 잠시였고
그는 어머니를 도와 생계를 이어나가는 생활전선에 뛰어들어야 했
다. 어린소년 김 선생이 할 수 있는 일이래야 구두닦이, 껌 장사, 신
문팔이, 지게질 같은 최하층 시민의 밑바닥 일밖에 없었지만 그래
도 외롭고 서러웠던 고아원을 떠나 제집에 돌아와서 어머니를 도와
가정을 부양하는 책임을 분담하고 있다는 이 한 가지 사실만으로
도 여리고 여린 김 선생의 마음은 적잖은 위로를 받고 있었다.

　어머니와 함께 어린 동생들을 훌륭한 사회인으로 추려내는 고된
삶속에서 다시금 15년이라는 세월이 흘러 지나서 김 선생 나이가

30세 되던 1972년 초였다. 도저히 이 상태로서는 자신의 꿈을 펼칠 수 없겠다고 판단한 김 선생은 과감하게 미국행을 결심하게 되었고 여러 면으로 수소문하던 끝에 친구들의 도움으로 미국으로 이민 가는 길을 드디어 뚫을 수 있게 되었다. 그런데 여기저기 들어가는 수수료가 만만치 않았고 결국 입국 비자까지 받고 보니 그동안 간신히 모아놓은 돈이 바닥나서 비행기 표를 살 돈마저 없었다.

친구나 아는 사람을 찾아가면 초라한 대로 변통이 안 될 것도 없겠지만 그러나 자존심과 체면이 구겨지는 일은 딱 질색하고 있던 김 선생은 잠시 눈을 감고 사색하던 끝에 다른 사람은 흉내도 낼 수 없는 기상천외한 방법을 모색해냈다. 그 이튿날 김 선생은 해당 항공공사 책임자를 찾아가서 정색한 얼굴로 이렇게 문의했다.

"미국에 가서 돈을 버는 대로 갚을 테니까 외상 비행기 표를 끊어줄 수 없겠느냐?"

그 곳 항공책임자 A는 인물체격은 영준한 청년인데 어두운 밤에 홍두깨를 불쑥 내밀듯이 말도 안 되는 제안을 하자 처음엔 화가 꼭두 밑까지 치밀어 올라왔다. 그렇다고 상급자의 체면으로 직원들 앞에서 분노를 터뜨릴 수도 없고 하여 가까스로 참고 있다 보니 한편으로는 동정심도 들었다. 오죽 궁지에 몰렸으면 이런 엉터리 발상을 다 했겠는가 싶었던 것이다. 사실 A자신도 옛날 한때는 저 청년 못지않은 험난한 가시밭길을 걸어왔었다. 하여 그는 두말 않고 자신의 돈으로 김 선생의 비행기 표를 끊어주고 말았다.

그 후 미국에 건너간 김 선생은 자신이 약속한대로 건설 현장에서 첫 월급을 받은 그날로 이식까지 붙여서 한국항공공사 A의 빚을 갚았다. 그런데 미국 이민생활 첫걸음부터 김 선생을 괴롭힌 것은 힘든 노동이 아니라 영어였다. 한국에서 조금 배운 영어는 미국 현지 영어와는 다르기 때문에 언어소통이 안 되다 보니 성격이 급한 김 선생으로서도 헛웃음밖에 안 나왔다.

혀가 짧아서 말을 못하는 벙어리만 벙어린 것이 아니라 미국이라는 문명국에 와서 영어를 못하는 그 자체가 벙어리나 진배없다는 것을 김 선생은 깨닫게 되었다. 하지만 김 선생이 어떤 사람인가? 다섯 살 철없는 어린 시절부터 고아원에서 모든 풍파를 이기고 씩씩하게 자라났고 불의 앞에서는 물불을 가리지 않고 용감하게 싸웠기 때문에 고아원생 모두에게서 왕초로 떠받들리며 살지 않았던가? 그리고 집으로 돌아온 후엔 가정에서는 충복이요 사회 나가서는 아무리 힘든 일 앞에서도 꾀부릴 줄 모르고 성실하게 완력으로 밀고나갔기 때문에 꼬리 없는 황소라는 별명의 찬사를 받기도 했다.

그뿐인가? 친구들이 봉변의 위기에 직면할 때엔 서리 찬 칼날 앞에서도 눈 하나 깜짝하지 않고 배짱이 두둑하게 방패막이로 나섰기 때문에 위망 높은 큰형님대접을 받지 않았던가?

이렇듯 화려한 이력서를 갖고 있는 김 선생이 그래 이 영어라는 관하나 넘지 못하고 쩔쩔매서야 체면이 뭐가 되겠는가? 무엇을 한다하면 끝장을 보고서야 시름을 놓는 것이 주특기인 김 선생은 그 후 부터 영어회화 기초지식 책과 쉬운 영어낱말을 녹음한 녹음기를 가방에 넣고 다니면서 밤낮을 불문하고 수백 수천 번 읽고 듣고 연습하고 실습하면서 독파해나갔다. 그의 끈질긴 노력은 헛되지 않았다. 불과 몇 개월이 안 되어서 같은 수준이었던 한국 사람보다 훨씬 앞당겨 영어로 의사소통을 나눌 수 있는 첫 관문을 넘길 수 있었던 것이다.

그 후 김 선생은 건설현장에서 남들처럼 배당받는 급여로만 만족한 것이 아니라 사업가의 안목으로 주의 깊게 관찰하다가 마침내 자신의 날개를 펼 수 있는 좋은 항목을 발견했다. 그것은 투자가 적게 들면서도 높은 수익을 올릴 수 있는 낡은 집을 새집처럼 수선하는 공정이었다.

일단 목표가 정해지자 김 선생은 2년도 안되어 베테랑 기술자가 울고 갈 정도로 그 항목의 제반기술을 습득하게 되었다. 시기가 성숙되자 마침내 그는 직장에 사표를 내고 사무실 두 칸을 세낸 후 간판을 걸고 독립하기에 이르렀다. 그리고 김 선생과 가까이 지내던 동료들도 속속 찾아와 합류했다.

그 후 얼마 안 되어서 어느 지인의 소개로 첫 일감이 들어왔다. 비록 첫 솜씨였지만 김 선생의 머릿속에 청사진이 그려져 있었기에 집주인의 마음에 쏙 들게 낡은 집을 완전히 새집같이 변모시켰고 또한 집구경온 사람들마다 머리를 끄덕이며 탄복할 정도로 집수리 공정은 잘 되어 있었다. 발 없는 말이 천리를 간다고 이 사람 저 사람의 입을 통해 좋은 소문이 널리 퍼졌고 원근 각처에서 주문이 쇄도하기 시작했다. 그리하여 일감이 밀리게 되자 김 선생은 일꾼들을 더 모집하고 사업을 확장하게 되었으며 주야간으로 2교대 작업을 하지 않으면 안 되었다. 이렇게 사업이 번영일로를 달리게 되자 김 선생은 몇 년 안 되어 웬만한 부자들과 어깨를 겨룰 수 있는 돈을 착실히 모을 수 있게 되었다.

그러던 어느 날 사업상 교제로 하여 몇 번 만난 적이 있는 어느 그리스도인을 통하여 김 선생은 예수 그리스도에 대한 복음을 전도 받게 되었다. 하지만 처음엔 너무도 허황한 이야기 같아서 도무지 신뢰감을 가질 수가 없었다. 사람이 죽으면 당연히 소멸되어 없어지는 것이 이 세상의 막을 수 없는 자연의 법칙인데 어떻게 죽은 사람이 삼일 만에 부활할 수 있단 말인가 불교의 석가모니나 이슬람교의 마호메트도 다 죽었다고 들었는데 어떻게 기독교의 예수만 살 수 있단 말인가?

그리고 천국이요, 지옥이요, 심판이요 하는 이상한 이야기는 도대체 누가 만들어 내놓은 것인가? 이야말로 무지한 대중을 미혹시켜 교회당에 오게 하고 재물을 편취하려는 고단수 책략이 아니고 뭔가. 김 선생은 머리를 저었다. 가짜가 많은 이 세상에서 정신을 차리고 살아야 한다고 생각했기 때문이었다.

그런데 집으로 돌아온 김 선생에게서 이상한일이 벌어졌다. 이미 다 정리했다고 생각한 낮에 들은 예수그리스도에 관한 이야기가 다시 머릿속에서 재현되었고 '교회로 나가야한다'는 불가항력적인 마음이 영혼 속 깊은 곳에서 올라왔던 것이다. 이렇게 스스로 자신의 마음조차 확정할 수 없는 초자연적인 현상 앞에서 김 선생은 일단 두 손을 들고 말았다. 하지만 성령님의 역사는 너무도 놀라웠다. 그 다음 주일 한인교회에 나간 김 선생은 오후 두 번째 예배를 드린 후 그 자리에서 철저하게 꼬꾸라지고 말았다.

그는 눈물범벅 콧물범벅이 된 채 속에 응어리가 되어 들어 앉아 있던 온갖 죄들을 주님 앞에 울부짖으며 회개했다. 그리고 주님의 은총 속에서 진짜 그리스도인으로 탄생하는 거듭남의 체험을 갖게 되었다. 그 후 김 선생은 도급 맡은 현장 일들을 수하 부사장에게 맡기고 정신 나간 사람의 모양으로 시도 때도 없이 교회로 가서 주님 앞에 몇 시간씩 엎드려 기도했다. 그리고 교회에서 진행되고 있는 성경학습 세미나에 열심히 참석했다.

획기적인 거듭남의 영생의 생명을 받은 그날부터 김 선생의 삶은 세상적인 가치관에서 하나님의 무한대하의 가치관으로 옮겨온 인생일대의 과도기를 맞게 되었다. 그는 저녁마다 잠자리에서 난생처음 행복한 고민을 갖게 되었다.

'어떻게 해야 그리스도 예수 안에서 가장 값지고 보람된 삶을 살 수 있겠는가?'

바로 이 제목이 그의 행복한 고민의 주제였다.

마침내 김 선생은 주의 종의 길을 선택했다. 그리고 그는 과감하게 사업체들을 정리한 후 미국의 유명 신학원에 원서를 접수시켰다. 신학교 모든 수료과정을 우수한 성적으로 마친 후 김 선생은 아시아 여러 나라에서 미국에 온 이민자들을 상대로 복음을 전하면서 그들의 고충과 문제점들을 상담으로 해결해주는 해결사 역할가지 하면서 서서히 개척교회 건립을 추진하고 있었다.

그러던 1984년 초봄의 어느 날 김 선생은 기도를 통하여 주님으로부터 중국선교라는 놀라운 사명을 받게 되었다. 주님은 기도 중에 중국지도를 보여주셨고 뒤이어 잔잔하게 흐르는 시냇물을 사이에 두고 광활하게 펼쳐진 푸른 초장에서 포동포동하게 살이 찐 수 많은 양떼들이 앞 다투어 풀을 뜯어 먹고 있는 아름다운 그림 같은 모습도 보여주셨다. 그리고 중국 선교를 나가라는 뜨거운 마음을 주셨다. 기도를 통하여 주님의 뜻을 깨달은 김선생은 개척교회를 하려던 꿈을 접고 교회 나가서 삼일동안 간절하게 금식기도를 한 후 더 이상 주저하지 않고 뉴욕에 가서 북경행 여객기에 탑승했다.

이번 첫걸음은 현지답사부터 하자는 것이 그의 목적이었다. 그러나 정작 중국에 도착하고 보니 중국어를 한마디도 모르는 김 선생에겐 또 하나의 시련의 땅이 아닐 수 없었다. 그렇다고 마음을 지긋이 먹고 중국어 선생을 찾아서 중국어 회화를 배워야 할 그런 입장도 상황도 아니었다. 주님으로부터 사명을 받은 김 선생은 빠른 기간 내에 신앙의 동역자들을 규합하여 14억 인구를 가진 황금 어장인 중국 땅에서 복음전도의 불길을 지펴야만 했다.

그는 우선 호텔에다 숙소를 정한 후 중국의 명문대인 북경대학이나 청화대학 같은 곳에 가서 지식인들에게 영어로 복음을 전했다. 그리고 북경에 입주하고 있는 조선족 숙박업체와 조선족 식당들을 찾아다니면서 필요한 정보들을 입수하는 한편 당장 사용해야 할 쉬운 중국어 일부를 배우기도 했다(당시는 중국과 남한의 국교수립이 안되어 있었기 때문에 남한사람 만나기가 무척 어려웠다).

며칠간의 노력을 거쳐 김 선생은 조선족들이 많이 분포되어있는 동북삼성의 여러 지방들을 설문조사 하게 되었고 특히 흑룡강성에서 복음전도가 활발하게 잘 진행되고 있다는 귀중한 정보를 입수하게 되었다(이 정보가 그 후 김 선생의 중국선교에 뿌리를 내릴 수 있게 한 밑거름이 되었다). 그러나 김 선생은 남의 말만 들을 것이 아니라 자신이 직접 부딪쳐보고 확인하면서 전반적인 조선족들의 실태를 장악하기 위하여 요녕성과 길림성, 흑룡강성까지 조선족 집거 지구들을 차례차례 답사했다.

그리고 최후로 선택한곳이 흑룡강성 할빈시었다. 마침내 김 선생은 한국에 있는 지인의 소개로 만난 강바울 목사, 박새원 전도사, 미국적 젊은 한국인 구용해 전도사 등과함께 선교팀을 묶고 할빈시 고향구에다 〈아시아를 주님께로〉라고 명명한 선교부를 발족하기에 이르렀다.

그 후 선교자금 때문에 미국에 돌아온 김 선생은 자신이 지난날 사업해서 은행에 저축해둔 돈을 찾아서 중국 선교비로 충당하리라고 마음먹었다. 그런데 뜻밖에도 주님께서는 김 선생에게 갖고 있는 재산전부를 하나님 교회에 바치라는 사인을 하셨다. 그럼 중국 선교는 어떻게 하란 말인가? 일순간 김 선생은 당황하여 어쩔 바를 몰라 했다.

그러나 주님 앞에 무릎을 꿇고 간절히 기도하는 가운데서 중국 선교 비전을 주신 하나님께서 선교비용 문제로 하여 결코 자신을 난경에 빠뜨리지는 않을 것이라는 믿음을 갖게 했다. 하여 김 선생은 더 주저하지 않고 하나님 뜻에 순종하는 마음으로 자신의 명의로 되어있는 수십 칸 되는 집과 저축통장, 승용차와 혹시나 하여 창고에 쌓아두었던 많은 건축자재까지 아낌없이 교회에다 헌납했다.

그런 일이 있은 후 삼일 째 되는 날 김 선생 스스로도 너무 놀라서 어안이 벙벙하게 된 기적 같은 일이 일어났다. 미국 장로교 선교후원 단체에서 김 선생의 중국 선교 사업을 전폭적으로 후원해주기로 결정했다는 특대 희소식이 공문서로 작성되어 우편으로 부쳐왔던 것이다. 김 선생이 하나님의 뜻에 순종하여 자신의 재산을 하나님께 드리자 주님께서는 김 선생의 재물과는 비교가 안 되는 엄청난 후원의 문을 열어주셨던 것이다.

그리고 후에 있은 일이지만 미국 로스앤젤레스 교회의 한 성도는 개인적으로 김 선생의 중국 선교를 후원해주고 싶었지만 가정형편이 여의치 못하여 하나님께 기도하던 끝에 유효기간이 하루만 지나도 반값에 파는 부식품을 사서 생활을 영위하며 남은 돈을 김 선생의 선교단체에 오랜 기간 동안 후원했다고 한다. 이는 단순히 돈 문제를 떠나서 중국 영혼에 대한 한 이름 없는 성도의 뜨거운 사랑의 모습이 아닐 수 없었다.

또 한 가지 짚고 넘어가야할 이야기는 그 당시 중국대륙에 복음의 불길이 갓 지펴지기 시작하면서 방방곡곡에 교회가 세워지게 되었고 많은 사람들이 기독교 교회로 몰려들고 있었지만 문제는 성경책이 너무도 귀한 시절이었다는 것이다. 비록 남경에서 한글성경을 일부 인쇄하긴 했지만 수많은 성도들에게 공급하기엔 역부족이었다. 이 문제부터 시급히 해결해야 하겠다고 생각한 김 선생은 한국에서 운반해 오기로 결심했다. 하지만 그 당시는 중국과 한국이 수교가 안 되어 있을 때여서 직항편은 없었고 항공기를 이용하려면 홍콩에다 짐을 부쳤다가 다시 옮겨 실어야하는 번거로움을 피면할 수가 없었다.

그러나 뜨거운 열정이 불타고 있는 김 선생에겐 이정도의 고생은 문제가 되지 않았다. 그는 자신의 건장한 신체만 믿고 한국에서 홍콩공항에 도착한 성경책과 찬송가책 박스를 멜빵으로 100kg 가까이 짊어지고 다시 홍콩에서 할빈으로 가는 비행기 편으로 운반해야 했다. 그것도 한 두 번이 아니라 수차례를 왕복하는 고역을 치르고 나면 그의 온몸은 땀으로 흠뻑 젖었고 양쪽어깨에 패인 멜빵자리는 시퍼렇게 멍들어 있었다.

김 선생은 이렇게 두 어깨로 수많은 성경과 찬송가책을 중국선교 현지로 운반 해다가 돈 한 푼 받지 않고 무료로 조선족 교회들을 찾아다니면서 나누어 주었다. 그리고 성경과 찬송가책을 받아들고 너무 좋아서 덩실덩실 춤을 추는 성도들을 보고나면 그동안 쌓여있던 피로가 봄눈 녹 듯 다 사라지고 오히려 위로를 흠뻑 받았다고 한다(먼 훗날 이야기지만 그때로부터 30년이 흘러 간 지난 2013년 여름 김 선생은 허리 디스크로 수술을 받게 되었다. 젊어서 힘을 너무 과도하게 썼기 때문에 늙어서 병이 된 것이다).

그때 본격적으로 선교사역을 시작하면서 김 선생이 제일먼저 착수한 것은 중심교회 건축이었다. 한 개 중심교회라는 명칭을 갖게 되면 그 산하에 적어도 수십 개 지교회가 있었고 성도가 많은 한족중심교회들은 수백 개 지교회를 갖고 있기도 했다. 때문에 집회용으로 많이 사용되는 중심교회는 100명 내지 150명 이상 성도들을 용납할 수 있는 장소를 필수적으로 갖춰야했다.

교회당 건축은 본당과 식당, 다용도실, 화장실 순으로 이어졌고 그 외에도 밖으로 주위를 돌아가며 벽돌담까지 쌓는 공사였는데 조선족 중심만 해도 10개가 되었고 그의 숫자가 훨씬 많은 한족 중심들까지 하면 들어가는 돈 액수가 상당할 수밖에 없었다. 그리고 김 선생과 교통 점을 맺고 있는 동북삼성의 수백 수천 명 되는 교회사역자들의 사례비며 한족 성경과 한족찬송가, 학습자료, 복음전단지 인쇄비용과 그 외도 계획 외로 지출되는 지역교회 건축비와 구제비까지 다 포함하면 상상을 초월하는 엄청난 선교비가 뿌려지고 있었다.

하지만 뜨거운 열정의 소유자인 김 선생은 현 상황에 만족하지 않고 계속 새로운 일을 벌려나갔다. 그는 길림성 안도현에 있는 김옥정(가명)권사를 북한 선교사로 파송하여 지하교회 건립과 북한 전도에서 괄목할만하나 성과를 거두었다. 그리고 북한 선교에 관심 있는 한국목사들과 손잡고 연속적으로 북한 땅에 복음 전도자들을 파송함으로써 북한 복음전도의 탄탄한 기초를 닦아나갔다.

그 후 어느 날 중국복음의 장래를 위하여 청년들에게 복음을 전해야할 사명의식을 갖고 하나님께 기도하던 김 선생은 할빈시에다 영어 학교를 꾸리기로 결정하게 되었다. 교수진은 미국 현지에서 6명의 교사를 영입하여왔고 학생들은 동북삼성의 여러 지방에서 모집되어 왔다. 그리하여 3년 동안 수 백 명의 한족, 조선족 청년들에게 영어를 가르치는 한편, 계획적으로 그들에게 복음을 전할 수 있었다. 그런데 영어 학교 설립목적이 오직 영혼구원에 중점을 두었기에 수익과 영리를 앞세우는 다른 학교에 비해 경영이 무른 면이 있다 보니 적자가 생겨서 학교운영 3년 만에 문을 닫긴 하였지만 귀중한 젊은 영혼들을 주님 앞으로 인도하는 값으로 따질 수 없는 성과를 거두었다.

그리고 한 가지 꼭 짚고넘어가야할 사항은 김 선생의 철저하고 깨끗한 경제관념이다. 김 선생은 평상시도 일반사람의 가방보다 큰 가방을 메고 다니는데 그 가방 안엔 항상 거액의 현금다발이 들어있다. 하기에 언제 어디서 어떤 투자대상을 만나도 일단 영혼구원에 꼭 필요한 지출이라고 판단되면 즉시 그 자리에서 후원해줄 수 있었다. 하지만 공적인 일이라 할지라도 자기 개인과 관련된 일이라면 그때는 태도가 확연히 바뀐다. 그에겐 하나님이 맡겨준 선교헌금을 한 푼이라도 허투루 쓸 수 없다는 고정관념이 꽉 박혀있었던 것이다.

한번은 미국 어느 공항에서 가까운 호텔에가 투숙하려고 하였는데 투숙비용이 비쌌다. 그래서 돈을 절약하기 위해 공항에서 멀리 떨어진 곳까지 가서 호텔을 찾다보니 시간이 많이 지나서 새날이 환히 밝아왔기 때문에 김 선생은 잠자는 것마저 포기하고 목적지로 떠났다고 한다.

김 선생은 중국선교를 하면서 가족은 홍콩에 거주하게 했다. 그리고 생활비용을 주러 갈 때엔 인색한 생각이 들 정도로 쌀값, 채소값, 교통비, 세 딸의 학비, 책값 등등을 시시콜콜 계산하여 돈을 내놓고 갔기 때문에 사모님은 한 달을 살기가 빠듯했고 때론 뜻밖에 손님이라도 찾아오면 궁색하기가 그지없었다.

그러나 남편 못지않게 신앙심이 깊고 공과 사를 분명히 가릴 줄

아는 사모님은 불평한마디 하지 않았다. 한번은 막내딸이 감기 걸려서 계획 외 지출을 하다 보니 교통비마저 떨어져서 먼 길을 걸어다니는 고생까지 감수해야 했지만 후에 남편과 만난 자리에서 사모님은 내색조차 내지 않았다고 한다. 뭉치 돈을 한 가방씩 메고 다니면서 부인에게까지 이토록 깍쟁이 노릇을 한다면 누가 곧이든겠는가? 그러나 실제로 김 선생과 접촉해본 중국, 한국, 미국의 수많은 목사들과 동역자들은 경제문제에 관한 김 선생의 결백성을 이구동성으로 탄복할 정도로 높이 평가하고 있다.

언젠가 한번은 김 선생이 수백 리 떨어진 한족 중심교회 설교부탁을 받고 장거리 택시를 탔는데 택시기사가 김 선생이 돈 많은 외국인이라는 냄새를 맡고 협잡하려는 검은 마음을 품었다. 그는 주먹깨나 쓰는 건달동료 한명을 손님으로 위장하여 차에 태운 후 목적지가 절반쯤 되는 인적이 드문 산길 옆에 차를 세우고 나서 "길세 5천원(한화 90만원)을 더 내 놓으라. 우리가 어떤 어르신들인가 똑똑히 보고 봉변을 당하고 싶지 않으면 빨리빨리 돈지갑을 풀어라" 하고 통통하게 협박공갈을 들이댔다.
　그러나 하나님의 돈을 이런 망나니들에게 내줄리 없는 김 선생은 일단 차에서 내렸다. 두 놈은 김 선생이 겁내는 줄로 알고 인차 뒤따라 내린 후 눈을 부라리며 기세등등해서 욕지거리를 해댔다. 김 선생은 가소로워서 코웃음을 쳤다. 산전수전을 다 겪은 그에겐 이따위 나부랭이들은 안중에도 없었던 것이다. 오랜만에 몸이나 한번 가볍게 풀어보려고 그가 아무런 제스처도 취하지 않고 무작정 정면으로 달려들자 이 뜻밖의 사태에 선제공격을 하려던 두 작자가 오히려 어안이 벙벙해졌다.

기골이 장대한 상대가 비웃음발린 얼굴로 왕방울 같은 두 주먹을 부르쥐고 있었는데 자칫하다가는 돈을 빼앗기는커녕 뼈도 못 추릴 것 같은 위협이 다가왔던 것이다. 급기야 두 놈은 기가 질린 상통으로 서로 눈길을 교환하고 나서 황망히 뒷걸음질 치며 차문을 열고 올라앉더니 꼬리 빳빳이 삼십육계 줄행랑을 놓고 말았다. 도망치는 승용차를 가소롭게 보고 있던 김 선생은 터벅터벅 한참 걸어가다가 마침 같은 방향으로 가는 택시를 만나 합석하여 타고 빠듯하게 시간을 맞춰서 집회 장소에 도착할 수 있었다.

앞부분에서 〈아시아를 주님께로〉 선교부에서 꾸린 신학교에 관해 서술한바 있지만 좀 더 짚고 넘어가려고 한다. 조선족 신학교와 한족 신학교는 지금도 계속 수업을 진행하고 있다. 한족 신학교는 워낙 지원자가 많다보니 문제될 것이 없었지만 조선족 신학교는 위기를 맞고 있었다. 왜냐하면 중국의 조선족들이 출국의 붐을 따라 대량적으로 외국으로 떠나갔고 귀국한 사람들은 또 살기 좋은 남방 쪽 연해도시로 진출하다보니 조선족 집거 지구에 현존하고 있는 조선족은 그야말로 가뭄에 콩 나듯 하는 형국이 되고 말았다.

이런 상황 속에서 현재 7-8명밖에 안 되는 조선족 신학생이 11기생이라는 명맥을 간신히 유지하고 있다. 그러나 최후의 한명이 남을 때까지 조선족 신학교라는 이 전초진지를 고수하겠다는 것이 김 선생의 눈물겨운 백절불굴의 의지이다.

어떤 사업이든 영향력을 행사할 수 있는 리더가 중요하듯 선교사업 또한 예외가 아니다. 비록 7-8명이라는 적은 인원이지만 이들이 신학공부라는 매개체를 통해 기독교 교회의 사명감 있는 리더로 등장하게 될 때 주님의 대리인으로 역할을 하게 되고 새 시대의 복음의 장을 열 수 있다는, 바로 이 소중한 부분이 김 선생이 노리는 핵심적 모터였던 것은 두말할 것도 없다.

세월의 흐름은 강산도 변하게 한다고 마냥 젊고 패기 있고 씩씩하기만 하던 김 선생도 어느 결엔가 74세라는 노년기에 발을 들이민 연세가 되었다. 일찍 주님께서 환상으로 보여주셨던 수많은 양떼들을 위하여 험난한 가시밭길을 헤치고 지나온 세월 30여년의 역사 속에서 수십 명의 한국, 미국 목사들과 중국 현지 수백 명 동역자들과 함께 김 선생은 오직 주님께서 맡겨주신 사명을 위해 불철주야로 고속적인 전진을 계속 이어왔다.

기독교회 중요행사중 하나인 세례식만 해도 엄청난 숫자의 성도들에게 집전했다는 것은 알고 있지만 정확한 숫자개념은 알 길이 없다. 특수한 사례를 들어본다면 흑룡강성 목란현 한족 중심교회에 가서 침례의식을 하던 날엔 김 선생을 비롯한 다섯 명의 목사가 하루에 3천명되는 성도들에게 세례를 줬다는 사실이다.

지난날 김 선생은 주님께서 맡겨주신 양떼들을 성장시키고 영의 양식으로 살찌우기 위해 한국교회의 수많은 목사들을 동원하여 선교부 산하 교회들을 오랜 기간 동안 정기적으로 순회하며 수준 높은 말씀의 은혜를 베풀게 했다.

그리고 보다 구체적으로 동질적인 모임을 통해 효과적인 성과를 거두기 위해 김 선생은 선교부 범위 내에서 권사집회, 청년집회, 집사집회, 설교자집회, 재정일꾼학습반, 부부세미나, 목사, 교사, 전도사들 영성 훈련 등 다양한 모임을 자주 조직했다. 이렇게 선교부가 바쁘게 움직일 때엔 도처에서 김 선생을 찾는 사람이 얼마나 많은지 때로는 화장실에 앉아서 볼일보고 있는 시간에까지 전화기를 붙잡고 씨름하지 않으면 안 될 정도였다.

그 후 많은 세월이 흐르는 가운데서 김 선생은 중국교회가 전처럼 외부적 지원을 받지 않고도 능히 운영할 수 있는 자립의 궤도에 들어섰다고 판단되자 과감하게 중국 선교 사업을 중국 각 지역 목사들에게 위임하고 자신은 손을 떼고 한국으로 돌아왔다. 그렇다고 자신의 안위를 추구한 것은 아니었다. 중국선교는 현 시점에 와서 중국 사람들 스스로의 힘으로 자립적인 길을 가야한다는 것이 김 선생의 지론이었다. 사실 언제까지 외부에서 계속 붙잡고 있을 수는 없는 노릇이었다.

한국 땅에 정착하게 된 김 선생은 그동안 중국에서 지칠 정도로 누적되어온 피곤을 풀 사이도 없이 한중교회 제직일꾼들을 모아놓고 열띤 토론을 벌렸다(한중교회는 김 선생이 중국선교 초창기에 한국에 온 조선족들을 상대로 서울시 관악구 봉천동에 개척해 논 교회였고 현재도 재직 성도 300여명이 대부분 조선족들로 구성되어 있다). 토론주제는 김 선생이 중국에서부터 구상해온 지역교회 개척 문제였다.

이날 밤 구체적인 계획까지 온양한 후 이튿날부터 김 선생 자신이 앞장서서 지교회 개척을 활발하게 펼쳐나갔다. 그 후 한 지방 두 지방씩 열매를 거두어가던 지 교회 개척이 불과 몇 년 안 되어 성남, 구로구, 영등포, 안산, 일산, 광명, 대림, 평택, 수원, 대전, 제주도 9개 지방으로 늘어났고 봉천동 본당까지 12개 정도 한중교회가 한국 땅에 우뚝 자리 잡게 되었다. 하지만 김 선생이 중국에 있을 때나 한국에 와서도 불철주야로 하나님께 부르짖으며 간구하는 가장 큰 기도제목은 〈아시아를 주님께로〉선교부가 후원하고 단기선교를 하고 있는 미얀마, 태국, 아프가니스탄, 이란, 북한, 인도, 베트남, 중국, 파키스탄 등 9개 나라에 대한 뜨거운 관심이다.

중국선교 시절부터 김 선생을 위시로 한 선교 팀은 가난으로 헐벗고 굶주리는 아시아 나라들의 불쌍한 백성들에게 수많은 옷과 양식과 생활필수품들을 나눠주면서 예수 그리스도의 복음을 전했다. 그리고 글자를 모르는 사람이 많아서 성경을 읽을 수 없기에 그들의 문맹퇴치에 도움을 주고자 학교를 지어주었으며 그들이 하나님께 예배를 드릴 수 있는 교회당을 지어주었다. 산 설고 물 설은 외국 땅 9개 나라에서 선교 팀이 남긴 헌신의 발자국은 그 얼마였는지도 모른다. 이제 김 선생은 불혹의 나이가 되었다. 하지만 나이와는 상관없이 주님으로부터 받은 뜨거운 사명을 한가슴 가득 품었다.

"나의 달려갈 길과 주 예수께 받은 사명 곧 하나님의 은혜의 복음 증거하는 일을 마치려 함에는 나의 생명을 조금도 귀한 것으로 여기지 아니하노라"(행20:21).

이 말씀을 지침으로 삼으면서 김 선생은 오늘도 아시아 9개 나라의 새로운 선교의 장을 열기위해 기도하고 있다.

29. 나의 자랑은 오직 하나님

(1) 한국으로 가는 길

이 책의 결말부분이 임박하게 되었기에 나의 이야기를 다시 이어 간다.

1997년 8월말 우리 둘째딸 미화(후에 김 선생이 은주라고 개명해 주었다.)가 흑룡강성 가목사시 공학원 시험에 합격되어 가게 되었는데 문제가 된 것은 학비가 전해보다 곱으로 오른 탓으로 우리 가정 수입으로는 감당하기가 너무도 어려웠던 것이다. 문제의 해결방법은 단한 가지 내가 한국으로 일하러 가는 길밖에 없었다. 당시 중국 조선족들이 한창 해외로 진출하는 붐이 일고 있었지만 정작 나서고 보면 상응한 대가를 치러야했다.

그런데 하나님께서 나의 출국 길을 허락지 않으시고 막으실 줄이야 누가 알았겠는가. 아들이 없는 우리부부로서는 금싸라기 같은 딸의 대학공부를 무슨 수를 써서라도 지원해줘야 했다. 그때 마침 료녕성 반금시에 있는 비률빈 투자공사의 한국수속 업체와 연계가 닿게 되어서 나는 과감하게 일을 진행시켜 나갔다. 하지만 여권 수속이며 돈 꾸는 일이며 투자공사의 해당 책임자를 만나는 등등 남들에겐 별로 어려운 일도 아닌 일들이 나에겐 사사건건 장애물이 생겨나서 속이 뒤집어지도록 울화를 터뜨리지 않을 수 없게 했다. 그러나 그때까지도 우둔한 나는 하나님이 간섭하시는 것은 생각도 못하고 오직 딸을 공부시키려는 일념으로 생 억지로 일을 밀어붙였다. 그러나 결과는 참담했다.

나는 료녕성 반금시에서 9개월 동안 목적한 일이 꼬이기만 하여 길림성 서란시에서 온 박 씨와 함께 속만 태우다가 1999년 음력 설 무렵에 당장 죽어버리고 싶은 절망의 마음을 가까스로 억제하면서 집으로 돌아오고 말았다(그 후 그 투자공사가 파산하여 문을 닫게 되자 사채 빚을 내갖고 갔던 나의돈은 사기당하고 말았다). 그동안 나에게 유일한 소득이라고 하면 성경을 10번 읽은 것이다. 성경까지 붙들고 있지 않았더라면 나의 정신적 고통은 더 견디기 어려웠을 것이다. 집에 왔지만 논은 한족 사람에게 도급을 줬기 때문에 농사도 할 수 없었고 아내는 료녕성 대련시로 가정보모 직업을 찾아 떠나가야 했다.

나도 50세 된 나이에 모내기철이 되자 논에 나가서 단도리치는 일을 하며 동네 아주머니들과 함께 모심는 돈벌이를 했다. 막내딸 려화를 공부시키려면 무슨 일이든 해야 했다. 미화는 대학공부를 포기하고 집으로 돌아와서 엄마대신 가정살림을 꾸려나갔다. 딸 대학공부를 못시키게 된 나는 한동안 기도조차 나오지 않았다. 그리고 정신 나간 사람 모양으로 몇 시간씩 멍하니 죽치고 앉아있기만 했다.

그러나 나는 정신을 차리지 않으면 안 되었다. 안상술 가정이 1996년 봄에 길림성 교화시로 이주해 갔기 때문에 우리 집은 가정집이자 교회였던 것이다.

내가 이렇게 기죽고 있어서야 교회 성도들을 어떻게 대하며 불신자들에게 복음을 어떻게 전하겠는가. 나는 하나님 앞에 무릎을 꿇고 지난날 지은 죄들을 낱낱이 자복하고 통회기도를 했다. 그리고 마음을 다잡고 말씀준비를 한 후 용기를 내어 강단에 섰다. 그런데 내가 없는 동안에 우리 교구에 속한 신흥2대 성도들이 시험에 들어 다 쓰러지고 예배도 안 드린다고 한다. 나는 심한 자책감을 느끼고 며칠 동안 신흥2대를 심방하던 끝에 쓰러진 성도 3명을 다시 일으켜 세우고 손옥화를 비롯한 새 신자 4명을 전도하여 흡수함으로 교회를 다시 회복시킬 수 있었다. 그래도 마음이 놓이지 않아서 나는 새 성도들이 교회에 안착하고 재미를 붙이게 하기 위하여 일주일동안 다니면서 그들에게 찬송가와 복음성가를 배워주었다.

그러던 어느 날 저녁때가 될 무렵. 그날따라 비가 추적추적 내리고 있었는데 그날도 찬송가를 배워주고 돌아오면서 후줄근하게 비를 맞고 있는 내 자신의 모습이 무슨 까닭인지 처량해보였다. 하여 저도 몰래 "주님 저는 왜 이렇게 살아야 합니까?"하는 탄식의 기도가 나갔다. 그때 문득 나는 순간적으로 정신이 번쩍 들었다. 아차, 내가 이게 무슨 망발인가 주님께서 나의 생명을 구원해주셨고 나같이 부족하고 허물 많고 실수가 많은 사람도 주님의 일꾼으로 사용하여 주시는데 고두백배로 감사는 못할망정 왜 그따위 한심한 기도를 한단 말인가? 그때 나는 사람은 환경의 지배에 따라 침체에 빠질 수도 있다는 것을 깨닫게 되었다.

그 후 2000년도에 나는 전도사 직분을 받게 되었고 농촌목회를 하면서 우리 오상 중심 교회의 김동춘 교사와 문지룡 전도사, 지영희 전도사등과 동역하면서 우리 오상 중심의 교육, 재정, 심방 등 책임을 맡고 봉사하게 되었다. 그리고 10여 곳 되는 지교회들을 정기적으로 심방하면서 나는 비교적 안정된 삶을 살 수 있게 되었다.

그 뒤 내가 한국에 가려다가 실패의 시험을 당한 후 10년이 지나서야 하나님께서는 나에게 한국 길을 열어주셨다. 나는 누구에게 빚을 지고는 발편잠을 못자는 성격이다. 그전에 농사를 지을 때도 가을에 가서 쌀 판 돈을 손에 쥐게 되면 그날로 우정 자전거를 타고 다니면서 일 년 동안 빚지고 있던 돈을 전부 갚고 나서야 시름을 놓을 수 있었다.

10년 전 한국에 가려다가 억울하게 빚졌던 장리돈(사채) 때문에 나는 고통도 많이 받았다. 채주들은 사흘이 멀다 하고 찾아와서 빚 독촉을 하였고 우리 부부는 아무런 대책도 없이 하나님께 기도로 매달릴 수밖에 없었다. 나중에 우리 부부는 금식기도를 하면서 채주들에게 통사정을 했다. 그들도 내가 한국에 못간 사정이 걸리는지라 오래도록 시간을 끌다가 마지못해 리식을? 대부분 감면해주었다. 하나님께서 역사하신 것이었다.

그 후 일부 빚은 돈을 융통하여 갚고도 남은 돈이 인민폐로 3만 5천 원 정도 되었는데 이를 안타깝게 생각한 김 선생이 선교부 돈으로 갚아주었다. 그때 나는 이 빚을 언젠가는 꼭 갚겠다고 마음먹었다. 그러나 중국교회의 얼마 안 되는 사례비를 받으면서 이 많은 빚을 갚는다는 것은 실현될 여지가 없는 꿈같은 이야기다. 그리고 그 당시에 이미 중국 조선족들이 대량으로 출국하다보니 노인들밖에 안남은 농촌목회는 시험대 위에 올라있었다.

그러다가 2008년 4월 오상시 해당부분에서 조직한 한국어 지능

시험을 나는 절강성 항주시에 가서 치렀고 그해 10월에 진행된 전산추첨에 행운스럽게 당선되어 나는 오랜 기간 동안 오매불망 애타게 바라고 그리던 염원을 드디어 이룰 수 있게 되었다. 입국 체류기간이 5년이라는 합법적 비자를 손에 받아 쥔 나는 그저 꿈만 같았다.

그런데 오랜 기간 동안 농사일을 하면서 특히 모내기, 벼가을 같은 허리 굽히는 일을 하며 생긴 허리디스크 병 치료 때문에 약 2개월간 더 시간을 끌게 되었다. 그 뒤 한국에 가서 수년간 일하다가 돌아온 어느 연장자 형제가 3월 달쯤 날씨가 풀릴 때 가라고 권고했지만 더 이상 기다릴 수 없게 된 나는 10명 미만으로 남은 교회 성도들을 아내에게 맡긴 후 드디어 2009년 1월9일 요녕성 대련항에서 여객선을 타고 이튿날 1월10일 오전에 인천항에 도착할 수 있었다.

(2) 한국생활

나는 한국에 약 5년간 체류하면서 많은 감명을 받았다. 장기간 중국 한족들 속에 둘러싸여 살다가 완전히 뒤바뀐 우리 한국말 우리 한국어로 의사소통을 할 수 있는 고국 땅에 와서 사는 것이 그저 꿈만 같았다. 말로만 전해 듣던 그림같이 아름다운 웅장한 도시 서울, 교통이 편리한 지하철, 숲처럼 들어선 빌딩건물들, 유서 깊은 한강… 전설속의 신화와 같이 연소득 3만 달러 시대에 진입했다는 한국. 아아, 우리 한국민족도 오늘처럼 수난의 역사를 종말 짓고 떳떳하게 옛 말을 하며 살 수 있게 됐구나 하는 감회가 나의 마음속 깊은 곳에서 뜨거운 얼같이 솟구쳐 올라왔다.

나는 한국에 와서 좋은 사람들을 많이 만났고 여러 면으로 고마운 도움도 많이 받았다. 그리고 본의 아니게 대한민국 정부의 두터운 보험혜택까지 받았다. 그러나 이 세상사람 사는 곳이면 어디에나 악성종양 같은 심보가 검은자들이 있는 법인지 처음 한국에 와서 전문중국에서 온 조선족들을 상대로 사기 치는 이xx라는 작자를 잘못만난 나는 전남 영암군 신북면 인삼밭에서 힘들게 일한 일당 50만원을 뜯기기도 했다.

그러나 나는 한국에 와서 첫 인생수업의 비싼 학비를 지불한 셈 치고 그곳을 떠나 나오고 말았다(나뿐만 아니라 수십 명 중국 동포들이 그 자의 악한 궤계에 당하고 있었는데 그것은 누구든지 그자 밑에 들어와 일하게 되면 첫 보수 50만원을 깔아놨다가 일 년 기한을 채워야 준다고 그자가 일방적으로 결정한 것이었다. 그런데 그곳에서 일하게 되면 밥값과 투숙비를 빼고 일당을 3만 5천원밖에 안 주기 때문에 후하게 주는 곳으로 떠나가는 사람은 50만원을 잃게 되는 것이었다).

나의 두 번째 일터는 경기도 오산시 건설현장 방수업종의 데모도였는데 오야지가 내가 주일날 교회출석 때문에 일에 지장을 준다면서 해고했다. 문제는 그동안 내가 일한 40일간의 임금을 한 푼도 안주고 후에 저금통장 계좌에 입금한다고 했지만 한 달이 지나도록 꿩 구워먹은 소식이었다. 계속 당하고 있을 수만은 없었기에 어느 날 나는 조카의 소개로 경기도 성남시에 있는 외국인 교회를 찾게 되었고 김영옥 담당 실장의 도움으로 해당기관에 신고할 수 있었다.

그 뒤 시간과 품은 들였지만 마침내 보수 260만원을 받게 되었고 나는 너무 감사하여 성남시 외국인 교회에 십일조와 얼마간의 헌금을 보냈다.

두 번씩이나 교훈을 얻고 나서야 나는 임금을 당일에 받을 수 있는 용역일꾼으로 일하게 되었다. 교회는 당시 자리 잡고 있던 충북 진천의 제일감리교회에 출석했고 매주일 예배가 끝난 후에는 전도 팀과 함께 나도 교회이름이 박힌 띠를 가슴에 두르고 노방전도를 나갔다. 용역회사일은 수요에 따라 보내지기 때문에 건설현장, 공장, 농촌일, 고속도로 수리 등 그 종류가 다양했지만 나는 리치밀이라는 작은 가공회사에 많이 나갔다.

진천에만 4년 있으면서 부지런히 일한 보람으로 서울시 관악구 봉천동 한중교회에 있는 김 선생(현지에선 전형제 목사라는 명함을 쓰고 있다)의 선교부 빛도 다 갚고 돈도 어느 정도 모으게 되었다. 일은 비록 힘들었지만 한국 땅에 정이 들게 된 나는 경기도 안양이 고향인 엄마의 호적을 찾아서 아예 나의 호적을 한국에 붙이고 중국의 아내를 데려온 후 아파트 경비 같은 일을 하면서 남은 여생을 한국에서 보낼 꿈까지 꾸게 되었다.

그러나 이런 나를 하나님께서는 가만 놔두지 않으셨다. 내가 중국에 가서 해야 할 일이 있었던 것이다. 리치밀 회사에 못나갈 사정이 생겨서 나는 청주시 지하물탱크 건설현장에 가게 되었는데 새 일터에 나간 지 이틀째 되는 날 뜻밖의 사고가 생겼다.

2013년 8월6일 오전10시경 나는 철근을 구부리는 작업을 하고 있었는데 어느 한순간에 오른쪽 손에 낀 장갑 끝이 기계에 딸려 들어가면서 아차하는 사이에 오른쪽 손 검지가 육중한 쇠바퀴에 깔리며 손가락 밑 부분에서부터 위로 쭉 찢어져 걸레같이 되었고 새하얀 손가락뼈가 훤히 들어나는 처참한 상처를 입게 되었다.

나는 지독한 아픔을 참아가면서 쏟아져 나오는 피를 왼쪽 손으로 누르고 두 손을 번쩍 쳐들었다. 상처가 심장보다 높은 곳에 있어야 피가 적게 나오는 것은 상식적인 일이였기 때문이었다. 그때 마침 가까운 곳에서 자재운반을 하고 있던 현장책임자 중 한분이 나의 부르짖음 소리를 듣고 달려와서 나를 자신의 승용차 조수석에 앉힌 후 청주시 정형외과 병원으로 달려갔다.

그러나 의사가 나의 상처를 살펴보고 나서 머리를 흔들며 빨리 큰 병원으로 가라고 하여 다시 시동을 걸고 청주시 골과 병원 중에서 규모가 제일 크다는 현대병원으로 갔다. 응급실 담당 부원장 의사는 새하얀 뼈가 끔찍하게 드러난 나의 상처에 마취제 주사를 한 대 놓은 후 소독처리를 하고나서 한 시간도 안 되어 수술을 진행했다.

수술이 끝나자 일주일 후에 제 2차 수술을 해야 한다고 하면서 그제야 입원수속을 밟게 했다. 오후엔 현장오야지 강용욱 씨가 위문차 다녀갔고 그 이튿날 오전엔 원청회사 간부 두 명이 음료수 상자를 들고 병실에 들어와 몇 마디 위로의 말을 한 후 명함 한 장을 내놓으면서 일이 있으면 찾으라고 배려를 하고 돌아갔다.

그러나 이들의 걸음은 의례적인 인사에 지나지 않았고 실제로 나를 도와 이번 사고 처리문제를 원만히 해결해 줄만한 친인척이나 힘이 되어줄 사람이 없었기에 나는 은근히 걱정스러웠다. 그리하여 나는 조용한 장소를 찾아가서 오직 하나님께 맡기고 간절히 하나님께 기도할 수밖에 없었다. 내가 의지할 수 있는 유일한 백은 하나님뿐이었으니 말이다.

그런데 중국에 있는 집에 사고소식을 알리려고 핸드폰을 들고 보니 배터리가 없었다. 그래도 다행히 옆 침대 환자에게 문병온 마음씨고운 청년이 충전기를 사다주어서 저녁때가 되어서야 중국 할빈에 있는 둘째딸 은주와 통화할 수 있었다.

이튿날 저녁 무렵 뜻밖에도 중국 절강성 이우시에 있는 막내사위와 50대 후반의 한국인이 동반하여 나의 병실을 찾아왔다. 때마침 무역일로 한국에 나와 있던 사위가 은주의 전화를 받고 오게 된 것이었다. 윤승환이라고 부르는 한국인은 사위 안준걸의 무역 파트너였는데 나를 아주 싹싹하게 대해주었다. 그는 뒤처리는 자신이 책임지고 해줄 터이니 아무 걱정 말고 치료를 잘 받으라고 한다. 그들은 나에게 한참동안 위로의 말을 해준 후 일주일후에 다시 찾아와 뵙겠노라고 약속한 후 떠나갔다. 결과는 두고 봐야 알겠지만 고마운 마음을 금할 길이 없었다.

그 뒤 나의 상황을 교회에다 알려야 될 것 같아서 진천 제일 감리교회에 전화했더니 그날 오후로 김현숙 사모와 여 집사님 두 분이 과자 등 음식 꾸러미를 들고 와서 기도를 해주고 도 개인적으로 부조돈 13만원을 내놓고 갔다.

그 이튿날에는 박헌철 담임목사와 장로 두 분이 나를 찾아와

기도를 해주고 갔다. 그런데 이상하게도 병원에서 최선을 다해 치료해주고 있음에도 불구하고 상처는 견딜 수 없는 통증과 함께 살에 염증이 생기면서 덧나고 있었다. 그 후 일주일이 되는 날 약속한대로 막내 사위와 윤승환 씨가 찾아왔다. 심상치 않은 나의 상처를 붕대를 풀고 보고난 윤 씨는 실속 있게 치료를 잘하는 인천병원으로 옮겨가자고 권면했다. 그때 병실 순회를 하던 부원장 의사가 이 병원에서 계속 치료하는 것이 낫다고 만류했지만 나는 윤 씨 말을 따르기로 했다. 현대병원에는 환자가 너무 많아서 상처 처치도 이틀에 한 번씩 밖에 못하기 때문에 나에겐 불리했던 것이다. 그날로 퇴원수속을 하고 나는 부천시 푸른병원으로 옮겨와서 다시 입원했다. 그런데 원장의사가 나에게 약물담금 치료법이라는 독특한 치료방안을 시술하여 불과 일주일 만에 흉측하게 악화되었던 상처를 눈에 띄게 호전시켜 놓을 줄이야 누가 알았겠는가? 나는 너무도 감사했다. 그리고 엑스레이 사진을 통하여 나의 손가락 뼈가 두 곳이나 끊어져 있는 것을 발견했다. 그러니 아프지 않을 수가 있겠는가?

그런데 관건적인 시각마다 나를 도우시는 하나님께서 중국조선족 신분으로선 향수하기가 상당히 어려운 산재보험 대우를 법계질서를 잘 알고 있는 윤승환 씨를 통하여 나에게 선물로 베풀어 주실 줄은 상상도 못한 일이었다. 진실로 하나님은 나에게 있어서 구원의 하나님이시고 은혜의 하나님이시고 좋으신 하나님이시었다. 이 하나님의 은총에 어떻게 보답해야 하는가? 이는 나의 남은 일생에서 가장 중요한 과제로 남아 있다.

그 후 치료가 끝났지만 나의 오른쪽 검지는 제대로 구부릴 수 없는 상태로 굳어졌고 날씨가 영도로 가까워지기만 하면 혈기가 잘 통하지 않아서 남의 살같이 뻣뻣하게 마비되어 계속 주물러줘야 하는 장애로 남았지만 그래도 이정도로 검지가 보존된 것만 해도 하나님께 감사했다. 더욱이 대한민국 공민도 아닌 내가 산재보험 보상까지 받았으니 이 이상 내가 더 바랄 것이 뭔가.

순서가 바뀌긴 하였지만 이제껏 한국생활 중에서도 잊을 수 없는 가슴 아픈 이야기를 하나 더하고 이 제목의 글을 마치려고 한다. 그 주인공은 내가 진천 땅에 발을 디디고 처음으로 일했던 진천에서 서남쪽으로 5km쯤 떨어진 골프장 건설 현장의 황치남 반장이었다. 50대 중반의 나이에 인심이 후덕지고 성품이 온화하면서도 남자답게 시원시원한 그는 인물 또한 준수했다. 그는 매일 20여명 되는 우리 용역일군들과 고락을 같이하는 책임자였고 우리들의 아픈 구석을 보살펴주는 자상한 리더였다.

우연한 기회에 나와 친분을 맺게 된 그는 나를 각별히 사랑하여 여러모로 신경을 써주었고 일도 그곳에서 제일 경한 청소부를 시켰다. 나또한 그에게 보답하는 마음으로 매일 그의 숙소를 깨끗이 정리해 주면서 돈독한 우정을 이어갔다.

그런데 몇 개월 후 뜻밖에도 황반장은 충남 동면 골프장 장비부장으로 이전되어 가게 되어서 섭섭하게 갈라졌지만 추석이나 설 명절 같은 때엔 서로 전화로 안부를 전했고 격려의 말을 아끼지 않았다. 그런데 어느 날인가 불행한 소식이 전해왔다. 황반장이 간암에 걸렸다는 것이다. 나는 가슴이 덜컥 내려앉는 충격을 받고 전화로 황 반장에게 하루속히 교회 나가서 주님을 영접하라고 간곡하게 권면했다.

그전에도 내가 몇 번 전도한 적이 있었지만 그때마다 좀 더 늙은 후에 믿겠다고 미루기만 하던 그가 뜻밖에도 이번엔 주저 없이 "나 김씨 아저씨 말대로 교회 나가 예수를 믿겠수다"하고 통쾌하게 대답하는 것이 아닌가. 나는 너무 기뻐서 그 자리에서 춤이라도 덩실덩실 추고 싶었다.

그 후에 내가 전화로 교회 나가느냐고 몇 번 채근하자 처음엔 기독교 교회에 나가려고 했는데 아내가 어디 가서 무슨 말을 듣고 왔는지 성당에 가자고 해서 주일마다 성당에 나간다는 것이었다. 솔직히 나는 섭섭했지만 그나마 성당이라도 나간다고 하니 다른 말을 할 수 없어서 성당에서라도 예수님을 잘 믿고 기도를 열심히 하라고 부탁했다.

그런데 그 후 수술을 하고 병이 좀 호전되었다고 좋아하던 황 반장에게서 어느 날인가 병이 악화되었다는 나쁜 소식이 전해왔다. 전화하는 그의 목소리는 맥이 빠져있었고 너무도 힘들어 보였다. 나는 가슴이 저리게 슬펐지만 그 자리에서 무릎을 꿇고 황반장을 살려달라고 하나님께 울부짖으며 기도할 수밖에 없었다.

그 후 나에게 예상치 않던 바쁜 일이 생겨서 눈코 뜰 새 없이 보내다보니 황 반장에게 전화하는 것을 깜빡 잊고 있었다. 적어도 일주일은 넘은 것 같았다. 나는 황급히 황반장의 전화번호를 누르고 핸드폰을 귀에 댔지만 이 전화번호는 없는 번호라는 말이 나왔다. 순간 나는 황반장이 이미 이 세상 사람이 아니라는 것을 직감하게 되었다. 나의 눈에선 하염없는 눈물이 쏟아져 내려왔다. 나는 조용히 하나님 앞에 무릎을 꿇고 황반장의 영혼을 하나님계신 아름다운 천국으로 인도해달라고 간절히 하나님께 빌고 또 빌었다.

(3) 노방전도와 원고 집필

2014년 2월29일 나는 인천 공항에서 인천-항주행 여객기를 타고 귀국하게 되었고 절강성 이우시에 있는 우리 막내딸 려화네 집에 와서 그동안 이산가족처럼 떨어져 있었던 아내와 딸, 사위, 외손자등과 합류했다. 그 이튿날부터 나는 아내와 함께 가정예배부터 시작했다. 예전엔 새벽예배 드릴 때는 신약성경을 봉독하고 저녁 예배엔 구약성경을 봉독했다. 일단 우리는 마태복음부터 시작했다. 막내딸 려화도 시간이 있을 때엔 같이 참석했다. 그리고 오후엔 아내에게 찬양예배를 드리자고 제안했다. 아내는 갑자기 웬 찬양예배냐고 의아해했다. 그래서 나는 마음속으로 계획하고 있던 것을 아내에게 설명했다. 우리가 하나님께 받은 은혜를 속에다만 간직하고 있지 말고 매일 한 시간씩 주님께 찬양예배를 드리는 것이 좋지 않으냐고 아내도 적극 호응해 나섰고 첫날에 우리는 복음성가로 하나님께 찬양예배를 드렸다.

며칠간의 휴식을 하면서 그동안의 긴장을 푼 뒤 나는 한국에서부터 계획한바 있었던 신앙 장편소설 「영의비밀」 원고 집필에 착수했다. 37세 된 노처녀 전도사와 시내변두리 진료소에 근무하는 무신론자 약제사 총각과의 기이하고도 곡절적인 연애 이야기를 통해 영의세계 비밀을 파헤치면서 예수 그리스도의 복음을 이 세상에 알리는 것이 이 소설의 핵심내용이었다.

첫 시작은 마음먹은 대로 별 탈 없이 진행되었고 2-3만자 되는 초고를 일단 수개하여 원고지에 올렸다. 그런데 이상하게도 뒷맛이 쓴 감이 들어서 원고를 수 삼차 검토하던 중 문득 미봉하기 어려운 결함을 발견하게 되었다. 결론부터 말하면 진실성 부족이었다.

우리 기독교인에겐 분명 진실한 사실이지만 세상 적 안목과 논리로 볼 때엔 전혀 이해가 안 되고 받아들이기 어려운 영적인 문제를 어떻게 해야 예술적으로 해명하고 승화시킬 수가 있는가? 이는 보통 난해한 문제가 아니었다. 한 개 소설에서 진실성은 그 소설의 생명과 같은 것이다. 이 문제가 해결되지 않는 한 더 이상 앞으로 나갈 수가 없었다.

나는 일단 글 쓰는 것을 멈추고 하나님께 기도하기로 했다. 그리고 속담에 급할수록 돌아가라는 말이 있듯이 나는 마음을 느긋하게 먹고 하나님이 인도하실 때까지 기분전환을 해보기로 했다. 그 이튿날부터 나는 시멘트 층층대로 시설이 잘되어있는 이우시 남쪽 산에 가서 등산도 해보고 이우강 양옆의 생태공원에 가서 오랜만에 한가로운 기분으로 산보도 했다. 상해시와 항주시와 멀지않고 아열대 지방과 근접해있는 이우시는 낙엽이 지는 법이 없이 사시장철 수목은 녹색을 띄고 있었고 아직 때 이른 봄철이건만 생태공원 여기저기엔 이름 모를 꽃들이 울긋불긋 피어 있었다.

하지만 유람하는 기분도 잠시 뿐이었고 책벌레처럼 책밖에 모르는 나는 다시 집에 들어박혀서 한국에서 부쳐온 신앙서적 200여권과 문지룡 목사가 선물로 준 책들과 이우교회 도서관에서 빌려온 책들을 성경봉독과 병행하면서 읽었고 수만 자에 달하는 독서필기도 했다.

세월은 빨리도 지나서 2015년 5월이 된 어느 주일날 나는 이우교회 가서 오전예배를 드린 후 한족 예배부 책임자 자매를 찾아가서 한족글로 된 복음전단지가 있는가하고 문의했다. 그녀는 나를 창고로 인도하여 한참 찾아서야 구석 쪽에 있는 큰 전단지 뭉치를 발견하고 나에게 넘겨주었다. 한 장짜리 전단지였는데 교회주소 표기가 없는 걸 봐선 다른 곳에서 가져온 것 같았다. 그날 30kg쯤 되는 전단지 뭉치를 교회버스에 싣고 집으로 돌아온 나는 얼마쯤 갈라서 딸 려화와 사돈 이춘자네 김밥식당 매대에 올려놓고 손님들에게 나눠주게 했다. 그리고 나머지는 내가 사용할 몫이었다.

우리 딸집이 있는 이우시 강남4구엔 매일아침마다 100여 명씩 모이는 인력시장이 있었고 행상인들이 많아서 노방 전도하기는 안성맞춤하게 좋은 곳이었다. 그날오후 나는 5-600장쯤 되는 전단지를 가방에 넣고 나가서 불과 두 시간도 안 되어 다 나눠주고 돌아올 수 있었다. 그런데 그날 밤 기도를 하는데 나는 전에 없던 이상한 느낌을 받았다.

하나님이 나에게 간증집을 쓰라는 마음을 주시는 것 같았기 때문이었다. 언젠가 만약 내가 수필집을 쓰게 된다면 죽음의 문턱까지 갔던 나를 살려주시고 영생구원의 은혜를 베풀어주신 하나님을 반드시 쓰리라고 마음먹은 적은 있었다. 그러나 내 자신의 간증집이라니 이건 말도 안 되는 소리였다. 나같이 평범하고 아무것도 한 것이 없는 사람에겐 간증집이라는 말자체가 가당치 않았다.

그런데 연속 삼일동안 계속 같은 싸인이 올 줄은 너무도 뜻밖이었고 나를 당황하게 했다. 그제야 나는 하나님 앞에 무릎을 꿇고 간절히 기도를 드렸다.

"주님, 죄송하지만 저는 간증집을 쓸 자격이 못되는 사람입니다. 간증집하면 대형교회 담임목사나 간판스타 같은 사람들의 화려한 필체가 쏟아져 나와야 읽을 만한 가치가 있을 것이 아닙니까? 하오니 주님 저에게 복음전도의 장편소설을 쓸 수 있는 예술적 지혜와 필력을 주시옵소서."

그러자 하나님께서 이렇게 말씀하시는 것 같았다.

"사랑하는 아들아 너의 생각을 자신에게만 국한시키지 말고 시야를 넓혀서 죄에 빠진 인류를 구원하기 위해 십자가를 진 너의 주님에게 초점을 맞춰보라 그러면 될 것이 아니냐."

순간 나의 머릿속엔 우레 소리가 작렬하는 것 같았고 번갯불 같은 섬광이 나의 마음에 깨달음을 주었다. 아, 그렇구나. 내가 왜 이 점을 생각지 못했지? 내 삶의 주인이 하나님이시니 그 하나님의 인도하심을 쓰면 될 것이 아닌가. 그러고 보니 주님의 복음의 진리와 진실을 양말목처럼 뒤집어 보이기 어려운 소설의 약점을 간증집이라면 얼마든지 보완해 줄 수 있을 것 같았다. 내가 직접 겪었고 보고, 듣고, 체험한 사실인데 누가 왈가불가하고 지탄할 수 있겠는가?

이렇게 시작하게 된 것이 「하나님이 덤으로 주신 삶」이라는 제목의 원고 집필이었다. 그런데 정작 착수하고 보니 낮 시간은 나도 좀 분망했다. 우선적으로 아침엔 2시간가량 노방전도를 나가야했고 집에 온 후에는 가정예배, 찬양예배를 드린 후 또 나 혼자 별도로 성경을 통독하는 시간을 정해놓고 있기에 정기적으로 지키고 있었다. 게다가 외손자를 보면서 가정살림을 하고 있는 아내를 도와 채소장도 봐와야했다. 때문에 주로 밤 시간을 이용하여 쓸 수밖에 없었다.

그런데 일주일쯤 노방전도를 하고나니 전단지가 바닥이 났다. 별 수 없이 흑룡강성 오상시 중심교회에서 목회를 동역한 바 있었던 이우시 염광교회 문시룡 목사에게 전화로 도움을 청했더니 열정이 좋은 문 목사가 염광교회 명의로 된 전단지 소책자 수천 권을 세 차례에 거쳐 오토바이로 운송해 주어서 다시 한 열흘 동안 노방전도를 나갈 수 있었다.

그런데 그것마저 떨어지고 나니 복음 전단지를 구할 길이 없었다. 하는 수없이 며칠을 두고 하나님 앞에 간절히 기도하다가 하루는 우연히 어느 골목을 지나는데 아파트 정문에 예수, 기독교라는 글자와 그 옆에 붉은색 페인트로 그어 논 작은 십자가가 있는 표지판이 보였다. 나는 곧바로 들어가서 4층까지 올라가보니 첫 번째 문에 기독교 달력이 붙어있었다. 그래서 초인종을 눌렀더니 50대 초반의 한족 중년남자가 나를 반가이 맞아주었다.

왕 씨 성을 가진 그는 주님을 믿고 은혜 받은 뒤 하나님께 헌신하는 마음으로 자신의 집에다 작은 지교회를 차리고 일주일 중 월요일, 수요일, 토요일 등 세 차례로 저녁 예배를 드리는데 성도들은 20여명 모인다고 했다. 그리고 설교는 여러 처소교회의 훈련받은 주님의 일꾼들을 정기적으로 초청하여 은혜를 받으며 주일 낮 대예배는 큰 교회로 나간다고 했다(후에 안 일이지만 왕 형제도 현재 항주, 온주, 상해 등 신학 훈련 반에 다니며 배우고 있는 중이었다).

내가 단도직입적으로 왕 형제에게 복음전단지를 구할 수 없겠느냐고 부탁을 하자 그는 자기가 힘써보겠다고 하면서 이번 주 수요일부터 이곳에 와서 예배드리라고 나를 초청했다.

그 후 나는 왕 형제의 도움으로 주반순이라는 40대 초반의 한족 자매를 만나게 되었는데 그녀는 왕 형제네 가정교회 같은 수십 개 지교회를 순회하면서 설교하는 우수한 주님의 일꾼 중 한사람이었다. 그녀는 나와 인사하는 자리에서 왕 형제를 통해 나의 소청을 들었다고 하면서 자신이 책임지고 복음전단지를 공급해 줄 것이니 열심히 노방전도를 잘해보라고 하면서 시원스럽게 격려까지 해주는 것이었다. 나는 전단지 문제가 이렇게 쉽게 해결될 줄은 생각지도 못한 일이었고 주자매를 통해 은혜의 손길을 베푸시는 하나님께 너무너무도 감사했다.

후에 안 일이지만 아이러니 하게도 복음 전단지를 많이 찍어서 성도들을 노방전도로 내보내야할 교회에서는 입으로만 찍는다고 했을 뿐 실제로는 행동에 옮기지 않고 있었고 몇몇 개인들이 주도하고 있었다.

주 자매를 비롯한 몇몇 개인 사업체를 갖고 있는 형제자매들이 모여서 전도회라는 조직을 발족하였는데 그들은 복음전단지 뿐만 아니라 찬미가(한족들은 찬송가를 찬미가라고 한다), 신론 등 신앙입문 서적들을 대량으로 인쇄하여 수요자들에게 풍족하게 공급하고 있었다. 하여 나는 이들로부터 일 년 동안 정기적으로 복음 전단지를 공급 받으면서 노방전도를 할 수 있었다(딱 두 번 인쇄가 미처 안 되어서 며칠씩 공급이 지연된 적이 있을 뿐이었다).

노방전도 현장에 나가보면 중국은 한국과는 달리 예수님의 복음을 처음으로 대면하는 사람들이 의외로 많았다. 그런데 문제는 복음의 실체를 전혀 모르는 반면에 예수님과 기독교 교회에 관해선 왕창 잘못된 선입견을 갖고 있는 것이었다. 그들은 하나님과 예수 그리스도는 근본 상 존재할 수도 없는 공허한 존재라고 인식하고 있었다.

끝 간 데 없는 푸른 창공엔 올라가면 올라갈수록 공기가 희박해져서 생물이 살수가 없는데 하나님이 어떻게 있을 수가 있는가 하는 것이다. 말하자면 영적세계에 관하여서는 기초적인 개념도 갖추지 못한 무지몽매한 상태에 있다고 하여도 과언이 아니었다. 때문에 자연히 예수님의 기독교 교회에 대해서도 같은 맥락으로 이어지는 부정적인 시선을 피할 수가 없는 것이었다. 이는 순전히 하나님의 영혼구원을 가로막고자하는 사탄의 음흉한 궤계와 비열한 술책이었다.

그래서 나는 집에서는 물론 전도현장에서도 계속적으로 하나님께 속으로 기도할 수밖에 없었다. 이 복음 전단지를 주님의 택한 백성들에게 전할 수 있게 해달라고. 그리고 예수 그리스도의 이름으로 사탄의 훼방을 물리쳤다. 전도 현장에서 복음 전단지를 줄때에도 지혜가 필요했는데 이는 실제 상황에 부딪치면서 자연스럽게 체험하게 되었다. 예를 들어 "예수님 당신은 누구십니까" 란 제목의 전단지는 절반을 접게 되어 있는데 내용은 속에 있고 뒷면에는 마치도 암울한 세상을 예표 하는 듯 잿빛구름이 뒤덮인 하늘을 배경으로 한 그림이 있었다.

그런데 현장에서 만나는 사람에게 "예수님"글자가 보이는 앞면으로 주면 앞에서 설명한바있지만 "야쑤"(절강성 방언으로 예수님을 야쑤라고 한다)하고나서 "워먼뿌씬"(우리는 안 믿는다)하고 머리를 흔들며 횡하니 가버린다.

처음 몇 번 이렇게 코를 떼우고 나서야 나도 머리를 굴리지 않을 수 없게 되었다. 노방전도에 나선 나로서는 어떤 수단 방법을 써서라도 상대방으로 하여금 전단지를 받아서 읽게 해야 했다. 제아무리 완고한 불신자라 할지라도 예수 그리스도 십자가 복음의 능력과 진리의 말씀을 접하게 될 때 성령님의 강권적인 역사로 하여 주님 앞에 꼬꾸라지고 구원받는 놀라운 은혜를 받을 수 있는 것이다.

그 후부터 나는 전도 상대를 만나게 될 때엔 전단지를 뒤집어서 예수님 글자가 안 보이는 뒷면을 위로해서 주었다. 그러면 또 "쩌머 뚱시야"(무슨물건이오) 하고 묻는다. 그들은 물건광고로 오인하는 것이었다. 그때도 직선적으로 대답을 회피하고 우회적인 수단으로 "호우더"(좋은 것이오) 하고 응수하며 전단지를 넘겨주었다.

그렇게 해서 받은 사람도 각양각색이었다. 전단지를 뒤집어보고 예수님이란 글자가 보이면 그 자리에서 내팽개치는 사람이 있는가 하면(그런 경우엔 내가 뒤따라가며 회수해야 했다) 이왕 받은 것이니 한번 읽어나 보자 하는 심산으로 길을 가면서 보는 사람,(이런 실례가 제일 많았다.) 아예 멈춰 서서 보거나 아니면 앉을 곳을 찾아 앉아서 한 벌을 죽 다 읽어보는 사람, 소중하게 접어서 가방에다 챙겨 넣는 사람 등등으로 그리고 간혹 어떤 경우엔 나를 쫓아와서"나도 믿고 싶은데 교회당이 어데 있느냐. 처음엔 기도를 어떻게 하며 또 주일날에 교회 가서 돈을 얼마나 바쳐야 되느냐?" 하는 식으로 묻는 사람이 있다. 그럴 때엔 나는 즉시 선택을 잘했다고 칭찬해준 뒤 그의 의문이 다 풀릴 수 있도록 상세하게 대답을 해주고 교회주소와 목사님 전화번호를 알려준다.

이렇게 한동안의 시간이 흐르자 사방5-6리 정도의 근방엔 거의 다 돌게 되었고 장소를 옮기지 않으면 안 되었다. 그리하여 그 후엔 버스를 타고 몇 정거장씩 가서 내린 후 한 번도 가보지 않은 병원, 상가건물들과 시장, 식당, 버스터미널, 수공업 가게들과 먹거리 골목 등등 발길이 닿는 곳마다 누비며 복음전단지를 돌렸다. 그 후에 딸이 만보기를 사줘서 갖고 다녔는데 적게 걸은 날도 만보이상 되었고 많이 걸은 날은 1만2천보에서 1만3천보까지 되었다.

그런데 이상한 것은 날씨가 더울 때나 추울 때나 고역스럽고 힘들어서 짜증이 날 때도 어떤 경우에도 나의 마음은 늘 하나님이 주시는 기쁨으로 차고 넘쳤다. 때로는 사실 너무 힘들어서 삼층 계단을 올라와 집 문을 열고 들어서기 무섭게 지칠 대로 지쳐 쓰러졌지만 잠시 숨을 돌리고 나면 다시 나의 마음속에는 주님이 주시는 평강과 즐거움이 샘솟듯 솟아 올라왔다. 이는 주님께서 함께 하시지 않으면 있을 수 없는 일이었다. 때문에 나는 인구가 2백만이 넘는 이우시에서 나같이 부족한 사람을 노방전도자로 사용하여 주시는 하나님 앞에 감사하면서 세월이 어떻게 가는 줄 모르고 내 힘이 닿는 데까지 최선을 다 할 수 있었다.

(4) 나의 자랑은 오직 하나님

어느 날 아침 내가 어느 때처럼 아내가 밥과 채를 날라다가 상을 차리는 동안 성경을 보고 있는데 우리 딸 려화가 불쑥 한마디 하는 것이었다.

"아버지는 너무 고지식하게 얽매여 살고 있는 것 같아요. 남들처럼 기분이 훨훨 나게 유람도 다니면서 좀 자유롭게 살면 안 되나요?"

내가 시도 때도 없이 자투리 시간만 있어도 성경을 읽지 않으면 기도를 하고 노방전도를 다니고 하니까 딸의 눈에는 내가 융통성 없이 너무 신앙에만 치우치는 고지식한 사람으로만 비쳤던 모양이었다. 나는 허구픈 웃음이 나왔다. 나는 종래로 내가 그 어디에 얽매여서 부자유스럽게 산다고 생각해 본적이 없었으니 말이다. 내가 자투리 시간에 성경을 읽는 것은 이미 20여 년 전부터 형성된 습관일 뿐이다.

지난 20여 년 전 어느 날 나는 한편의 글을 읽었는데 어느 유명 대학 교수가 바쁜 일정이 꽉 찬 일과 속에서도 하루에 3시간씩 시간을 정해놓고 성경을 읽었다는 내용이었다. 그리고 그가 성경을 읽는 시간에는 그 어떤 사람이 찾아와도 면회가 안 되었고(전화기는 꺼 놓고 있는 상태였다) 그 시간만큼 그는 세상만사를 다 잊고 오직 자기가 가장 뜨겁게 사랑하는 애인에게서 온 연애편지를 읽는 것처럼 하나님이 인류에게 보낸 사랑의 편지인 성경을 하염없이 읽고 또 읽었다고 한다. 뿐만 아니라 그는 성경말씀을 실제 삶에 적용하면서 그를 아는 사람이라면 다 탄복할 정도로 경건한 삶을 살았다고 한다. 나는 이 글을 읽은 후부터 나도 성경통독에 공력을 들여야 하겠다는 결심을 하게 되었다.

"말씀과 기도는 천국으로 가는 두 날개"라는 말이 있다. 그리스도인이라면 신앙경륜이 깊어갈수록 기도의 부족과 신앙지식의 한계에 부딪힐 때가 있다. 그래도 기도는 새벽기도부터 시작하여 취침 전까지 습관적으로 하게 되어 있지만 성경봉독은 의식적인 노력이 필요했다.

성경은 우리 하나님의 자녀들에게 있어서 영의 양식이고 천국 가는 지도와 같이 중요한 것이다. 마침내 나는 나의 여유시간을 기도와 성경봉독에 남김없이 쏟아 붓기로 남몰래 다짐하게 되었다. 지금에 와서 생각해봐도 그때 그 결단이 나에겐 너무도 다행스러웠다. 한번 지나가면 영원히 돌아올 수 없는 금싸라기 같은 귀중한 시간들을 나는 그때부터 헛되이 보내지 않게 되었다.

그 후부터 나는 짧은 자투리 시간일지라도 즉시 성경을 손에 들고 읽을 수 있는 습관과 훈련을 스스로 채찍질해 갔으며 그러한 삶이 세월이 흐를수록 자연스럽게 몸에 배고 나의 삶의 한 부분으로 자리매김을 했다. 그런데 하도 자주 성경을 만지게 되니까 성경책이 쉽게 때가 묻고 낡아져서 1년만 지나면 헌책으로 되어버리기에 계속 사용하기가 어려웠다. 때문에 일 년에 한 번씩 새 성경을 사서 바꿔 보다보니 순전히 성경봉독 때문에 사들인 성경만 해도 10여 권이 되었다.

나는 구약성경과 신약성경을 구분하여 읽었는데 그것은 구약을 한벌 읽을 때 신약은 두벌씩 떼는 식으로 봉독했기 때문이다. 구약성경보다 이해하기가 쉽고 은혜가 넘치는 신약성경은 구절구절마다 우리가 반드시 지켜야할 지침서였기 때문에 더 많이 읽고 싶었던 것이다. 속담에 티끌모아 태산이라는 말이 있듯이 나는 지난 28년 신앙기간동안 구약성경 228번과 신약성경 467번을 뗄 수 있었다(성경을 제일 많이 읽은 고봉기에는 한해에 구약을 27벌을 읽은 적도 있다). 내가 이런 글을 적는 것은 내 자랑을 하기 위한 것이 아님을 부언하고 싶다. 내 자신의 유익을 위하여 성경을 얼마만큼 읽은 것을 구태여 이 자리에 공개해야할 이유가 없기 때문이다.

내가 진실로 자랑하고 싶은 것은 나를 죽음에서 구원해주신 하나님의 사랑과 은혜이다. 만약 하나님께서 나를 살려 주시지 않았다면 1988년 2월 21일을 기준으로 나는 이미 이 세상 사람이 아니었을 것이다. 주님으로부터 구원 받은 나의 지난 28년간의 삶은 문자 그대로 하나님이 나에게 덤으로 주신 삶이다. 때문에 이런 글을 내가 적게 되는 자체가 주님 앞에 감격된 마음에서 발로된 것이다.

같은 맥락의 이야기지만 2013년 하반기에 내가 한국 인천시에 체류하고 있을 때에도 하나님께 받은 여러 가지 큰 은혜에 너무 감사하여 기도하던 중 감동을 받고 개발하게 된 것이 찬양예배다. 처음 몇 달은 인천시 남동구 남촌동에 거주했던 월세 방에서 나는 하루에 2-3시간씩 찬송가와 복음성가로 하나님께 찬양예배를 드렸다. 그 후 2014년 2월말 중국 절강성 이우시 딸집으로 돌아와 가족들과 함께 있게 되자 환경과 시간의 제한을 받게 되었지만 나는 찬송가와 복음성가를 병행하여 하나님께 드리는 찬양예배를 하루에 한 시간으로 책정했다.

그 후 2년이 넘는 삶속에서 매일매일 실천하기가 무척 어려운 상황에 부딪칠 때가 종종 있었지만 나는 인내로 극복해나가면서 하루도 빼먹지 않고 하나님께 찬양예배를 드렸다.

놀라운 일은 세월이 흐를수록 내가 하나님께 찬양 드리는 것은 첫째로는 하나님께 영광이요 그다음 나에겐 크나큰 행복이라는 사실을 체험하게 된 것이다. 왜냐하면 하나님께 찬양을 드릴 때마다 나의 마음이 그렇게 기쁠 수가 없었고 언제나 하나님의 평강이 나의 영혼과 함께하는 주님의 은혜까지 임했던 것이다. 때문에 오직 하나님께 감사하는 마음으로 그동안 내가 주님께 찬양예배를 드린 상황을 여기에 적는다.

2013년 12월부터 정식으로 시작하여 2016년 4월말까지 789일간 하나님께 찬양예배를 드렸는데 통일찬송가는 모두 1만8천 501곡을 불렀고 복음 성가는 1만 1천 469곡을 불렀으며 총 투자시간은 1042시간 40분에 달했다. 이는 43일 동안 밤낮 쉬지 않고 찬송가와 복음성가를 불렀다는 얘기와 같은 의미의 말이 된다. 나는 이렇게 부족한 내가 하나님 앞에 찬양예배를 드릴 수 있도록 인도하여주신 주님 앞에 진심으로 감사를 드렸다.

여기에 노방전도의 실제상황도 같이 적으려고 한다. 노방전도를

1년 동안 했지만 주일날은 하나님께 예배드리는 주님의 날이기 때문에 쉬게 되었고 비오는 날엔 못 나가다 보니 실제로 출근한날은 227일이 된다. 그리고 복음 전단지를 많이 전한 날은 4-500장이 되고 적게 전했다 해도 200장은 될 수 있기 때문에 하루에 평균 300장씩 전했다 해도 모두 다하여 6만 8천장을 전했다는 얘기가 된다(여기엔 내가 채소시장에 가거나 볼일이 있어서 나갈 때마다 전한 것은 셈에 넣지 않았다). 여기서도 부언하지만 노방전도도 오직 하나님의 은혜이다. 주님께서 나에게 지혜를 주시고 인도해주셨고 또한 주 자매를 통하여 복음 전단지를 공급해 주셨기 때문에 할 수 있었던 것이다.

거듭 얘기하지만 나의 삶은 하나님이 덤으로 주신 삶이다. 하나님이 나를 살려주셨기에 오늘의 내가 있는 것이다. 지나간 일생을 돌이켜보면 나는 아홉 살 어린 나이 때에도 한 번 죽을 고비를 넘긴 일이 있다. 1958년 여름 당시 내가 살고 있던 길림성 연길현 로두구진 부르통하강에서 목욕하던 나는 물살이 센 곳에서 그만 발을 헛디뎌 깊은 물에 빠져서 물밑으로 수십 미터 둥둥 떠내려갔는데 그때 천보산 다리 밑에서 목욕하던 한 청년이 나를 발견하고 나의 머리칼을 잡고 헤엄치며 끌고 나와서 구원해 주었다.

그때 내가 물을 너무 많이 마셔서 배가 똥똥하게 불어난 것을 그 청년이 나를 엎어놓고 등을 두드려주며 물을 토하게 했고 회생시켰다고 한다. 이름도 모르는 나의 생명의 은인인 그 청년에게 사례의 인사를 올리고 싶어도 만날 길이 없다 오늘에 와서야 깨달았지만 그때 벌써 하나님께서 그 청년을 통해 나의 생명을 구원해 주신 것이다.

행복은 예수그리스도와의 만남이다

이 글을 마감하면서 나는 다시 한 번 성부, 성자, 성령, 삼위일체 우리 주님을 마음껏 자랑하고 싶다.

첫째, 우리 하나님은 창조주 하나님이시다.

해와 달과 별들이 있는 끝 간 데 없는 우주를 창조하셨고 특별이 우리가 살고 있는 이 지구위에 동물, 식물, 조류, 어류, 곤충, 세균 등 수없이 많은 생물을 창조하시고 하나님의 형상을 닮은 우리 인간을 창조하셨다. 하나님의 창조솜씨는 너무도 기묘하여 수십억 인류가 얼굴이 똑같은 사람이 한명도 없고 지문이 똑같은 사람도 없다.

둘째, 우리 하나님은 사랑의 하나님이시다.

독생자 예수님을 십자가에 못 박혀 죽게 하심으로 인류의 죄 문제를 해결하셨다. 하나님의 성품은 사랑 그 자체이시다. 단 분명히 알아야 할 것은 하나님의 사랑을 받아들이고 예수님을 믿어야만 죄 문제가 해결된다.

셋째, 우리 하나님은 변치 않는 하나님이시다.

천상천하 우주만물이 다 변한다 할지라도 하나님은 구원받은 당신의 백성들과 구원받게 될 당신의 백성들을 끝까지 사랑하시며 절대로 중도에서 그 마음이 변치 않으신다.

넷째, 우리 하나님은 능력의 하나님이시다.

해와 달과 별들을 한 치의 틈도 없이 정확하게 운행하게 하심으로 우주와 천체를 질서 정연하게 관장하신다.

다섯째, 우리 하나님은 무소 부재하신 하나님이시다.

하늘과 땅, 지하, 바다 그 어디고 전 우주공간에 충만하게 계시기에 인간의 지능으로 헤아릴 수 없는 신비의 하나님이시다.

여섯째, 우리 하나님은 삼위일체 하나님이시다.

성경적 명칭은 아버지와 아들과 성령이시다. 성경은 한 하나님이 삼위로 계심을 가르쳐주고 있다. 이것은 인간의 이성으로는 완전히 이해할 수 없는 교리이고 신비이다.

일곱째, 우리 하나님은 오래 참는 하나님이시다.

이세상의 수많은 사람들이 다 구원받기까지 천년을 하루같이 하루를 천년같이 기다리시는 좋으신 하나님이시다.

여덟째, 우리 하나님은 심판의 하나님이시다.

하나님은 정의로운 신이시기 때문에 예수님을 잘 믿고 정직하게 살면서 의의 열매를 많이 거둔 사람들에게는 천국 유업과 아울러 번쩍번쩍 빛나는 면류관을 예비하고 계시지만 살인, 강도, 음행 등 악행을 일삼은 불의한 자들에게는 지옥형벌을 등대하고 계신다.

우리 하나님은 알파와 오메가 이시고 처음과 끝이시다.

하나님은 우주를 통치하시는 우주의 왕이시다.

우리는 우리 부모가 나를 이 세상에 태어나게 한 것만 해도 감지덕지한 행운으로 생각한다. 나를 낳아주고 키워주고 교육시키고 시집장가까지 보내주시고 그것도 모자라서 손자들까지 돌봐주는 부모님의 은덕은 실로 백골난망이다.

하지만 이 세상은 물론 내세로 닥쳐올 천국에까지 우리를 주님의 사랑품속에 꼭 껴안고 인도하실 하나님의 은혜를 굳이 부모의 은덕과 비유한다면 어마어마하게 많은 태평양의 물과 병에 담긴 한 병의 물과 같다고 할까. 또 하늘 구중천에 떠있는 태양빛과 가물가물 타고 있는 한 자루의 촛불과 같다고 비유할까. 그러나 죽어서 지옥에 갈 수밖에 없는 우리를 예수 그리스도의 십자가 보혈의 은혜로 영생구원을 주신 하나님의 은총을 어찌 부족한 인간의 문자로 다 표현할 수 있겠는가.

인간이 불행한 것은 행복이 무엇인지 모르기 때문이라고 한다. 그 정답은 간단하다.

행복은 예수 그리스도와의 만남이다.

하나님의 아들이신 예수 그리스도를 생명의 주님으로 영접하고 새롭게 하나님 아버지의 자녀로 태어나는 것, 이것이 바로 이 세상에 가장 큰 행운이요 가장 큰 행복이다.

여기에 추가로 요한계시록 21장 1절에서부터 7절까지의 말씀을 기록하고 이 글을 마치려고 한다.

"또 내가 새 하늘과 새 땅을 보니 처음 하늘과 처음 땅이 없어졌고 바다도 다시 있지 않더라.

또 내가 보매 거룩한 성 새 예루살렘이 하나님께로부터 하늘에서 내려오니 그 예비한 것이 신부가 남편을 위하여 단장한 것 같더라.

내가 들으니 보좌에서 큰 음성이 나서 가로되 보라 하나님의 장막이 사람들과 함께 있으며 하나님이 저희와 함께 거하시리니 저희는 하나님의 백성이 되고 하나님은 친히 저희와 함께 계셔서 모든 눈물을 그 눈에서 씻기시매 다시는 사망이 없고 애통하는 것이나 곡하는 것이나 아픈 것이 다시 있지 아니하리니 처음 것들이 다 지나갔음이러라.

보좌에 앉으신 이가 가라사대 보라 내가 만물을 새롭게 하노라 하시고 또 가라사대 이 말은 신실하고 참되니 기록하라 하시고 또 내게 말씀하시되 이루었도다 나는 알파와 오메가요 처음과 나중이라 내가 생명수 샘물로 목마른 자에게 값없이 주리니 이기는 자는 이것들을 유업으로 얻으리라 나는 저의 하나님이 되고 그는 내 아들이 되리라."

하나님의 일꾼이 되고싶은 -

김명환

《맞춤형 30일간 무릎기도문 시리즈》

염려대신 기도합시다! 기도하면 문제가 해결됩니다!

가정❶ **자녀를 위한** 무릎기도문
가정❷ **가족을 위한** 무릎기도문
가정❸ **남편을 위한** 무릎기도문
가정❹ **아내를 위한** 무릎기도문
가정❺ **태아를 위한** 무릎기도문
가정❻ **아가를 위한** 무릎기도문
가정❼ **재난재해안전** 무릎기도문(부모용)
가정❽ **재난재해안전** 무릎기도문(자녀용)
가정❾ **십대의** 무릎기도문(십대용)
가정❿ **십대자녀를 위한** 무릎기도문(부모용)

교회❶ **태신자를 위한** 무릎기도문
교회❷ **새신자** 무릎기도문
교회❸ **교회학교 교사** 무릎기도문

365❶ **우리 부모님을 지켜 주옵소서**(365일용)
365❷ **번성하게 하고 번성하게 하소서**(365일용)
365❸ **자녀축복 안수 기도문**(365일용)

기도❶ **선포(명령) 기도문**

망망한 바다 한가운데서 배 한 척이 침몰하게 되었습니다.
모두들 구명보트에 옮겨 탔지만 한 사람이 보이지 않았습니다.
절박한 표정으로 안절부절 못하던 성난 무리 앞에 급히 달려 나온 그 선원이
꼭 쥐고 있던 손바닥을 펴 보이며 말했습니다.
"모두들 나침반을 잊고 나왔기에 … "
분명, 나침반이 없었다면 그들은 끝없이 바다 위를 표류할 수 밖에 없을 것입니다.

우리는 삶의 바다를 항해하는 모든 이들을 위하여
그 나침반의 역할을 하고 싶습니다.
우리를 구원하신 위대한 주 예수 그리스도를 널리 전하고 싶습니다.

"하나님은 모든 사람이 구원을 받으며
  진리를 아는 데에 이르기를 원하시느니라"
  (디모데전서 2장 4절)

하나님이 덤으로 주신 삶

지은이 | 김명환
발행인 | 김용호
발행처 | 나침반출판사

제1판 발행 | 2017년 10월 1일

등   록 | 1980년 3월 18일 / 제 2-32호
주   소 | 07547 서울특별시 강서구 양천로 583
           블루나인 비즈니스센터 B동 1607호
전   화 | 본사 (02) 2279-6321 / 영업부 (031) 932-3205
팩   스 | 본사 (02) 2275-6003 / 영업부 (031) 932-3207
홈   피 | www.nabook.net
이 메 일 | nabook@korea.com / nabook@nabook.net

ISBN   978-89-318-1548-1
책번호 가-9061
값은 뒷표지에 있습니다.